守望者的凝思
读懂学校
读懂校长
系列论丛

教育部哲学社会科学研究重大课题攻关项目“我国学校教育创新研究”成果

“守望者的凝思：读懂学校、读懂校长”系列论丛

主编 裴娣娜

小学校 大雅堂

XIAO XUEXIAO DA YATANG

——成都市实验小学教育创新研究

陆枋 等 著

教育科学出版社

·北 京·

小学校　大雅堂

——成都市实验小学教育创新研究

基于学校教育变革性实践的反思与建构
——中国基础教育改革创新之路

裴娣娜

学校教育创新是目前世界各国基础教育改革中一个具有战略意义的重要问题。如何变革学校教育观念，培养具有创新精神和实践能力的高素质人才，是世界各国共同关注的问题。事实证明，以创新挑战危机，谁最先把握了时代发展变化的需求，谁就掌握了发展的主动权。

“守望者的凝思：读懂学校、读懂校长”系列论丛，是“十一五”期间教育部哲学社会科学研究重大课题攻关项目“我国学校教育创新研究”的研究成果，是对改革开放三十多年来中国基础教育阶段学校教育创新发展的思路、策略及方法基本脉络的全面系统的反思梳理。这套论丛有着独特的时空定位，限定在我国改革开放以来学校办学层面的改革与创新，采取自下而上的分析思路，是对学校已有的基于变革性实践的学校现代发展经验的总结提升。系列论丛中一本本研究性的专著翔实地记录了这些学校的校长基于不同的办学实际带领各自团队所走过的学校发展之路，这些学校的办学理念及经验经过了时间积淀和实践的检验，是富有鲜明特色、带有中国本土气息的原创性实践。

反思总结来自实践的学校创新经验，从中解读并汇集学校教育创新力指标，从而为进一步探讨学校教育创新发展理论模型与实践模式的建构、形成有较强的实践操作策略奠定坚实的基础。因此，我们的研究，以反思与建构为主线，聚焦“两个读懂”：读懂学校、读懂校长。这套系列论丛所呈现的不仅是每个学校独特的“我”，更重要的是通过一个个独特的“我”集合形成的具有一定典范意义的学校变革性实践的基本认识。

一、学校教育创新理论反思与现实建构的战略性意义

进入21世纪，面对世界各国对于经济社会可持续发展目标的诉求以及日益激烈的国际竞争对高素质人才提出的更高要求，面对工业社会和信息社会发展的要求，面对极不平衡的区域性社会经济发展以及多元文化价值取向、伦理道德问题、文化生态危机等一系列严峻挑战，中国基础教育的改革与发展进入一个十分关键的时期，正是社会转型凸显了中国学校教育创新发展的主题。

教育创新是学校教育发展的根本动力。学校需要变革，学校必须变革，变革的目的在于坚持“以人为本”的科学发展观，办好让人民满意的学校。学校教育创新研究的重要意义在于以下三个方面。

（一）为构建优质高效的学校办学模式提供一种理论分析框架

学校教育创新研究旨在对中国学校教育创新发展进程中的若干重要问题作出理性的思考和科学的回答，探索适应社会发展和人的自身发展需要的、优质高效的学校教育发展模式与育人模式。通过教育学、心理学工作者的跨学科研究，跨校际的教育工作者协同研究，以及理论与实践工作者的合作研究，为有中国特色的基础教育改革和发展提供思路，为构建优质高效的学校教育提供一种理论准备和分析框架，为促进青少年儿童全面发展提供一种新的教育方式，为教育行政部门和教育机构的相关决策与措施的制定提供科学依据。因此，这一研究成果是中华民族的，也是世界的；既有本土性，又有国际的普遍意义。

（二）通过典型个案研究，呈现我国当前具有特色的和有代表性的学校教育创新发展实践模式、评价指标、推进机制及成功经验

系列论丛的内容强调以下三点。

一是以学校教育改革与发展为中心线索，阐明项目学校从学校教育价值观念的重新定位到学校教育体系的全面更新，从改造教育过程到改

变教育教学各个环节中的方法与手段，从全方位地营造育人环境到创造性地开拓各种教育教学模式，从而提升学校整体的综合实力，形成学校教育创新的思路和特色的历程。

二是尝试揭示学校教育创新主体的培育与生成过程。论丛力图在深层次上揭示创新主体如何建构一种创新的观念、思想与目标，从而进一步生成为具体的办学行为的复杂过程。

三是表明学校创新发展是基于学校自身条件的特殊性，展现我国中小学校现代发展的多样化发展形态，同时也展现我国中小学校长追求持续发展和创建一流教育的特色与智慧。

（三）通过解读，将学校办学理念与行为提升到自觉和自为层面，进一步促进学校教育创新的实践探索

通过对不同学校教育创新力形成与发展过程的审视，有效促进科学的质量意识、特色意识的确立，提升对学校办学特色和学校潜在的创新能力的认识。

当然还应看到，项目研究成为高师院校集教育科研、人才培养、为基础教育改革提供咨询服务三种职能于一体的重要平台，从而对参与研究的高等院校在凝练学术方向、汇聚学术队伍、开展高水平学术交流等方面同样发挥重要作用。

通过研究，我们认识到，尽管学校发展存在差异，但有一点是共同的。那就是随着国家教育体制改革的推进，学校作为办学主体，面临前所未有的生存和发展的压力。实质是，变革的时代要求学校通过变革进行根本性的转型。我国的中小学校，正是顺应时代发展的潮流，不失时机地抓住发展机遇，凭借校长的胆识和战略思想，挖掘学校的优势和潜力，形成应对变革的自我更新机制，提升学校整体的综合实力，从而走出竞争中的劣势处境，构筑起了学校新的竞争优势。创新已成为学校发展的内在生命力。

论丛的撰写是一个大工程，不仅推动了学校对自我办学理念、举措的反思，而且为项目研究在理论的概括提升上提供了丰富厚实的思想资源。研究具有开拓意义，而且是原创性的，是项目研究重要的标志性

成果。

二、项目研究的共识与思考

作为一项国家级的高端科研项目，论丛从实践研究层面反映了研究成果的创新性及实践效益，我们概括为以下几个主要方面。

（一）回应了我国社会转型时期政治、经济、文化变革关于教育的现实诉求

一个具有强大生命力的思想和理论的孕育形成与发展，关键在于它对所处时代改革中重大的理论和实践问题的回答。始于20世纪末的中国社会转型，将现代化、市场化、社会主义改革三重重大的社会变革浓缩在同一时空，构成了一场极特殊复杂又波澜壮阔的社会变迁。正如有的学者所指出的，社会变迁的核心在于人的生存方式的变化。

正是当前中国社会的现代转型，从根本上决定了中国基础教育学校创新发展的主题，而回应中国社会的现代化发展与基础教育改革提出的新矛盾、新问题，在很大程度上又进一步决定了中国学校教育创新发展过程中关注和研究的问题。

现代教育的本质在于解决人自身的发展与价值问题，是人的发展的潜在可能的现实实现，而不是把人作为社会的被动客体来塑造。人的个体与群体的发展是现代教育的出发点和归宿，是使学校实现跨越式超常发展的生命力，是激发教育工作者潜在创造力的原动力。将这一主题置于中国社会的特殊语境中，置于中国基础教育现代化发展的历史进程中，置于多元文化的多种价值选择并存的环境中，从而形成了目前研究的论域（范畴）和主线。这就是在学校教育中，关注学生的文化生存环境和活动方式，关注学生的生存状况和生命价值，尊重学生的主体地位和主体人格，培养学生自主性、主动性和创造性，使他们在掌握人类优秀文化基础上学会学习、学会创造。这一价值目标定位，从根本上反映了学校教育创新发展研究主题从工具理性到价值理性的转化。

学校教育的创新发展，不仅是对工具化的教育追求、人的发展目标偏离、主体缺位的反动，而且是对迷茫的教育理论、观念的价值澄清。正是敏锐地抓住了时代的挑战，回应了时代发展的需求，才形成了学校

现代发展的视阈，导致学校教育进行结构性调整而实现了功能、形态上的根本性转变。

（二）形成我国学校教育创新的基本理论分析框架

1. 学校教育创新是学校教育主体，通过新的创意、新的构想、新的思维和行为方式、新的教育技术和手段，对原有不合理的理论观点、思想方法、技术手段进行突破和超越，在学校变革与发展中更有效地实现教育目的的一种创造性活动。这一定义强调通过创新性活动，构建有变革创新能力的学校教育，从而突破种种阻碍学校改革与发展的限制，使学校实现根本性的变革。

2. 学校教育创新的基本内涵是以科学发展观为核心的现代教育理念，是一种勇于变革的实践活动，是一种先进的学校文化，是一种在不断回答每一时代提出的重大问题的过程中获得发展的内在生命力。创新是一个过程，创新的实质在于变革、超越和发展。

3. 学校教育创新的目标是促进高素质人才的培育成长和学校的现代发展。(1) 培养学生的自主性、主动性和创造性，使他们具有正确人生观、价值观，基础扎实，有创新精神、独立思考和实践能力，从而最大限度地实现每个人的个性与才能的发展。(2) 形成锐意改革、张扬个性、鼓励探索、宽容失误的有特色的学校教育创新文化。(3) 创建具有生成性的学校生态制度与管理系统。(4) 营造内外部良好育人环境。(5) 塑造具有“生成”意识、“理论”气质、“变革”能力的校长。

（三）初步构建学校教育创新力评价指标

学校教育创新力评价指标，旨在用统计体系构建学校教育创新的内涵与本质。通过研究，我们初步构建了由四个要素组成的学校教育创新力评价指标体系：办学理念、办学目标组成的价值目标系统；课程开发、课堂教学、班级建设组成的育人模式系统；人事制度、组织管理制度组成的制度与管理系统；战略性谋划能力、领导者品格组成的校长领导力。通过四个子系统以及系统的优化组合，学校不断调整内部结构，扩大自组织的功能，成为一个自我更新、自我发展的有机体，成为一个具有强适应能力的教育生态系统，以期达到提高质量、增长效益、有序运行的效果。

(四) 形成学校育人模式创新的基本思路和举措

立足于读懂变革性实践，我们将“优质高效的学校教育发展模式及育人模式”作为探讨的重要内容。汇集众多学校的实践探索，形成的基本思路是：依据学校的培养目标及办学方略，重点在育人模式的创新。

1. 学校课程系统的创新

取得的主要突破如下。

第一，以人为本的课程目标的创新以及课程功能的创新。

基础教育的课程功能，由普及功能与选拔（筛选）功能、个体功能与社会功能、适应功能与超越功能之间的矛盾关系所构成。然而应试教育在将“课程考试化”的同时，也造成基础教育课程功能关系的错位、扭曲和失谐。学校课程开发首先要正确处理不同功能之间的矛盾，课程的设置应关注学生学习能力、实践能力和创新能力的培养，并坚持能力培养的层次性。

第二，课程领导力的提升以及基础教育课程结构与形式的变革。

课程领导力指学校按照一定的办学定位、培养目标进行课程开发建设，全面提升学校教育质量的能力。课程领导力的内涵，指校长领导教师团队创造性地实施国家课程计划的能力，合理开发和整合教育资源建设校本课程的能力，组织学校课程实践的决策、引领和调控能力。

针对以学科课程为主课程形态的弊端，我们探索新的课程结构体系的构建，使分科课程与综合课程、必修课程与选修课程、普通教育课程与职业技术教育课程相结合，并设置旨在指导学生进行专题研究性学习的综合实践课程、地方自主选择的课程，体现灵活性、多样性和选择性，从而为不同地区、不同学校以及学生发展提供更大的选择余地。

学校课程结构与形式的变革，大致呈现为以学生素养发展目标为依据，按照课程功能和学习领域知识的重新整合来构建学校课程结构，以及基于学校办学特色的体现对国家规定的课程进行重组和改造几种不同的思路，展现了中国课程存在形态的丰富多样性。

课程建设的创新，还表现在面向社会、生活实践的课程内容的创新以及校本课程开发中的创新。

2. 学校教学系统的创新

学校教学创新发展研究聚焦于从多视角讨论学科教学本质，学生的学习与创造性思维的培养，发展性教学策略，教学内容改革，课堂教学质量观与有效教学的水平评估，教师专业化发展等问题，并形成了若干有创意的认识。

第一，确立现代教学观，关注学生的文化生存环境和活动方式，实现学生的发展。

第二，学生的学习具有选择性、研究性、体验性和反思性，教学设计应体现学生学习的内在机制及学习特点。

第三，教学内容的选择与设计，重在理解和掌握知识，加强学科知识的整合，面向生活实际，体现教学的实践性以及文化性。

第四，通过教与学的行为分析，实施以主体参与、合作学习、差异发展、体验成功为内涵的发展性教学策略。

第五，确立体现学生发展的课堂教学质量观，进行有效教学的水平评估，促进教与学方式变革，使学生会学习、会创造。

第六，揭示现代课堂教学的基本特色，形成教学的不同流派与风格。教师应有发展意识、反思意识、效率意识、特色意识。教学系统要创新就要读懂教师，要培养一批学科带头人并形成教学风格与特色。

3. 学校德育系统的创新

主要包括以下几点。

第一，对德育功能的重新理解。

以“人在社会中生活”为主线，揭示德育的正义功能、意义功能与幸福功能。旨在培养具有独立人格、民主意识、人权理念和公共责任的公民基本特质。对意义的追寻，构成了人之独特的存在方式。通过人性化、个性化和创造性，使人的自由本性得以充分展呈。

第二，构建了“经验—体悟”定向的德育创新体系。

强调通过经验和体悟过程来培养受教育者的价值取向体系，并通过行为实践经验及内在的自我调整和重构的体悟过程，形成稳定的行为驱动体系，并在此基础上逐步养成稳定的行为习惯，形成固化为内在的自觉价值取向体系和外在的习惯化行为方式的稳定品德特点。

第三，在分析当今中国德育实践及其根本性挑战基础上，形成学校德育创新的几个基本命题：

（1）批判德育中的工具论立场，确立“人是目的”的核心理念；

（2）道德教育的逻辑起点、核心是价值取向与行为习惯；

（3）通过对道德教育内容与形式加以审美化改造，实现“价值引导”与“道德主体的自主建构”的统一；

（4）德育实践需要创造性地拓展有促进意义的资源，引导学生积累经验与重构性体悟（体验）。

项目研究实现了15所高校的跨校际、10个专业方向的跨学科整合，以及高校理论工作者、地方教育行政领导干部、中小学实践工作者多方研究力量的整合，组成优势互补的科研群体协作攻关①，从而使研究体现原创性、过程性和整合性。

三、论丛撰写的特色

论丛从历史、现实和未来三个视角把握总体，每一部专著内容框架由三部分组成。第一部分是学校发展历史及传承文化传统的审视，第二部分是全书主体，以学校教育创新力指标为依据，对学校办学的目标与价值系统、育人模式系统、制度与管理系统以及校长领导力几个方面的改革创新进行全面系统总结，第三部分是学校未来发展的设想。

每部专著的撰写前后历时2—3年，是一个再研究再思考的过程。我们深感每所学校、每位校长本身就是一个故事，而每部专著的问世也

① 15所高等师范院校分别为北京师范大学、西北师范大学、哈尔滨师范大学、南京师范大学、华中师范大学、河南大学、东北师范大学、天津师范大学、广西师范大学、首都师范大学、山东师范大学、四川师范大学、上海师范大学、浙江师范大学、江西师范大学鹰潭分院；3所科研机构分别为中央教育科学研究所、天津教育科学研究院、四川省教育科学研究所；7个区域性教育行政部门分别为北京市海淀区、湖北武汉市武昌区、四川成都市、河北石家庄市桥东区、深圳市南山区、甘肃省兰州市、四川阿坝藏族羌族自治州理县的教育行政部门；参加项目研究的中小学共有95所。

是一个故事。要保证著述的质量，关键在于如何对每所学校多年积淀的丰富鲜活的实践研究成果进行筛选、整理与提升，而不仅是对事实材料的罗列。

反思论丛撰写的全过程，在以下几方面呈现出其独特性。

1. 起点高位。立论于“中国具有进行原创性研究的优势，这种优势潜力的挖掘，主要在于充分调动深厚的本土资源、经验和智慧”这一论断，立论于学校的现代发展实质是变革性实践的判断，所以采用从变革实践的经验中提升的研究范式，定位于读懂学校、读懂校长、读懂变革性实践。

2. 立足研究。每本书的问世，是一系列的选择、提炼、重组、建构的过程。经过多次研讨碰撞，几上几下的反复修改，凝结的是每所学校对变革性实践的基本认识，同时也渗透了热情参与和关注基础教育改革发展的有识之士的心血，它是用“心”写出来的。

3. 理性思考。遵循“问题—思路—举措”这一叙事逻辑，尽可能处理好反思与建构、理论的概括提炼与实际问题的阐述解释、继承与超越、共性与个性的关系，认真搜索和挖掘创新点，在这个过程中不断提升研究意识和研究能力。

4. 个性特色。教育研究需要宽容、尊重和理解。二十余所学校有不同的身份和角色，每位校长也有不同的成长背景和工作风格，正是每个独特的“我”带来了丰富和生动，而在每个个别中展现的是学校锐意改革、开拓创新的可贵精神，因为高尚的心灵都是相通的。

本论丛是教育部哲学社会科学重大攻关项目的研究成果，我们在此谨对教育部社科司批准立项，对社科司杨光司长、张东刚副司长，基础教育司王定华副司长，以及社科司的同志们给予本项目研究的关怀和指导表示衷心感谢。以德高望重的顾明远教授为首的项目指导专家组——谈松华、郭振有、卓晴君、张民生、文喆、谢维和、朱小蔓、周满生、吕达、曹志祥、杨银付等专家，他们四年来对项目研究发表了富有启发性的重要见解并对项目研究寄予了殷切的期盼，他们的很多重要思想和观点对项目研究产生了深远影响，我们将铭记在心。

论丛出版之际，我们还要特别感谢教育科学出版社，感谢李东总编辑以及教育科学出版社的所有编辑出版人员。教育科学出版社热心奖掖学术与创新，他们不仅为论丛的出版付出了辛劳，更难能可贵的是对论丛出版予以无偿支持，从而使我们的成果远离了“文化包装”之嫌而保持了学术研究的纯洁，他们的支持和鼓励是我们做好这一论丛的重要动力。

对中国基础教育学校创新发展这一具有战略性、全局性问题的探讨和研究还刚刚起步。《国家中长期教育改革和发展规划纲要（2010—2020年）》（以下简称《教育规划纲要》）描绘了未来10年我国教育改革发展的宏伟蓝图，特别强调“改革创新是教育事业发展的强大动力”。我们将遵循《教育规划纲要》的指示精神，继续不懈地探索，以求在学校教育创新问题上不断取得新的认识。我们深知，在中国基础教育改革的大潮中我们是“之一”而不是唯一，若干重要的理论与实践问题还需要进一步的展开、充实、挖掘和进行深层次的理性思考。我们坚信，在这条教育改革创新之路上，我们会越走越踏实。

目　录
CONTENTS

前　言

不止一位因工作需要调离实验小学的同事对我说过这样的话：你真幸福，因为你从不曾离开实小。是的，在旁人眼里我是个极为幸运而幸福的人，师范学校一毕业就进入实验小学，被特级教师张玉仁收为徒弟，成为学校重点培养的对象，28岁时被破格评为省内最年轻的特级教师，36岁接过老校长的班，开始执掌这所天府名校。一路走来，似乎一切都那么自然，顺风顺水，令人羡慕。其实，我一直以来都很清楚自己拥有的一切无不与学校息息相关，虽然成功的背后有很多不足为外人道的艰辛，但它确实是我生命中最为重要的一部分，我如今的这份从容淡定也是由它长期润养而成。

25年，足足四分之一个世纪，我从昨天走到了今天，而我的名字，也已排在学校的历任校长之后，终将和他们一样成为实小历史的一部分。这是一种很奇特的感受，仿佛能看到岁月在静静流淌，从过去流到现在，再流向未来。

自从我提出“雅教育”这个主张，很多人都问我是怎么想到这里来的，我告诉他们，“雅”不是我凭空想出来的，是从实验小学的血脉里流淌出来的，从创校的胡颜立校长开始，就翻开了实验小学儒雅风流的历史篇章。

1935年，35岁的胡颜立先生受教育部派遣来川负责创办实验小学并任校长，此后12年，他殚精竭虑、艰苦殷勤，终于不辱使命，成就了这所绵延至今的天府名校。1945年，胡校长写就全面总结性的《十年来的实验小学》一书出版。面对已成天府名校的实验小学，他自豪地宣称：

“为便于各校采用，没有朝秦暮楚，多翻花样，一贯地注重自动学习、自始训练，尤其重视民主精神的培养，希望能适应每一个学生的个性，充分发展他们的才能。”

胡颜立先生曾师从杜威，和陶行知先生一样倡导“从做中学”，主张解放学生的头脑、双手、眼睛、嘴巴，使他们能想、能干、能看、能谈；主张解放学生的空间，解放学生的时间，使教学做合一。学校会按时举行有计划的校外教学，如远足、参观等，予儿童以写作、绘画、采集的机会，回来后再从事研究、整理，举办成绩展览。每届假期，由级任导师综合各科作业要项，指导学生按时完成，开学后则将学生的游记、日记、算术、笔记、书法、绘画、模型及收集的标本、种子、照片、邮票等展出观摩。

学校不仅每学期按计划举行阅读、速算、写字、作文、讲演、图画、劳作、时事讨论、时事测验及音乐、体育竞赛，还由各年级轮流编辑新闻、美术、科学三种半月刊，鼓励学生踊跃投稿，期中评比。学校还实行儿童自治，低年级为小朋友会，下分7部，设会长1人，各调干事数名，均民主推举产生；中、高年级为儿童会，下设13个工作机构，设会长1人，各部均有活动目的及职责大纲，须定期考核或在周会上报告工作。

好的教育经得起时间的考验，岁月会洗去表面的浮尘，那丰实的内核历久弥坚。时至今日，胡校长倡导的让学生自主学习、培养学生民主精神、培养学生个性等教育理念一直是实验小学努力探索的方向。

由于学校肩负着“实验研究，辅导地方”的特殊建校使命，胡颜立校长要求实验小学的教师必须具有健康的身体、乐业的精神、研究的兴趣，除担任教学、训导等工作外，还要从事实验研究，创造新的教育方法，辅导地方小学，以求全省乃至全国国民教育之改进。他在校组织了研究会、读书会和教学参观活动，研究会每周五例会，研讨教学、训导中的实际问题及特殊实验工作；读书会由各教师自选书刊、自定课题，定期作口头报告或写成书面报告相互传看；教学参观每学期一次，排定次序后组织有关教师互相参观，集体评议；校外参观则每年派一人去省外，其余老师每学期按预定日程集队去市内著名学校参观。

胡颜立校长还十分关注教师培养的方法。他关心教师的课余生活，始终认为体育文娱乃生命的源泉，因此规定教师周一至周五的课毕后人人须有40分钟运动，分乒乓、篮球、排球、网球数项。每周一和周五饭后为歌咏班活动。假期则组织教师远足旅行。那时的教师一律住校，每一个教师还得带五六个住校生同吃同住。他自己也以身作则，虽安家在学校旁的西御河沿街街口，仍一贯周末返家，星期日晚即回。

1935—1939年就读于实验小学的原国务院总理、全国人大常委会委员长李鹏同志当时也是住校生，在回忆自己的小学生涯时，他说胡校长办学有方、思想开明，是个很好的校长。有一次他在睡梦中不慎翻下床来，还是巡夜的胡校长把他抱回到床上，那份温暖与慈爱让他永生难忘。

胡颜立校长关于教师队伍建设的理念和举措给了我很多的启示，教师工作离不开学习和研究，教师管理必须把教师当成血肉丰满的人，才能让管理深入人心。

不过，知识分子也有知识分子的倔强和风骨。在办学期间，因不满国民党当局在政治上的猜忌进而在办学经费上的刁难，胡颜立校长多次与当局发生冲突，由于问题始终无法解决，他于1947年初愤然离川，挂冠而去，此后一直在南京工作生活。虽然他再没有回到自己曾经抛洒心血和智慧的这片土地，但他执掌实验小学这12年里所做的一切，都记录在了历史的长卷上。他是真名士自风流。他的人本主义教育思想、德智体美群劳六育并举的树人宗旨，以及实证地进行试验、探索规律以改进教法，勤俭办校、以厂（场）养校等，都为实验小学未来的发展奠定了坚实的基础，也为我们这些后来的继任者树立了仰止的标杆。

如果说是胡校长翻开了实验小学儒雅风流的历史篇章，那么在书页里自如挥洒的就是苏文钰校长了。苏校长是教育界公认的最有儒雅风范的校长，这种风范不仅仅源于他令人心仪的外表，更因为他有一颗慈爱的心，总是为你真心期冀；他有一双智慧的眼，能够洞悉你不曾发现的潜力；他有一双温暖的手，总是轻而有力地推动你前进。1978年，时年34岁的苏校长接掌校印，此后在实验小学整整耕耘了24年直到退居二线。24年里，他带领全校教师进行了两个卓有成效的教改实验，一个是学校整体改革实验，一个是活动教学实验。整体改革实验从1983年开始，历时6年，通过活管理、活教育、活学习，培养思想活跃、个性活泼、手脑灵活、充满活力的学生，一举把实验小学建成了校园美、校风好、教改活、教学实、质量高的全国一流学校。这个实验不仅改革了原有的封闭的教育结构，建立了以学校教育为中心，学校教育、家庭教育、社会教育三结合的开放式教育结构，首创了我省第一所家长学校，建立了家长开放日制度，建立了办事处、居委会和校外辅导员组成的社会教育网，还改革了原来单一的课堂教学形式，建立了课内外并举、学科教学与多种课外兴趣活动相结合的教学体系。入学伊始，即按琴、棋、书、画的不同兴趣爱好把学生分别编入琴班、棋班、书法班、画班，上午上语文数学等主课，下午则安排各项特色活动，而这种有计划的培养贯穿整个小学阶段。教育要为孩子的终身幸福奠定基础，就是要给他们一种积极的生活态度，一种高尚的精神追求，还要有与之匹配的基本能力和素养。整体改革实验获得了各界的一致认可，现在当你走进我们实验小学的校园时，你会看到花园里矗立着这样一尊塑像：一尊大理石，两柄钥匙作为基座撑起一位年轻女教师低头沉思的半身像，她双手托腮，嘴角含笑，清秀的面庞弥散着一种圣洁的光芒。这尊塑像对于学校来说具有特殊的意义，因为它是为了纪念学校整体改革实验荣获中国教育学会和《中国教师报》联合评选的金钥匙奖而设立的，全国只有五所学校获此殊荣。

尽管整体改革实验取得了极大的成功，学校的发展有目共睹，但是苏校长并没有躺在成绩簿上沾沾自喜，他又开始了新的思索、新的实践。1996年，学校被确定为中央教育科学研究所教育实验研究中心实验学校，开始在各级专家的倾力指导下进行更高层次的实验研究，这个主题为“活动教学与小学生素质发展”的实验研究又一次使实验小学走在了全国新课程改革的前列。以活动促发展，把课堂还给学生，不依赖老师，也不依赖书本，这和半个多世纪以前胡颜立校长所提倡的“自动学习”何其一致，历史总是以自己的方式进行着拨乱反正。教育要目中有人，要以人为本。解放学生，才能让他们更自由；解放老师，才能让他们的生命更有质量；解放课堂，才能让它焕发出生命的活力——这是教育不变的主题。穿越历史风云，我触摸到了两位校长一样深邃的教育理想，也领略到了他们一样儒雅的大家风范，在他们温和的外表下是同样火热的心，为教育事业不惜燃烧整个的生命。胡校长的12年、苏校长的24年，带给实验小学坚实的根基和永远的温暖。

如今我做校长也已经8年了，从当初的战战兢兢、如履薄冰，到现在在努力继承学校优良传统的同时，顺应时代发展创造新的教育经验，不辱实验小学“实验研究，辅导地方”的建校使命，我明白这是我从接过老校长的班那天起就必然肩负的重任。未来的路还很长，还有很多的人和事等着我去经历，有过往的历史相伴，我想我不会孤单。虽然校园里的泥地早已铺上红砖，亲切的院落也早被高楼所代替，那雨打芭蕉的古老诗意已不复存在，电脑电视多媒体给学校增添的是属于这个时代的气息，但有些东西是不会轻易流失，不会轻易改变的，它们存在于人的内心，和校园里的那几棵罗汉松一样，默默无言地让根须不断往下探寻，让枝叶不断向上伸展。鲜亮的照片终有一天会褪去色彩，而曾经模糊的记忆却在这个追寻的时节越来越清晰。

白驹过隙，时光依然前行。

“小学校，大雅堂”的梦想历久弥新……

成都市实验小学　陆　枋

2011年9月10日

第一章 小学大雅——百年积淀，源远流长

百年实小，沧海桑田，风雨兼程，执著追求，桃李芬芳……近百年的办学中，学校一直秉持积累、传承、创新的传统。深厚的校园文化积淀造就了她特有的韵味，实验、改革与创新成就了它持续发展的可能。

一、实验求真，辅导地方（1918—1978 年）

成都市实验小学前身为 1918 年创办的四川大学附属小学，位于成都市中心明皇城后载门旧址，现后子门街人民中路一段 22 号。1935 年，四川大学将其附属小学 49 亩校地及全部校舍、设备划拨给四川省教育厅，用以创办四川省立实验小学。1918—1935 年，其名为四川大学附属小学，1935—1952 年，其名为四川省立实验小学，1952 年更名为成都市实验小学，沿用至今。

（一）开辟新径，天府名校初成就（1918—1947 年）

1935 年，国民政府确定的小学教育总目标为：小学应以发展儿童身心，培养国民道德、民族意识及生活必需之基本知识技能，以期养成修己喜群爱国之公民为目的。当时，四川省正实施“义务教育”，1940 年又推行“国民教育”。当时条件极差，发展甚为缓慢。即以首府成都而言，1936 年仅有小学 86 所，且大多“设备简陋，条件极差”，“除黑板、桌椅外，几乎一无所有”，尚有私塾 138 个。至 1940 年，全市小学虽增至 139 所，但“临时性的校舍不少，房屋简陋破烂，教室阴暗卑湿”，“无仪器、标本、图表，教授时学生既觉乏味，教员也感困难”。

1935 年春，国民政府教育部派参事郭有守博士赴四川视察教育。经过视察，郭博士认为当时的四川省小学教育实在太差，要建设新的四川，应该先从教育方面求改进，须“举办一个设施完善、能从事实验研究的小学”。“一方面辅导川省改进小学教育，一方面迎头赶上世界潮流，创造四川教育的新径。”四川省教育厅采纳了他的建议，呈请教育部将正趋收缩的川大附小移交教育厅创办省立成都实验小学，并请物色人选来川主持校务。时年 35 岁，毕业于中央大学教育学院的胡颜立受教育部派遣来川负责创办事宜并任校长。

此时的实验小学即根据“实验研究、辅导地方”的建校使命，确定四点实施方针。（1）用科学方法办理学校行政，经济绝对公开，聘请教职员完全采取人才主义，以专任及住校为原则，并须具有研究的兴趣和合作的精神。（2）教学方面施行适合儿童学习能力及教育环境之学级编制，采用自学辅导的教学法使儿童于各学科学习上有合理的发展，有自动计划、研究、创造等能力，并注重科学教育、生产教育、抗战教育。使儿童具有科学的头脑、生产抗战的智能。（3）训练方面注重儿童整个生活的指导，尤以锻炼强健的体格、陶冶互助、合作、坚韧、奋斗、爱群、爱国的精神和养成整洁、纪律、简朴、劳动等好习惯为要旨。（4）成人教育注意战时公民训练，唤醒民族意识，坚强抗战意志，教导抗战常识，增进生产能力，提高文化水准为实施成人教育及社会教育的要旨。

成都市实验小学教学大楼

为上述方针的贯彻，胡校长先后制定了三个三年规划：

（1）1935—1938 年，重点工作是：①整理、改建校舍，充实教学设备；②调查川省小学教育实况，为实验研究之依据；③试制小学标准设备；④地方性教材的编辑及试点。

（2）1938—1941 年，重点工作是：①研究抗战建国教育及编定抗敌教育刊物；②办理社会教育的实施研究；③复式教学实验研究；④扩充工场，增加出品量，供地方中心学校采用；⑤继续编辑四川地方性教材及国民教育辅导刊物；⑥继续开放学习及办理小学教育通讯研究。

（3）1941—1945 年，重点工作是：①国民教育辅导工作之实施研究；②中心学校及国民学校设备标准之拟定及教育用具全套及制造；③试制各省市儿童教育馆、科学馆、实验室设备；④编印国民教育辅导刊物；⑤新课程标准的实施研究；⑥各项学习速度的实验研究。

1944—1945 年，胡校长除继续推行其实施方针外，致力于十年来的工作检讨，写就全面总结性的《十年来的实验小学》一书出版问世。因不满当局在政治上的猜忌进而在办学经费上的刁难，愤然于 1947 年初挂冠而去，荐杨竞芬接任，面对十年后天府名校的实小，胡氏自豪地宣称："为便于各校采用，没有朝秦暮楚，多翻花样，一贯地注重自动学习、自始训练，尤其重视民主精神的培养，希望能适应每一个学生的个性，充分发展他们的才能，完成健全的民主社会的公民。"蔚为大观的成都实小，确在当时裨益全川匪浅，给人们留下了深刻印象。胡校长的人本主义教育思想、德智体美群劳六育并举的树人宗旨，以及实证地进行试验、探索规律以改进教法等，至今仍值得我们借鉴。

1. 以实验研究之创新探索学校教育

胡颜立校长"对教育学术涉历甚丰"，长期致力于教育教学研究。经过调查研究，胡氏认定川省地方小学严重而又普遍的缺陷在于五端：①设备空虚；②缺乏地方教材；③教学方法大多注入式；④忽视学生自治训练；⑤ 不注意健康教育。实验研究必须针对其起步。继又随时代需求增添抗敌教育、国民教育等实验项目。学校分别在学校管理、课内外学习、学生训导以及教师进修等方面进行了探索。

（1）教学管理

①推行新学级制，学生自由发展

建校伊始，胡校长即推行新学级制。以适合学生程度，适应学生的学习能力，使学生可以活动遽升，注重学生个别作业，以自由发展为原则。初小仍用单式编制，但在某些学科又按学生能力、程度分为2—3组教学。语、算两科则允许程度过差的学生到相应年级上课。高小则取消学级，按学生各科能力分别到该科甲、乙、丙、丁四组上课。

②收集编撰地方教材补充课本不足

教材除语、算外，都不用现成课本而按“适合抗战建国需要的，适合学生需要的，适合课程标准的，适合地方性的”原则收集材料，自行编辑。

（2）改革课内外教学

①改革注入式教学为学生自动学习

为改革普遍存在的注入式教学法，各科教学注重指导学生自动学习，使学生各科学习有合理的发展，有自动计划、研究、创造等能力。如初小常识、高小社会、自然等科，尽量设法使学生自己提出研究的问题，自行收集及参考解答资料，进行有计划有组织的观察、实验、调查、思考、讨论、制作、整理等步骤。十年探索中，胡氏先后写就《国语科教材教法》、《自然科教材教法》、《中心学校、国民学校各科教材教法》专著问世。

②中心单元教学整合知能

“中心单元教学”为胡氏在校大力推行的教学形式。十年中共举行如“我们的四川”、“太平洋研究”、“康乐生活”、“航空与国防”等43题，胡氏认为中心单元教学可达三个目的：①适应实际环境的需要，使儿童注意生活方面的实际问题，认识实际环境的变化，具有应付环境、改造生活的知能；②联络或统一各科教学，集中于一个共同问题的研究，使儿童获得适应生活的整体知识，并加强其对该项特殊问题的印象；③将用脑用手的学科打成一片，使儿童从做上学、教师从做上教，儿童所得知识非常切实，并得到应用的机会，对学习有浓厚兴趣。

③坚持时事学习关注社会

为养成儿童关心时事的习惯，学校每天编出“时事摘要”供儿童阅览，并留出一些空白，让儿童填空、填图或作漫画。各级每周有“时事报告”一次，由学生轮流担任。中高年级每周各有一节“时事研究”课。为增强四年级以上儿童的思考、判断能力，各级每学期举行一次“时事讨论会”，题目自定，主席在发言后，个人发表意见或质疑，最后由评判教师评议指导。

④注重课外作业竞赛拓展学习

胡氏以为“班级制度的缺点，影响个性发展，补救的方法在于注重课外作业的指导及学艺竞赛的举行”。学校按时举行有计划的校外教学，如远足、参观等，予儿童以写作、图画、采集的机会，归后从事研究、整理、举办成绩展览。学校利用课余，组织写生班、歌咏班、剧团、标本制作、国乐班、国术班、球队等，随学生兴趣自由参加。每届假期，由级任导师综合各科作业要项，指导学生按时完成，开学后则将学生的游记、日记、算术、笔记、书法、图画、模型及收集的标本、种子、照片、邮票等展出观摩。学艺竞赛，一为每学期按计划举行阅读、速算、写字、作文、讲演、图画、劳作、时事讨论、时事测验及音乐、体育竞赛；一为各级轮流编辑新闻、美术、科学三种半月刊，鼓励学生踊跃投稿，期终评比。

⑤改革考试评价

成绩考查功能明确。

成绩考查方面，学校每学期有：以考查教学效率为主要目的的期初测验（按高、中、低级段命题）；以考查教学效率为目的的期中测验（各年级分别命题）；以决定儿童下期学级升调为主要目的的期末测验。

（3）改革学生训导

学校采用级任与训导混合制，各级设级任导师，科任则担任住校生寝室指导任务，各教师轮流为分区值日导师，胡氏确定训导方针八点：①训教合一，重视学生整个的生活指导；②注重人格感化，教师以身作则，与学生共同生活；③指导自治组织，注意团体训练，陶冶民主精神；④多用积极的训练，避免消极的处罚；⑤注意个性调查，实施个别特殊训练；⑥提供服务机会，增加学生的公众服务的兴趣；⑦布置抗战建国环境，培养民族意识，激发抗战建国热忱；⑧切实联络家庭，增进训育效率。

儿童自治组织在低年级为小朋友会，下分7部：小图书馆、卫生局、幼童团、讲故事会、学级园、小周报社、级务部，设会长1人，各调干事数名，均民主推举产生；中、高年级为儿童会，下设图书馆、演讲部、新闻部、体育部、卫生部、学级园部、纠察部、合作社、级务部、舍务部、科学馆、俱乐部、社教部13个工作机构，设会长1人，各部均有活动目的及职责大纲，须定期考核或在周会上报告工作。

学校训导构建由公民训练、儿童自治、集团活动、健康教育、课外活动及寄宿生保育组成。注重以培养公民为目的，以儿童自治为主要训导方式，充分利用学生的课外活动，采用集团活动，注重儿童的身心健康。

（4）改革教师进修

由于学校肩负的“实验研究，辅导地方”的特殊建校使命，要求实验小学的教师“必须具有健康的身体、乐业的精神、研究的兴趣，除担任教学、训导等工作外，还要从事实验研究，创造新的教育方法，辅导地方小学，以求全省乃至全国国民教育之改进”。

“时代潮流常在不断前进，教师如不求进步，便有落伍的危险。”学校组织了研究会、读书会和教学参观活动。研究会每周五例会，研讨教学、训导中的实际问题及特殊实验工作；读书会由各教师自选书刊、自定课题，定期作口头报告或写成书面报告相互传观；教学参观每学期一次，排定次序后组织有关教师互相参观，集体评议；校外参观则每年派一人去省外，其余老师每学期按预定日程集体去市内著名学校参观。

成都实验小学不仅关注教师的业务进修，也关注教师的课余生活。胡校长始终认为体育、文娱乃生命的源泉，因此规定教师周一至周五的课毕后人人须有40分钟运动，分乒乓、篮球、排球、网球数项；每周一和周五饭后为歌咏班活动；假期则组织教师远足旅行。他对教师非常体贴关心，教师生活上有什么不顺心或困难时，他都会伸出援助之手。为改善物价飞涨下教师的艰苦生活，学校还从合作社、农场等收入中津贴教师粮食，为教师们提供切实的帮助。

那时的教师一律住校，每一个教师还得带五六个住校生同吃同住，胡校长也以身作则。1935—1939 年就读于实验小学的原国务院总理、全国人大常委会委员长李鹏同志当时也是住校生，在回忆自己的小学生涯时，他说胡校长办学有方、思想开明，是个很好的校长，有一次他在睡梦中不慎翻下床来，还是巡夜的胡校长把他抱回到床上，那份温暖与慈爱让他永生难忘。胡校长以自身的儒雅风范影响着周围的老师和学生，整个学校文化让教师和学生感到非常温馨。

实验研究在十年里取得了丰硕的成果。成都实验小学坚持实验研究的办学特色，积极探索教育的规律。十年里，学校除将 30 项实验成果出版发行以外，还编写了抗敌教材（儿童读物）13 种；四川地方性教材（儿童读物）17 种；教师参考资料 32 种。学校还出品教学仪器、标本共 18 种，并且受托举办了三届全省性的教师假期讲习会，培训本省各县及云、贵、陕、甘、湘五省托训的部分教师。图书馆藏书达 12450 册；仪器室里各种仪器及模型 666 件（套）；劳动室里各种工具 642 件，工场里大小机具 1307 件……即便放到今天，这些成就也足以令人肃然起敬。而在这些数据背后，更有学校通过工场、出版等自筹经费的无比艰辛。最重要的是，学校践行了实验研究的办学理念，并承担起培训教师的使命，传递着鲜活的理念。在实践中探索，进行教育实验，探索教育规律，求真悟道。

成都市实验小学的办学特色吸引了当时国内、国际上的关注，成为中国当时小学教育一道亮丽的风景。1941 年，当时的中央国际宣传部将实验小学学生的课内课外情况摄成了名为《明日的主人翁》的彩色影片，分送各友邦作文化交流。1942 年 5 月，印度政府教育司司长沙金脱到校参观。1943 年 9 月，英国议员华德女士也到校访问。其间，苏联友人亦曾来校参观访问，并应邀向全校师生作了名为《十月革命后的苏联儿童》的讲演。1944 年 5 月，美国新闻处还派出摄影人员来校拍摄儿童生活影片。实验小学的学生们展现了他们良好的风貌，让国际友人更好地了解了中国，赢得了广泛的赞誉。

（二）孜孜以求，秉前志奠基未来（1947—1978 年）

成都市实验小学和共和国一起经历了 30 年的风雨历程。由于特殊的政治原因，使得这一时期的学校教育政治压倒一切，政治的动荡也引发了教育的动荡不安。成都市实验小学在其中也不能幸免，学校教育更多是进行思想政治教育的主阵地。但是，成都实验小学在如此艰难的情况下，一直坚守着“实验研究，辅导地方”的优良传统，不断深化教学改革，开展单项实验。

20 世纪 50 年代，南京师大附属小学的斯霞老师创造的“字不离词、词不离句、句不离文”的小学语文随课文分散识字教学法，大面积、高效率地提高了识字教学的质量。在当时国内小学教育界首屈一指。因此，学校学习这一先进的教学经验，开始在学校进行“分散识字”的单项研究。

1958 年，辽宁省黑山县北关小学、北京景山学校先后探索汉字构字规律，试验集中归类识字方法，创造了集中归类识字教学经验。学校也学习这一先进的教学经验，开始在学校进行“集中识字”的单项研究。两项单项研究的兼容并包让学校的识字教学水平有了显著提高。

除此之外，学校积极探索教师主导与学生自学的结合点，探索集体备课、重点教学、实物实例等各项教学改革，不断创新实验，各项工作都取得了优异的成果。

1960 年，学校被评为全国文教系统先进集体。光阴流转，岁月无言，这 30 年中实小的历任校长为：杨佩芳、杨竞芬、陈光明、杨伯萱、白增。一代代实小人守护着这片净土，为实小新的发展奠定了坚实的基础。

60 年的建校历史，给了我们如此清晰的脉络：不论建校初成也好，学校进展也罢，它始终沿着一条主线在发展着：把持教育的本质规律，尊重孩子的个性成长，重视教师的教育教学，关注学校的创新发展。以学校最初的办学理念“民主科学”为例，昭示着成都实验小学的办学理念不墨守成规，不依赖权威，在不断地创造研究中发展着、前行着。这样的办学理念与办学方式影响了以后学校发展的基本方向与模式，也为实验小学未来的发展奠定了坚实的基础。

二、是中求活，整体改革（1978—1996 年）

岁月流转，光阴似箭，走过十年浩劫的实验小学迎来了新的春天。十一届三中全会制定的改革开放总路线为教育改革注入了空前的活力。在其他学校还在走出十年浩劫的阵痛之时，实验小学继续着改革研究之路。

20 世纪 70 年代末，学校开展了大量的改革研究活动，力图使学校教育活动更符合教育规律，所进行过的教改实验主要有：1979 年，在二年级进行的“自编教材，提早进行方程教学，提高应用题教学质量”的教改实验；1980 年的“景山学校语数教材引进性实验”；1981 年在全校开展“开设科技课，进行科技启蒙教育”的教改实验；1983 年进行的“课外阅读课”及“在自然新教材中开展探索法教学”的教改实验。这些早期的单项实验，取得了一定的成绩，从某一个侧面论证了一些教育规律，有的还得到了推广。但是，以上实验仅仅是单科的，只能起到某一方面的作用。

1982 年年底，为了促进人的全面发展，学校制定了五年发展规划，从德、智、体、美几个方面明确了培养人的具体标准，并广泛开展课外兴趣活动，课内外一齐抓，以课内外并重为突破点，在全校进行了尝试。从实践情况看，少年科学院、红领巾艺术团、工艺美术、文体四大部下设的 40 个小组吸收了全校学生，对学生兴趣、爱好、才能以及良好的心理品质的发展都起到了积极的作用。有的兴趣小组还在课内外结合方面取得了经验，促进了课堂教学改革。这一时期已经初步孕育了整体改革的课内外结合因素。

（一）建设高素质的教师队伍，为整体改革奠基

“学高为师，身正为范”是苏文钰校长谨记在心的座右铭，也是苏校长立校的核心理念。他清醒地认识到教师是立校之本，没有好的教师，就没有好的学校。只有当教师的教育观念和教育行为习惯方式等发生了符合教育科学规律的变化，学校教育质量才有稳定的保证。所以学校管理自始至终都把人才的选拔和培养作为最重要的工作来抓。

为提高教师队伍的整体素质。学校除让中青年教师接受市区教师进修培训机构的系统培训外，还侧重采取了以下办法。

1. 严格挑选新教师

学校一直以来对教师队伍的要求就具有一定的超前性。90 年代中期，在省市区有关部门的支持下，严格挑选优秀师范毕业生为新教师，特别注意吸收有敬业精神、从教热情、专业素养优秀者。在学历方面，新教师学历层次也逐年提高，1996 年秋季进入学校的 10 名新教师的学历都在专科以上，其中专科 2 名，本科 7 名，硕士 1 名。

2. 根据教师成长规律培养教师

有研究将教师个体的成长分为：阶段角色适应、主动发展、最佳创造三个阶段。青年教师从学校毕业到熟悉教育教学常规，完成角色的转换一般需要三年时间；教师主动探索教育、教学规律到成为一个合格的教师一般认为需要五到八年时间；教师主动研究，并归纳总结，创造性地形成自己的教学风格，成为骨干教师大约需要五年以上的时间。学校根据教师发展的这一规律，对新教师采取“师徒帮带”制度，每一位新教师都要拜有经验的教师为师，以较迅速地熟悉教学工作常规，并初步确定自己今后努力的方向。对中青年教师，实行定人定向培养制度。定人就是为某一中青年教师个体制订培养计划，帮助其在一定的时期内，在教育教学工作中的某一方面发展提高。对骨干教师，则要求注意并帮助其总结点点滴滴的教学经验，逐渐形成自己的教学风格，成长为

专家型教师。

3. 在教改中培养和提高教师的素质

在教师的工作经历中，教师研究活动经历对教师素质改变所产生的影响最为深刻。因此，学校带领全体教师认识现有教育的弊端，寻找克服弊端的途径，提出了一系列的教改实验课题。组织了从整体到单项及学科的多方面、多层次的教改实验研究。许多新教师一进入学校就参与各级各类课题的研究。这些举措对于教师的教育素质、教学素质、研究素质的提高都产生了巨大的影响。

由于学校重视教师队伍的建设，实验小学先后培养出了 11 位特级教师。成都市实验小学现任校长陆枋就是学校教改培养出来的典型代表。她 18 岁刚从成都师范学校毕业来到学校，苏校长就让她参与学校整体改革的研究、在市上执教语文公开课。在长达 12 年的整体改革研究和长达 15 年的活动教学研究中，陆枋一直是各项研究的中坚力量。正是在一次次的研究讨论中，在一次次的公开课展示中，她迅速地成长起来，28 岁被破格授予特级教师的荣誉称号，36 岁被委以校长一职。在这些课题中成长起来的 50 余名骨干教师如今几乎都已是校级以上干部或者是特级教师。

优秀教师的培养为顺利进行教育教学改革积蓄了坚实的力量。这些人才的培养和输送又促进了实验小学良好的血液循环，让实验小学的教师队伍不断发展提升。

（二）积极推进整体改革，大胆实行教育创新

1977 年，国家恢复高考，各级学校对升学率的追求被提到了一个前所未有的高度。1983 年，邓小平同志提出“教育要面向现代化，面向世界，面向未来”，引起全国教育工作者的深思。学校通过反思认为不适应“三个面向”，主要表现在：

儿童教育的封闭性。即只重视学校教育，忽视家庭教育和社会教育，教育缺乏合力。

小学教学的单一性。表现为教学内容、方法（途径）的陈旧、单调，不能激发和保持儿童的学习兴趣。

片面追求升学率。导致儿童负担过重，高分低能。教育评价片面，导向偏斜，违背全面发展的教育方针。儿童不能全面、和谐地发展。

到了 1984 年，由于独生子女政策的实施，首批独生子女到了入学年龄，开始进入学校接受小学教育。独生子女家庭对子女成长的重视及教育方法上的无助也集中体现出来。学校教育呈现出脱离实际，脱离时代，脱离社会；重教轻学，重智轻德，重分数轻发展的弊端。

1. 困境中的突围

教育背景的变化，让学校的教育陷入困境，难以顺应时代发展，改革势在必行。鉴于此，学校提出整体改革的实施方案，成为了国内较早开展整体改革课题研究的学校之一。

学校整体改革思路为：从改革管理体系入手，改革教育教学目标、内容和方法，以学校教育为核心，建立家庭、社会三结合的教育结构模式。

学校整体改革的基本思想："以学校教育改革为中心，建立学校、家庭、社会教育三结合的教育结构，建立有利于学生全面发展的学校活动体系，实现全体学生全面的、和谐的发展。"

改革主要内容是：构建适应改革的学校管理系统；改革学校教育教学工作，建立三结合的儿童教育网络。特别突出研究从整体上科学地对学生实施全面和谐教育，使儿童得到充分发展；探索一条对内搞活，对外开放，适合当代儿童身心发展规律的办学途径。

在学校的五年发展规划中，也明确提出对学校教育进行整体改革。通过活管理、活教育、活学习，培养思想活跃、个性活泼、手脑灵活、充满活力的学生，力争把实验小学建成校园美、校风好、教改活、教学实、质量高的全国一流学校。

活管理是教改的前提，只有管理灵活才能为师生创造很好的教与学的环境，才能充分发挥师生的聪明才智。教得活是教改的基础，指教师教学方法灵活。只有灵活的教学方法，才能充分激发学生的好奇心，积极、灵活地投入学习。思想活跃是以德育为主，以爱国主义教育为重点，同时重视对学生的道德教育。个性活泼，就是培养学生有良好的个性心理素质，热情大方、活泼开朗、敢于思考问题、敢于形成自己的见解。手脑灵活就是培养学生有较高的动手动脑能力，从而启迪学生的智力，开发学生的智慧。

2. 改革管理体系

管理是改革取得成功的重要保证。良好的学校管理体系应该组织机构合理、工作目标明确、管理层次清楚、管理措施落实。

学校管理改革主要措施：

（1）建立四套班子、三个层次、七个育人工作子系统的组织机构。四套班子即党支部书记为首的政治思想工作班子，校长为首的行政管理班子，工会主席为首的教工大会民主管理班子，校办厂厂长为首的勤工俭学后勤班子。三个层次即为校级一层、处室一层、教研组一层，各层职责明确。七个育人工作子系统分别为：德育系统、学科教学系统、科学常识启蒙教育系统、体卫系统、美育系统、劳动教育系统、现代化教育技术系统。七个子系统协调整体作用于学生的全面发展。

（2）将教育教学活动内容和形式的改革纳入学校教育教学计划。对计划的实施进行严格管理，同时制定若干可观察、可评断的硬制度，控制教育教学活动的时间和师生的精力投入。

（3）改革对教师和学生的管理办法，把评价作为学校管理的导向性因素。把教育教学观念的转变、优秀教育教学经验的学习与总结作为考评教师工作的重要内容，引导教师积极参加教改研究活动。改革考试办法，注重教学过程的考核评价。加强单元测验，取消半期考试，只进行期末考试。注重综合性考核评价。改革三好学生评选方法，不再将三好生定位为少数优生的选拔，而定位为绝大多数学生的达标要求。

管理改革为学校教学改革奠定了基础，提供了保障。

3. 改革学校教学体系

学生的社会性和个性发展是在健康丰富的活动中完成的。把学生局限在文化考试科目的教学活动中很难实现其良好的发展。把学生当容器的灌注式方法也会阻碍学生发展。学校教育教学内容与方法的改革，就是要使活动的内容和方法富含有利于达成德智体美劳五育目标的因素。

主要改革措施：

（1）制订有操作指导意义的五育要求。

（2）调整课程，努力达成五育目标。低段每周减少语文课 3 节及数学课 1 节，增加体育课 1 节并增加了 6 项活动。

（3）改革原有单一的课堂教学形式，建立课内外并举、学科教学与多种课外兴趣活动相结合的教学体系。增加活动时间，用丰富多彩的活动激发儿童对科学的追求，培养广泛的爱好和才能，使儿童热爱学习生活。上午上语文、数学等主课，下午则安排这些特色活动。并按琴、棋、书、画的不同兴趣爱好把学生分别编入琴班、棋班、书法班、画班。这种有计划的培养贯穿整个小学阶段，艺术教育在这里得到充实和强化。

（4）在具体的教育内容上进行改革。加强学科知识的结构性，注重各学科间教学内容的衔接，加强某些教材内容。设计多种课外、校外活动内容，使学生在丰富多彩的活动中发展。

（5）教师观念的转变及教学方法的改革。观念上要求每一位教师树立五个方面的整体观念：学校、家庭、社会三结合的整体观念。儿童德智体美劳全面发展的整体观念。儿童兴趣、知识、能力协调发展的整体观念。学生一般和特殊学习状态之间关系的整体观念。面向全体学生，使所有学生都能获得全面和较充分的发展的整体观念。此外，每一学科确定一项具体的教改研究项目进行研究。强调教师注意教学手段的优化。定期不定期地举行各种层次的经验交流、观摩活动，推广优秀教学经验。

学校研制并实施了小学生唱歌、舞蹈、器乐、美术、书法五项艺术才能的内容与标准。培养小学生的五项艺术才能，在当时尚无先例可循。为了达到这些培养目标，根据艺术教育各科及学校学生的实际，经过几年不断研究，反复修订，形成了五项艺术才能的内容与标准。并按照五项艺术才能的内容与标准，改革了艺术教育的教学内容与教学方法，音乐教育改革中，从以教唱歌曲为主，发展为包含声乐、乐器、初步的乐理知识在内的教学内容，着眼于培养学生的音乐审美素质。挖掘各门学科中的艺术教育素材，加强了五项艺术与各门学科之间的横向联系，构建了课外艺术实践活动体系以及共同科学育人的美育网络。

以琴、棋、书、画编班的教学班的兴趣活动，力求普及、培养学生的艺术爱好与才能。琴班：很多孩子因为就读于琴班，从此和音乐相伴，还有一些学生经过勤学苦练，攀上了音乐之巅。棋班：下棋需要缜密的思维，对于开启智慧很有益处，很多棋班的孩子除了下棋以外，在数理上也有很好的发展，日后许多通过竞赛直升清华、北大的才俊都是从这里起航的，而在奥林匹克数学、物理、化学竞赛中折桂的实小学子更是不计其数。书法班和画班：书法班的孩子经过学习都能写出一手漂亮的字。画班更是充满色彩与线条，充满想象与创造。学生白耘的美术作品获亚洲国际少年儿童大赛头奖；学生陈涛的美术作品“猫趣”获国际中国画大赛特等奖，他也被称为“猫王”，并随省美术交流团出访瑞士。走进校园，随处都可以看到墙上悬挂的学生作品，这里是他们梦想开始的地方。

艺术赋予人灵性，赋予人更高层次的精神享受。教育要为孩子的终身幸福奠定基础，就是要给他们一种积极的生活态度，一种高尚的精神追求，还要有与之匹配的基本能力和素养。1986 年，反映学校艺术活动的电视专题片《这里流淌着美的清泉》在中央电视台、四川电视台播放，将这一新颖的教学体系衍生的美好传递给了更多的人，传递到了更多的地方。重视艺术教育，培育儒雅学生，学校的理念在实践中孕育生成。

4. 指导家庭教育，联系社会教育

改革学校教育，指导家庭教育，联系社会教育，建立开放的教育结构是学校整体改革的主线。在当时，家庭教育普遍存在以下问题：

（1）家长不懂得正确的教育方法，造成家庭教育和学校教育间的不协调、不一致，给学校教育带来一定困难，使学校教育效果减弱，甚至相互抵消。

（2）家长们虽然具有辅导孩子、教育孩子的积极性，却又普遍对学校教育的目的、任务，对老师采取的教育措施的意义缺乏了解，因而往往做出干扰学校教育的事，更无法有效配合学校教育。

（3）家长平均文化程度不断提升，但是家庭教育能力并未得到相应的提升。

因此，指导家庭教育成为了学校整体改革的一个重点。学校主要通过举办家长学校、定期举行家长开放日、召开家庭教育经验交流会、帮助家长进行家庭教育自我考核等，帮助家长密切家校联系，提高家庭教育水平。

1983 年，实验小学首创四川省第一所家长学校，指导家庭教育，提高家庭教育水平。建立家长开放日制度，邀请家长到校亲身体验学校生活全过程。建立办事处、居委会和校外辅导员组成的社会教育网，优化孩子成长的环境。发展社会教育网络，争取三股积极的力量：学校所在地街道办事处、派出所，学校附近的机关和单位，教育、科技、文化方面的校外辅导员。还包括把社会教育内容引导到学校教育中来，使学生广泛接触社会，接收社会信息。针对学生思想教育中的问题，有计划地带学生参加一些有教育意义的社会活动，有指导地组织学生收集社会信息并分析鉴别，拓宽学生的视野，提高其分辨社会信息的能力。经过十余年的探索，学校与四川省武警部队建立少年军校，和街道居委会、派出所一起优化学校附近的教育环境，聘请有关人士担任校外辅导员，加强德育工作队伍建设。诸多举措在促进学校、家庭和社会三者的结合中形成合力，共同促进学生的发展。

加强家庭教育的研究，建立学校领导、老师和家长代表组成的家庭教育研究会，研究家庭教育的规律、内容和方法。如此系统完整的诸多举措在全国引起了重大的反响，1986 年，实验小学家长学校被国家教委和全国妇联评选为全国优秀家长学校。

5. 手执金钥匙开启成功

如果说当年对于能否实现创建全国一流学校的目标有的人心存疑虑，但是事实说明了一切，整体教育改革是一次成功的尝试。整体教育改革带来的变化是学校教育体系在原有基础上的改善和发展。教学质量得以提升，提高教师达成教学目标的能力是教师控制负担量的重要措施，通过提高教师的教学能力，提高了课堂教学效率，学校的整体改革使得学生学业负担过重的现象得以减轻。教师整体素质的提高是整体教育改革最重要的成就之一。教师的教学观念发生转变，逐渐走向自觉，逐步带来自觉的改革行动。

教师们深感这次改革的成功：学生们性格活泼开朗、思维活跃、兴趣爱好广泛，有个性、自我教育的能力特别强。教师们开始自觉地研究学生，努力改进自己的教学方法，提高课堂教学质量，使学生的发展落在实处。在不断改善学校教育活动体系的过程中，教师改变教育活动，改变着的教育活动又促进了教师的改变。近十余年来，学校先后承担或参与国家、省级、市、区各级有关部门的教改研究项目 30 多项。

从 1985 年至 1988 年，老师们撰写的 100 多篇教育科研论文、实验报告、经验材料等发表于《人民教育》、《中国教育报》、《小学德育》、《四川教育》等国家、省、市级报纸杂志；汇编成册的《教改探索文集》、《教改实验论文集》、《成都市实验小学管理文集》在全国教育系统内部交流；《教改论稿》一书由四川教育出版社出版；《学校教育整体结构改革探索》一书由人民教育出版社出版。1986 年，整体改革实验的经验在全国整体改革研讨会上交流，在全省推广；1988 年，学校举办整体改革实验讲习会，省内外 800 多位重点学校的行政干部、教育系统的专家领导参会；1989 年，学校应邀为全国 250 多所重点小学举办的语文讲习会和数学讲习会，不仅让到会的 1500 余名教师折服，更使学校的改革意识、改革实践和改革的成功经验迅速传递。

当你走进成都实验小学的校园，你会看到花园里矗立着这样一尊塑像：一尊大理石，两柄钥匙作为基座撑起一位年轻女教师低头沉思的半身像，她双手托腮，嘴角含笑，清秀的面庞弥散着一种圣洁的光芒。这尊塑像对于学校来说具有特殊的意义，因为它是为了纪念学校整体改革实验荣获中国教育学会和《中国教师报》联合评选的金钥匙奖而设立的，全国只有五所学校获此殊荣。实小校友、时任四川省副省长韩邦彦为这尊塑像亲笔题名："手执金钥匙的人"。

校园雕塑——手执金钥匙的人

1984—1996 年历时 12 年的学校教育整体结构改革实验研究，是学校教育科研的一个里程碑，学校的教学质量和办学水平得到了提高，学校教学改革和研究作为学校崛起的战略指导思想进一步深化。

这是实小历史发展中至关重要的 16 年。"整体改革"的推进让实验小学在原有的基础上跨出了重大的一步。这不仅是方法的创新，更是思想的创新，在实小已有发展基础上的又一次腾飞。整体改革促进了教育理念的变革，促进了教学体系的变革，"校本课程"与"兴趣活动"率先走进了实验小学，素质教育的要求也在实小得到了最为广泛的重视。"整体改革"使学校实现了全方位的改革推进。

三、聚焦教学，活动研究（1996—2003 年）

1984—1996 年 12 年间开展的学校教育整体结构改革的课题研究，

使成都市实验小学的教育质量和办学水平有了质的飞跃。面对整体结构改革给我们带来的显著成效，学校没有自满，而是又一次开拓创新，走在时代的前列。打造了具有成都实验小学特色的“活”教育：领导班子管得活，教师教得活，学生学得活。

（一）走在新课程改革前列的活动教学

多年来，传统教学中长期存在的一些问题一直未得到解决，旧的教育思想仍统率着教学实践活动，如重书本知识传授，轻动手能力培养；重学习结果，轻学习过程；重间接知识的学习，轻直接经验的获得；重教师的灌输讲授，轻学生的主体探索；重视考试成就，忽视对学生个人发展兴趣、独立思考能力、创造性、个性、进取精神等素质的培养，忽视学生主体性、积极性的发挥，使得学生学习兴趣下降，学习负担过重，极大地妨碍了学生的生动活泼、主动的、全面的发展。

进入 21 世纪以来，未来社会对人才也提出了更高的要求，要求教育不仅仅是把学生当做一个学习者、仅传授给他们知识，更重要的、更本质的是把学生作为一个人，一个活的生命体，着眼于形成学生的主体意识，注重形成学生的独立人格，开发学生内在潜能和创造性，关注学生的精神生活，促进每个人的全面发展。1997 年，叶澜教授的“让课堂焕发生命的活力”引发了人们对课堂教学的热议。

因此，当务之急是改变当时盛行的“教师讲，学生听”的被动接受式学习、灌输式学习，改革单一的、程式化、机械化的课堂教学方式，改变那种以升学和单追求高分为目的，忽视人的发展和综合素质的提高的应试教育模式，构建体现学生主体的新的教育教学模式，由被动接受的角色向主动学习的角色转变，由单纯的知识性学习向作为一个人应具有的一切方面的学习的转变，以促进认知、情感、个性整体素质的发展与提高。那么，如何通过学校的教育教学工作的改变，来有效地促成这些目标的达成呢？

针对当前教育教学改革的发展趋势和整体结构改革中凸显的一些问题，学校对教育改革和发展进行了理性的反思，经过深入研究，成都市实验小学决定将研究的重点由全局性的整体研究转向重点性的课堂教学改革研究。课堂教学是学校教育教学工作的主阵地，实小抓住课堂教学进行专项研究，将它作为推进和深化素质教育的有力措施。

学校研究认为，活动提供了学生发展的最佳途径和手段，通过活动，可以实现学生的主体性发展。教育要有效地促进学生的全面发展，应以学生经验和活动为基础，科学地规范、精心地组织，正确地引导学生开展多样而全面的活动，提供学生积极参与活动的空间机会，使学生多感官投入教学活动，主动参与教学过程。正是基于这样的思考与认识，学校参与了中央教科所田慧生博士主持的教育部“九五”重点规划课题“活动教学与中小学生素质发展”的实验研究，并承担了“活动教学与小学生素质发展”的课题研究。1996 年，成都市实验小学被确定为中央教科所教育实验研究中心实验学校，开始在各级专家的倾力指导下进行更高层次的实验研究。这个题为“活动教学与小学生素质发展”的实验研究，又一次使实验小学走在了全国新课程改革的前列。

本次教学改革不仅要改变教师的教育理念，还要改变教师们每天都在进行着的习以为常的教学方式、教学行为。就教学关系而言，教师教育理念、教学方式的转变最终都要落实到学生学习方式的转变上。学生学习方式的转变具有极其重要的意义，学习方式的转变将会牵引出思维方式、生活方式甚至生存方式的转变。学生的自主性、独立性、能动性和创造性将因此得到真正的张扬和提升。学生不仅将成为学习和教育的主人，而且还将成为生活的主人，成为独立的、积极参与社会的、有责任感的人。

活动教学的根本目的是试图对现有知识为本位，以教师为中心，以传授灌输为主要特征的课堂教学模式进行改造，使教学过程真正建立在学生自主活动、主动探索的基础上，通过学生全面多样的主体实践活动，促进他们主体意识、创新精神、实践能力和多方面素质的整体发展。实现对课堂教学过程的根本性变革，以焕发课堂教学的真正活力。我校的活动教学研究所主张和探索的教学理论与 6 年后在全国如火如荼开展的新课改理念十分吻合。这证明了我们的每一次研究和改革都前瞻性地把握了教育发展的轨迹，始终处于教育教学研究的潮头浪尖。

（二）引领学科教学的研究与探索

活动教学即是在教学过程中以建构具有教育性、创造性、实践性、操作性的学生主体为主要形式，以鼓励学生主动参与、主动思考、主动实践、主动创造、主动探索、自主活动为基本特征，以促进学生认识、情感、个性行为等整体素质全面和谐发展为目的的一种新型教育观和教育教学模式。基本教学观念，即树立以“教师主导、学生主体”的教师观和学生观，以“活动为主”的教学观，以“开放的时空”为主的教育条件观和以“开放的教材和多样的学习方式为主”的内容观和方法观。

活动教学在学校的改革研究，主要任务是探索如何在具体教学活动中开展体现活动教学思想的教学活动，目的之一是构建体现活动教学观的活动教学实践操作模式。我们的研究主要侧重于学校教育教学活动中与学生发展联系最广泛和最普遍的两大学科——语文和数学学科活动教学的具体操作策略和操作模式。

通过多年的实验研究，我们对传统课堂教学策略有如下的突破与革新：教学目标的整体策略，全面关注人的发展；教学内容的丰富策略，使之更加符合学生主动学习的需求；教学人际的和谐策略，突破师生交流的单一性；教育设计的创新策略，体现教学设计的艺术性，突破教学设计的程序化；教学时空的开放策略，突破教学时空的封闭性；教学评价的发展策略，体现教学评价的多维性，突破课堂教学评价的传统导向。

对活动教学的评价体系有了初步的探索：在“活动教学”思想的指导下，实小在活动教学的教学评价中融入了新的观念和方法，确立为学生发展服务的新观念，从发展的角度确定评价内容，采取多元化的评价方式，尝试构建了小学活动教学评价的指标——是否为学生设计了具有吸引力的活动方式和学生乐于采用的学习方法。是否为学生提供了充分的活动时间以及自主学习的时间。是否让所有学生都参与了活动，得到了自主学习的机会。学生是否喜欢学习。学生是否在完成学习任务的同时提高了学习的能力，并得到多方面的素质发展，特别是创新能力和实践能力的发展。

（三）立足于学生自主学习

通过学习和转变观念，我们认识到“活动教学”是深化课堂教学改革的有效途径，是落实素质教育目标的有效形式。在理论层面上，活动教学注重活动在人发展中的独特价值与作用，明确提出“以活动促发展”的发展观。在实践层面上，活动教学将教学过程建立在学生自主活动的基础上，关注学生的活动体验和情感发展，拓展学生的活动时空，实施以学习者为中心，以主动探索、亲身体验和实践活动为基础的教学策略，实施以促进创新精神和实践能力培养、全面发展为目的的多样化教学评价等系列新的教学主张，将活动教学的理论转化为教学中可以操作的现实行为，从而引起课堂教学的深刻变化。

学校通过确立教师正确的角色意识，尊重学生的主体地位，确立正确的课堂管理模式，营造师生民主平等、和谐的教学氛围。并创设丰富多彩的学生自治管理活动、主题组合活动、自主兴趣活动、自我评价活动等课外自主活动，培养学生主体意识。同时，还着重对课堂教学中的活动方式和学生学习方式进行探索，经过几年的实践研究，总结出了14种学生自主学习模式：问中学、发现中学、教中学、创新中学、比较中学、归类中学、评价中学、选择中学、交谈中学、读中学、做中学、辩论中学、做课题中学、欣赏中学。七种自主活动模式：讨论式活动、实验式活动、操作式活动、表演式活动、收集查阅式活动、实践式活动、游戏式活动。

（四）架起走进新课程改革的一座重要桥梁

在整个活动教学研究过程中，取得了一定的成效。学生方面，学生的整体素质得到了良好的发展，特别是学生的自主学习和自主活动的主体发展意识和能力得到不同程度的发展和提高，学生的学习从被动、依赖走向主动和独立，学生的个性和学习潜能也得到不同程度的开发；活动激发了学生参与学习活动的欲望，使他们有机会从不同的角度进行思考，获得对问题不同层次的理解，同时进行不同方式的探索和表达。这种从自主学习中得到的满足感进一步促使他们自觉主动地寻找一切他们想知道的知识，引起了更为深入的学习。学生探究的兴趣和能力显著提高，活动教学所创造的探究性实践活动，使学生身上与生俱来的探索新事物的热情得到了激发。课堂中的探究性学习还激发了学生的创造灵感和热情。全校学生进行了“研究我们的世界”课题研究，各年级同学在教师指导下自定了涉及科技、植物、动物、化学、物理、天文、地理等方面的课题共计 1769 个进行研究。在这些实践研究的过程中，学生的研究热情和主体研究意识及能力都得到显著提高，个性和学习潜能也得到开发。学生的许多课题已结题，个别班级还编辑了研究成果集《研究我们的世界》。

教师对教学有了新的理解和认识，活动教学的实施所带来的课堂教学中的深刻变化，对教师产生了强大的激励作用。动态的、开放的教学过程，使教师的教学设计不再是课本剧的“脚本”；每节课都要面临的新问题和新场景，使教师有新鲜感；处在自主学习和探索状态的学生，使教师时刻感到充实和提高自己的必要。这些都使成都市实验小学教师队伍具有了明显的健康向上、积极进取的特征，不断地学习和超越自己成为他们发自内心的自觉需要。活动教学“以活动促发展”的教学改革思想在成都市实验小学已经深入人心。

四年多的实验研究，促进了教师队伍的成长。不仅提高了成都市实验小学教师的整体素质，也涌现了一批具有改革意识和科研能力的优秀骨干。在实验研究期间，教师在各级刊物上发表论文共 112 篇，编辑了三本《“活动教学与中小学生素质发展实验研究”论稿》、《“活动教学与小学生素质发展实验研究”语文专辑》，撰写了《“活动教学与小学生素质发展实验研究”结题分报告》，在国家、省、市、区等各级学术交流会上的交流论文 16 篇，阶段性研究报告、工作报告、结题报告 6 万多字，教学实录 29 节，获奖研讨课 14 节。学校大力推广已有的活动教学研究成果，让这些研究成果从实验课堂走进每一个教师的日常教学课堂，并且让教师去发现总结更多的活动方式和学习方式。由于有活动教学中活动方式与学习方式的积累，教师的教有法可依，学生的学也有路可循。课堂教师的教以为学生设置活动情境，激发学生学习兴趣，有效引导学生探求知识为目的。学生的学以主动运用已有的知识储备和学习方法，解决实际问题，进行情感体验为主要途径，课堂越来越多地呈现出生命的活力。活动教学的开展使得老师们从日常教学生活中跳脱出来，从日常的“无意识”状态转向问题状态，并致力于问题解决，带来的是对教学行为的自觉改造。教师、学生的一系列变化为成都市实验小学顺利接受新课改理念奠定了良好的基础。

这是关注微观教学的一次重大改革。“以活动促发展”的理念与方法让更多的老师解放自己的课堂，以学生为主体，把课堂还给学生，注重学生全面素质的发展。“活动教学”的创新研究使全体老师提前进入了课程改革。当新课改如春风吹拂祖国大地时，实小的老师们已具备了进行新课改的理念、实践与经验。始终走在教育改革前列的实小人看到了教育改革的生机与活力，在新课改的天地中有了更大施展的空间。“创新的思维与创新的理念”给了实小人太多的智慧与太多的收益。

四、尚活蕴雅，自主发展（2003 年至今）

时光荏苒，转眼越过千禧年。新的世纪，万象更新。社会进入信息化时代，对人才有了新的理解和要求。因此对教育的质疑声和批判声此起彼伏。顺应时代发展的教育改革应运而生。全国范围的新课程改革席卷而来。各种各样的新课程培训让教师们应接不暇。新旧观念的冲突让老师们茫然：教了几十年的书竟然不知道该怎么教才是正确的。

教育究竟应该走向何方，我们究竟应该培养什么样的人才成为当时社会讨论的热点。恰逢此时，实小也经历了新老领导班子的交替。名校的重担、教育的浮躁促使新任校长陆枋不得不静下心来思考：成都市实验小学应该向何处发展，怎么发展？

学校悠久的历史文化和科研传统让陆枋明白：成都市实验小学的发展一定是基于传承之上的创新。既要顺应时代的要求，又要超越时代的局限，才能真正为未来培养合格的人才。

宁静致远，反思90年的学校历史发现：不管是过去课堂内外并举，琴、棋、书、画兼修，还是对育人之活，管理之活的不断追求，其实一直都有一种宁静、平和的东西萦绕在我们心底，引领着我们的探索，那就是教育的本质所在，那就是“雅”。

教育是一个高尚的事业，对真、善、美的追求是教育永远的使命，这让教育与“雅”血脉相连。“雅”是对教育理想的审美，是对自我超越的憧憬，是对教育文化的宣言。雅是无法灌输的，它需要优良环境中的自主生长。它需要不断创造中的继续实践与改革。

从胡颜立校长时期的以民主科学理念创新办学，以丰富多彩的学生活动培养能力，以“创造新的教育方法”为主题的教师发展研究，到六七十年代的教育教学单项改革，80年代的学校教育结构整体改革，再到90年代的课堂教学改革，“实验研究，辅导地方”的建校使命始终指引着学校的发展，实验研究已经成为了实验小学发展的最重要方式，顺应时代发展的变革与创新已深深镶嵌入学校的每一步发展中，并成为推动学校发展的最有力的动力。因此，传承过去，面向未来，在新世纪之初，雅教育成为引领学校发展的一面旗帜，围绕雅教育的理念及其实施，成都市实验小学开始了新一轮的改革。

第二章 雅教雅育——现代教育，价值创新

对实小人来说，通向教育本真的那扇门就是“雅教育”。“雅教育”是实验小学近些年来在研究“顺应新课程的学校教育新结构”的过程中，在充分发掘弘扬中华民族教育精髓，立足实验小学建校近90年的办学特色的基础上提出来的。“以雅育雅”是“雅教育”的核心。“小学校，大雅堂”的追求成为新世纪引领学校发展的旗帜。

学校文化墙

一、“雅教育”提出

雅教育的创意来源于成都实验小学办学的历史积淀，来自对于学校实践和认识的收敛，来自学校的高端追求。“雅”是一种修养，一种理解和一种对于教育的审美情趣，一种自我超越的憧憬，更是一种教育文化的宣言。雅教育的提出基于以下几点。

（一）时代变革中的观念冲突

进入21世纪以来，改革的不断深入带来了社会科技与经济的飞速发展，也带来了人们生活方式、思维方式的巨大变化。各种社会思潮带来的各种观念与人们的传统认识发生剧烈的碰撞。“竞争与合作”、“生存与发展”、“理想与现实”、“技术与人文”、“个性与共性”、“自由与和谐”……这些观念冲撞波及教育，也随之带来了教育的经济主义、教育的科技取向、教育个性化等教育思潮。“教育市场化”、“教育产业化”、“教育是服务，学生是上帝”、“把学校管理与企业管理对接”、“校长要能经营学校”这些观点的出现给教育带来了巨大的影响。教育在科学与经济高速发展的裹挟下失去了应有的方向。新世纪的教育陷入深深的困境，改革势在必行。

（二）多元价值中的人本选择

社会竞争的加剧，经济的飞速发展让衡量一切的指标都聚焦在了可立竿见影的量化指标上。经济指数成为了社会发展的标志，政绩工程成为了推动社会发展的重要途径，“快餐文化”在人们精神世界的蔓延让人们失去了等待的耐心。人们越来越忙碌，却越来越找不到自己的精神家园。“非典”的骤然爆发，引发了人们的很多思考，对生命的尊重、对幸福的追求成为社会重要的议题。

此时，西方盛行的人本主义社会思潮也逐渐出现在人们的视野中，人们开始寻求人的价值回归。人本主义强调以人为本，强调人在万事万物中的主体地位。主张个人的自由与尊严。重视人的精神文化品格。人本主义教育家认为教育要以人为中心，人的本质在于自我实现，人有不断向上的巨大潜能，教育以激发这种潜能为己任。人本主义教育思想给我们急功近利的教育带来很多新的启示。

（三）纷扰混沌中的本质回归

2003 年，随着新课改在全国大面积铺开，各种教育理念纷至沓来，对教育形成巨大的冲击，各级部门对教师的各种培训也可谓铺天盖地、种类繁多，但是在这些众多的培训中，教师以往的教育理念在一夜之间被全部否定，诸如对自由的过分宣扬，对个性张扬的极度主张，对活动的过度追求，让教育从一个程序化的极端走向另一个无序化的极端。

新旧教育理念之间的断档与缺失让许多教师迷惘彷徨，并不知道什么样的教育才是真正的教育。但在改革浪潮的席卷下，又不得不改。于是，众多为了改革的改革开始实施，各种新式实验、各种新式改革应运而生，一股脑地涌向教师，老师们在忙碌的应付中更加茫然不知所措，当了几十年教师，竟然发现自己过去的许多教育理念都是不正确的。而对新课程的教育理念和实施，老师们一时难以接受，很迷茫，不知该在这样的改革大潮中如何摆正自己的角色，也不知教育将走向何方。

成都市实验小学在各种纷扰中一直试图保持清醒的头脑：教育改革不应是一次次运动式的改革。它应是从教育问题出发，直指教育本质，不断探寻教育规律的过程。只有在教育本真的引领下，教育才能在不断创新中积累，在不断积累中创新。教育才能真正为学生的终身幸福奠定基础。

（四）高位突破中的品质追求

在社会飞速发展的时代，如何让实验小学能一直走在时代的前列，为社会培养合格的人才，唯有坚持学校近百年办优秀教育的品质追求。这样的追求源于对教育本真的回归，对教育发展前景的清醒。从首任校长胡颜立的“实验研究，辅导地方”，到苏文钰校长的“是中求活，整体改革”，无论是学校管理，还是教师培养；无论是课程设置，还是课堂教学；无论是内在素养养成还是外在气质修炼；无论是宏观设计还是细节落实，实验小学一直秉承着近乎完美的品质要求，坚持在不断的自我超越中持续发展。

跨入21世纪，学校发展也进入一个新的阶段。新课程改革的全面实施，城乡一体化的提出，大量新学校的建设和兴起等让教育开始迈向均衡化，学校与学校之间的差距越来越小。实验小学如何保持“实验”传统，不断探索在高位发展中继续突破自我，保持区域引领优势，这成为新形势下学校发展最重要的思考。

（五）急速变革中的理想引领

社会发展带来的是教育的急速变革，在层出不穷的变革中，人们对教育的认识也在发生巨大的变化。从“万般皆下品，唯有读书高”的功利教育论到“读书无用论”，从精英教育到大众教育，从知识教育到人文教育，教育在社会变革中飘摇不定，很难把握自己的方向。

浮躁的教育需要宁静来隔离，功利的教育需要理想来坚守。教育是脚踏实地的事业，也是理想者的事业。成都市实验小学在回顾学校近百年的发展历程中，发现实验小学一直希望寻求到一种精神，一种超越时空，超越国界，能引领学生、教师、学校共同发展的一种核心精神。唯有共同的精神追求才能成为学校的价值引领，才能凝聚所有力量，带领学校找到持续发展不竭的动力。不管历经何种时代，不管外界如何纷繁嘈杂，实验小学始终坚持着一个教育者对于教育使命责任最本真的、深度的、超脱的思考与追求。

实验小学企图洞穿浮在教育表面的东西，直指教育的本质。从建校伊始的“实验”冠名、到30年代的生活教育、80年代的整体改革、90年代的活动教学，再到21世纪的新课程实施，学校一直在深度思考学校教育的本质功能，学校究竟要培养什么样的人？怎么培养？基于对这些问题的思考，学校反思90年的学校历史发现：不管是过去课堂内外并举，琴棋书画兼修，还是对育人之活，管理之活的不断追求，其实一直都有一种宁静平和的东西萦绕在我们心底，引领着我们的探索，那就是“雅”，“雅教育”的研究应运而生。

教育是一个高尚的事业，对真、善、美的追求是教育永远的使命，这让教育与“雅”血脉相连。可以说实验小学的“雅教育”是“循雅而生，循雅而兴”。雅教育不是一种刻意追求的教学特色，而是一种理想的教育境界。这样的雅教育很难用量化的指标可以评价，但它却是实实在在可以感知，可以领悟，可以显现出来的。雅教育的理想将让学校的一切元素都具有雅的属性和特质。

实小多年的校训：“堂堂正正做人，勤勤恳恳做事”是“雅教育”最好的注解。实小多年的教育目标“为学生的终身幸福奠定坚实的基础”是“雅教育”最终的归宿。

二、"雅教育" 探路

在朦胧中确定了对"雅"的向往之后，学校开始静下心来思考，我们要赋予实验小学的"雅"怎样的含义？什么样的雅是我们追求的具有时代特色的雅？对"雅"的内涵的争论和探索过程就成为了学校雅教育的启蒙过程。

（一）望"雅"生义

一提起"雅"，总会有许多美好的词语浮现在我们的眼前。雅量（宽宏之气度）、雅兴（高雅之兴趣）、雅意（高尚之情意）、雅集（风雅之集会）、雅致（风雅之意兴）、雅望（清高之名望）、雅步（闲雅之行步）、雅服（儒雅之衣着）、雅音（高雅之音乐）、雅士（高雅之士）、雅儒（正道的儒者）、雅言（正言）、雅道（正道），还有优雅、高雅、清雅、文雅、雅俗共赏、雅人深致（风雅之人，意致深远）……《辞海》说雅："正的，合乎规范的；高尚，不庸俗；美好，不粗鄙……""雅"是我国古代儒家文化中君子儒士的毕生追求。它集儒家精华"仁"与"礼"于一身，是儒家的内在积淀和外在表现的集中体现。

（二）闻"雅"生思

"雅"究竟是什么？教育的"雅"又是什么？"雅"是一个含义极其丰富的词语，对"雅"的理解直接影响着教师"雅教育"的理念，因此，在每月一次的读书笔记中，"雅师说雅"成了一次命题作文。不同的"雅说"折射出实验小学教师不同的文化底蕴和教育思考。它让实验小学"雅教育"理念更加丰富和深入人心。

下面摘录实小老师"雅说"的一些片段：

"雅"应使学校成为培养人文精神的殿堂，感受时代脉搏的母体，适应社会竞争力的胚胎，释放个体与群体能量的舞台。水本无波，相荡而起涟漪；石本无华，相碰而起火花。能量在相荡相击中释放。专业知识与人文经历相结合，科学精神与人文教育相结合，知识背景与非智力因素相结合，课堂教学与校园文化相结合，就能释放出巨大的生命能量。（刘毓）

“雅”在我看来，那就是一种平淡，一种宽朗的心境！雅之平淡，不令我们颠踬，不使我们昏醉，她让我们明明白白地做人，坦坦荡荡地做事！（曹晓娟）

真正的雅，应该是近俗的，它只是一种个人修养的提炼，是人生从容淡然的境界。雅是一种永远年轻的心灵状态，它不会随时间的流逝老去。在岁月的磨砺中更加成熟更加达观，但并不表示它会带走心灵的年轻。相反，它是一种心灵年轻的延续和成长。（蔡慧莉）

雅，人们欣赏它的外表：整洁而不会呆板，素朴而不流于粗俗，矜持而不失谦逊；人们更欣赏它的精神：崇高而能令人亲近，智能而能给人启迪，大度而能使人从容。雅是外在的形式美和内在精神美的高度融合。雅，需要思想、需要知识、需要修养、需要睿智、需要胆略、需要度量。雅，需要培养、需要历练。（张燕）

从儒雅中常能闻得墨香，听得琴音，见到笑颜。儒雅之气长于正直之心，受传统文化之滋养，附于真善之言行。科学是儒雅的根基，文学是儒雅的底蕴，艺术是儒雅的羽翼。“根之茂者其实遂，膏之沃者其光晔，仁义之人其言蔼如也。”儒雅之味若深窖中的陈酒，吸天地之灵气而自然飘散，让人回味悠长。（夏英）

友好学校校长说：“雅俗共赏，超凡脱俗。雅：雅致，宁静致远，精深博大。从民族的到世界的，从实小的到中国的乃至世界的。‘雅’要有现代的特质、内涵和形象。”

社会人士说：“雅，是一种气质、品位、胸怀、气度。它追求的是一种理想、一种情调。它不仅仅是脱俗，还需要培养与历练。它不是刻意为之，却深入血脉，这就是灵魂。”

……

一次又一次，在大家的智慧碰撞下，在感性与理性的交融中，“雅”这样一个似乎只可意会不可言传的形象被大家一点点揭开神秘的面纱，慢慢清晰，逐渐立体、丰满起来。

（三）品雅定性

“雅”首先是“正”的，言正、身正、品正，以正身；手勤、体勤、脑勤，以勤业。为人师，身正业勤才能立己立人，为学生，身正业勤才能成人成才，为学生的终身幸福和发展奠基，就是打下“正”的根基。

“雅”是“真”的，不为世俗名利，不刻意雕饰，不矫情做作，不随波逐流，不过分张扬。教师朴素亲切的教风，求真务实的作风，学生求真创新的精神，负载的是师生质朴的美好愿望，追求的是师生全面发展和自主发展的真实理想。

“雅”是不俗的，儒雅教师，谦谦君子，不惑无忧，和而不同；文雅学生，思想活跃，身正业勤，个性活泼，活而有常；高雅学校，兴科学民主之风，民主之气；求道理之真，人性之善，创造之美。

“雅”还是大气的，淡泊明志，宁静致远，海纳百川，超越梦想。“雅”是对教育理想的审美，是对自我超越的憧憬，是对教育文化的宣言，是承载了梦想的境界。

实验小学的“雅”有明确的职业特征，它是一种职业修养。它是教育的“雅”。重在教育主体的“雅”，教育过程的“雅”和教育结果的“雅”。有师生不同的年龄特征，教师儒雅，学生文雅。有男女不同的性别特征，男教师儒雅、女教师优雅。而且有鲜明的个性特征。雅的表现形式可以是睿智的、激情的、优美的、简约的、幽默的……

对雅的憧憬让学校找到了实小雅的定位：环境幽雅，管理清雅，教师儒雅，学生文雅，家长和雅，学校高雅。

三、“雅教育”释义

由对“雅”的深刻理解到对“雅教育”的定位，我们经过了深刻的探索过程。“雅”不是人的德智体美劳五育发展的某一方面，而是五育综合之表现。雅教育不仅仅局限于是一种教育方法，还是一种教育思想的引领，一个教育目标的坚守，一个教育过程的深入。雅教育以一个立体的、贯穿整个教育形态的结构出现在实验小学的教育梦想之中。

（一）“雅教育”是教育思想

1. 核心价值：守正、尚勤，崇礼、求活

“守正、尚勤，崇礼、求活”是“雅教育”的核心价值，也是对教师和学生的基本要求。

“正”是为人之根基，“勤”是做事之态度。为师者，身正业勤才能立人立己；为生者，身正业勤才能成人成才。教育就应该播下“勤”的种子，打下“正”的根基。我们追求“堂堂正正做人，勤勤恳恳做事”的校风。“礼”是素养之根本，“活”是创造之源泉。“文质彬彬，然后君子”，手脑灵活，思想活跃，个性活泼，充满活力。雅教育追求“和而不同”的教风与“活而有常”的学风。

2. 核心理念：以雅育雅

“雅教育”是以世界眼光和中国灵魂为主线，用“以雅育雅”的核心理念和方法对师生进行雅的熏陶和培养，使师生在雅境中共同经历与成长，最终发展成为内涵修养丰富、外在气质优雅的雅士，开启师生的幸福人生。

3. 基本特征：“和而不同”

“和”是和谐。“不同”是个性。“和而不同”是共性与个性的统一。

就学校办学而言，“和”指学校教育符合教育发展规律，顺应国家新课程改革，学校与学校之间、学校与社会之间和谐交流，友好合作，协调发展。“不同”指学校有自己独特的办学理念和操作模式。“和而不同”是继承传统与创新的结合。

就学校教育而言，“和”是社会、家庭、学校三者合力的协调，“不同”是各自的重点和领域不同。“和而不同”是合力与独力的配合。

就师生发展而言，“和”是教师之间、师生之间、生生之间人格的平等，真诚的合作。“不同”是这一基础上的个性张扬和竞争。师生最终追求个性鲜明而又和谐发展的“雅士”。“和而不同”是独立与合作的契合。

（二）“雅教育”是教育目标

“雅教育”目标：培养文雅学生，涵养儒雅教师，润养高雅学校。

1. 文雅学生，活而有常——勤奋学子，积极公民

文雅的学生要求品正业勤，文质彬彬，心灵手巧，生气勃勃。他们日有所长，情有所爱，慧有所托，志有所远，体有所健，行有所美，达于可能之最高。

文雅的学生既要有学子的规范和勤勉，又要有孩子的活泼、灵动与活力。因此，实验小学的学生追求“活而有常”。活跃而有常规，灵活而成常态。

学生的文雅不仅是一种言行礼仪的规范，更是一种正气的捍卫，一种视野的开阔，一种对责任的担当。这样的文雅是不俗的。所以无论走得多远、飞得多高，“堂堂正正做人，勤勤恳恳做事”的校训都深深扎根在每个实验小学人的心灵深处。文雅已经超越了对学生学习的关注，而是关注学生作为公民、作为人的全面成长；也超越了对学生童年的关注，而是关注学生的整个人生，为学生的终身幸福奠基。

2. 儒雅教师，和而不同——渊博经师，宽厚人师

儒雅的教师“身正学高，举止优雅，善良包容，专业敬业”，他们在知识文化上“渊雅、博雅”，胸襟气度上“宽雅、和雅”，言行举止上“清雅、文雅”。有学者的风范、智者的明察、仁者的宽阔、勇者的意志。相伴学生，其身正堪楷模；专业学养，其广博可润心；服务社

会，其良知亲孤贫。

“雅师”是以“雅”育“雅”的“雅教育”的基本保障。儒雅教师自身须具备完美的独立人格。“慎静而尚宽，强毅以与人，博学以知服。”① 实验小学所提倡的“雅师”就应是这样的“雅儒”。儒雅的教师既要有渊博的知识，更要有独特的人格魅力。渊博的知识启迪学生智慧，独特的人格魅力影响学生的情感和个性发展。体现为集体气质，就是实验小学教师追求“和而不同”的学者风范。

“和”是集体愿景的一致，是情感的认同与和谐，“不同”是表现形式的多样，是个性的彰显与包容。雅之“正”和“真”决定了儒雅教师之“和”，雅之“大气”和“不俗”决定了儒雅教师的“不同”。这样的“雅师”不仅仅是“经师”，更是“人师”。这样的“雅师”不仅仅是“适应生活”，更是“品味生活”、“享受生活”、“创造生活”。这样的“雅师”才能将教育视为幸福人生的一个重要组成部分，这才是真正意义的“教师发展”。

3. 高雅学校，小学大雅——小学之实，大学之志

“小学校，大雅堂”是高雅学校的办学目标。既有小学的扎实基础，又有大学的高瞻远瞩，积极创新。这里虽是小学，却应有学府的大气。

这里兴科学之风，民主之气；求道德之真，人性之善，创造之美。这里既是师生快乐学习之地，也是师生共同优雅生活之所。这里学生文雅，教师儒雅，家长和雅，共同追寻教育的规律，培养大量内外兼修的文雅公民。

（三）“雅教育”是教育过程

雅教育过程：以雅育雅，平等交往，自主发展。

---

① 吴树平．十三经全文标点本（上）［M］．北京：燕山出版社，1991：938.

1. 以雅育雅——重情境熏陶

以雅育雅即雅境育雅人，雅师育雅生。学校通过建设幽雅的自然环境和优雅的人文环境，让学校的一草一物、一人一事都具有高雅的意蕴，让浸润其中的学生能自然感受到雅的熏陶，受到雅的浸润。以雅育雅的另一条主要途径是通过儒雅的教师教化文雅的学生。这样的教化是无法告知的，而是基于师生人格平等之上的相互感染、唤醒和激发。这样的教育既有教师人格魅力和学术魅力的引领，也有学生的自主学习。既有内在修养的积淀，也有外化言行的修炼。教师通过灵活丰富的教育资源开发与整合，智慧的教育教学设计，生动的课堂吸引，营造出和谐的教育学习氛围，让学生在各种教育教学活动中启迪智慧，丰富情感，熏陶人格，最终实现“雅”的浸润，成为内外兼修的文雅公民。

2. 平等交往——重互动分享

雅教育的交往是基于师生之间、生生之间不同学识、不同个性的互动过程。它不仅是人与人或人与物之间的沟通理解，更是思想的碰撞和灵魂的交流。这样的交往尊重主体性、体现创造性、追求人文性。这样的交往强调平等基础上的多向互动。交往是师生精神相遇和经验共享的过程。雅教育的交往强调教育是人成长中最重要的交往形式。强调教育是师生终身学习、共同学习的一个过程。

3. 自主发展——重潜力激发

雅教育的自主发展是在尊重生命的前提下，充分调动学生的主体性，创设各种自主学习活动，激发学生学习兴趣，给予学生自主学习空间，让学生主动学习。这样的自主给教师提出了更高的要求，教师要在尊重自主与智慧引领之间寻找结合点，让学生在自主选择中成为学习的主人，真正找到学习的快乐。

学校还尊重教师的自主发展。学校尊重教师的发展愿望，尊重教师个性特点，为教师自主发展提供各种机会与保障，教师在自主发展中成就着学生，也成就自我。

（四）“雅教育”是教育方法

雅教育通过建立学校师生共同愿景，创设教师自主发展空间，改造学校自然环境、改革学校管理以及重构学校课程、开展学生自主活动等，全面培养文雅学生，润养儒雅教师，成就高雅学校。

具体培养模式：和＋雅。

1. 和

雅教育主张用和而不同的教师培养活而有常的学生。和是雅教育的基石。它是知识与技能，过程与方法，情感态度与价值观的融合发展。是知识增进、能力提升与人格发展的同步并进，是人的外在与内在的和谐发展，是人与人交往的和谐，是人与环境的和谐。

2. 雅

和谐是雅的内在丰厚积淀与外在优雅表现的完美结合，但雅可以有各种不同的个性表现。活泼开朗是活雅，幽默智慧是智雅，沉着稳重是儒雅，举止得体是优雅，彬彬有礼是文雅，文武双全是堂堂大雅……

3. 和＋雅

共性与个性的完美结合是雅教育的理想追求。为此，雅教育将各种教育因子综合地融入学校教育大环境之中，为学生构建“和”的底色，让学生在学习知识、锻炼能力的同时，还能得到行为的规范，情感的熏陶和价值的引领，和谐发展。同时，通过各具个性魅力教师的因材施教，民主开放的活雅课堂构建，各种特色课程的设置与实施培养各具特色的文雅学生。

小结

成都市实验小学的雅教育来自对时代的深刻顺应，来自对教育问题的坦诚反思和对教育发展的执著追求。雅教育承载的是成都市实验小学师生对教育共同的价值追求。雅教育对真善美的融合贯通，现代与历史的一脉相承，让雅教育在实验小学有了扎实的根基，又有鲜明的时代印记。雅教育的丰富内涵让雅教育不仅仅是一种高远的教育向往，更是一个可以实现的教育愿景。它引领着实验小学在发展中探索出一条新的路径，引领着实验小学逐步走向心中的“大雅之堂”。

第三章 和雅课程——以质为本，和而不同

新课程实施过程中关于改革的方向以及秉承的知识观、课程观的争论一直没有停息过。从“钟王之争”三次交锋对课程改革理念的审视，到中国传统教育与西方课程理念的交锋，到底是应彻底摧毁传统的课程范式，还是应回过头来重新审视三维目标设定？无论如何我们都需要突破我国传统与外来经验之间的壁垒，实现自身的传统优势与外来先进经验的融合，这就需要我们真正以改革与开放的态度和思维来对待。

一、和雅课程观

（一）何谓“课程观”

“课程观”是关于课程“是什么”的观念。不同的课程观往往体现不同的课程价值取向，并形成不同的具体课程形态。不同的课程观往往隐含着不同的课程思维方式，它直接或间接地影响到人们对那些重要的实质性课程问题的思考和解答。① 关于课程的认识是仁者见仁、智者见智，不同的历史时期、不同的社会背景所定义的课程观会有所区别。有什么样的课程观就会形成相应的课程体系、课程实施以及课程评价等。

（二）国内外关于课程观的几种认识

综观历史上国内外对课程观的种种认识，我们发现关于课程的认识纷争颇多。观点一——课程即教学科目，强调学校向学生传授学科的知识体系，是典型的“教程”；观点二——课程即有计划的教学活动，容易使重点放到观察教学活动上；观点三——课程即预期的学习结果，但这样就忽视了学生非预期的学习结果；观点四——课程即学习经验，教师又如何满足每个学生经验的形成？

我们把对课程的众多认识归类为两大课程观。

第一种课程观——课程是知识内容或学科。这种课程观认为，课程

---

① 夏正江．论课程观的转型及其对新课改的影响［J］．课程・教材・教法，2005，25（3）：8.

的实质是强调学生接受学科知识的学习，而有关课程目标的制订、课程内容的选择、课程实施取向的定位和课程评价模式的确定，关键在于知识的选择、组织和它的传授逻辑。

第二种课程观——课程是经验的获得。这种课程观认为，课程的价值就在于为学生提供丰富的学习经验，让学生在玩中学、在做中学，关注活动在教育过程中的重要性，重视学生在经验中的体会。在这种课程观之下，学校教育中的课程形态主要是以活动的形式存在。这一观点的理论支撑是杜威《民主主义与教育》一书中提到的“教育就是经验的改造或改组”。①

（三）“和雅”课程观释义

我们学校教育创新过程中形成了“和雅”的课程观念。即实现人文与科学、理论与实践、共性与个性、知识与行为的完美协调。“和”为坚持课程是综合能力、综合知识的集合体，形成综合性课程内容，课程结构科学合理，课程实施适应社会发展需要、适应国家的总体要求；“雅”即课程同时是承载学校文化特色的主要载体，通过以校为本的课程开发使学生在交互式活动中获得积极的情感体验。

1. “以质为本、和而不同”的理念引领

一切改革都是一定背景影响下的产物。作为一所学校的改革，其发生与发展一定是源于其所置身于其中的系统的需求。就实小而言，其发展宗旨就是以实验探路，尽辅导地方之责。课程作为各种教育因素的集中，实小一直将其作为自身改革的轴心。国家课程统领全局，主要追求“以质为本”，重视课堂教学质量；地方课程充实国家课程实施；校本课程追求“和而不同、以雅育雅”。

《基础教育课程改革纲要》指出，改变课程管理过于集中的状况，实行国家、地方、学校三级课程管理，增强课程对地方、学校及学生的

① 杜威．民主主义与教育［M］．北京：人民教育出版社，2001.

适应性。和雅课程正是基于对学生发展的共性与个性的理解，基于对社会需求的专项人才与全面人才的理解，基于对课程核心价值与多元形态的理解，基于对自身“雅教育”文化诠释的基础上进行探索的。

校本课程是对国家课程的充实与补充，是充分尊重学校的自主办学权，为学校特色办学与学生个性发展提供的有力支持。学校校本课程的开发秉承以学生发展为本的价值观，其核心是学生的发展与个体差异的关注，“为每一个孩子提供适合的教育”，因此充分学习现代校本课程开发理念及挖掘学校内在历史积淀是进行校本课程开发的必修功课。

2. 民主开放的大课程观

坚持民主开放的大课程观是把课程看做是一个开放的系统，对于这一系统来说最重要的是源源不断地接纳新思想、新观念；课程制定、实施过程中尊重多元主体的需要，形成学校、教师、家长、社会的合力，实现显性与隐性课程并行的课程体系，充分认识显性课程在“养成素养”与隐性课程在“培育人格”方面的作用。

3. 对话交往的平等课程观

学校的“和雅”课程观认为，课程是基于师生、生生对话体系建构而成的体系，注重信息的双向交互流通，而不是教师单向传输。民主的课堂表现之一就是合作、互动，只有在这种氛围中，教育的各个主体之间才能形成平等关系。

4. 自主开发的课程重建观

要开发出适合本校实施的课程，必须给课程参与者以最大的权力，课程可以是“文本”，更是“蓝本”。开放的大课程注重新思想的不断浸入，因此自主开发的课程观念支撑着学校课程的不断创新，为教师、学生对课程体系调整、重建，以及对课程内容增减重构提供更广阔的空间。

二、和雅课程体系构建

（一）明确目标，构建和雅课程框架体系

和雅课程以培养“文雅学生”为目标，由身心健康课程、艺术修养课程、综合实践活动等五部分组成立体式、多维度的校本课程体系。力图培养“勤学、守正、尚礼、求活”的文雅学生，体现学校“雅文化”对学生综合素质的熏陶和培养。

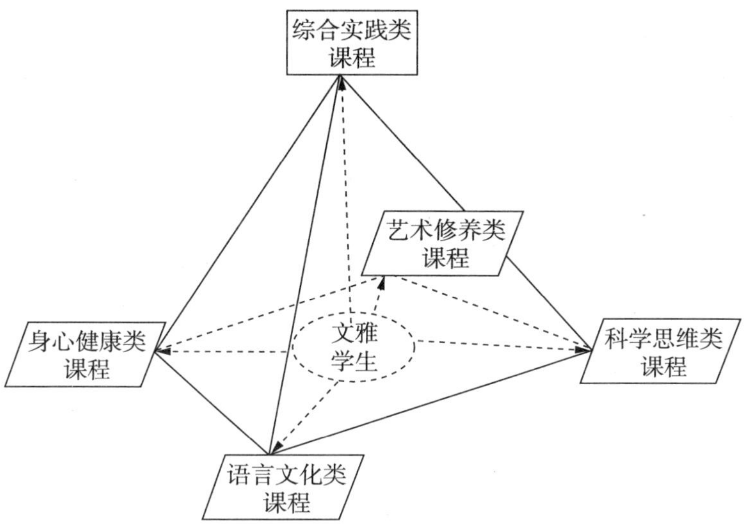

图 3－1　和雅课程结构图

（二）探索实践，清晰和雅课程实施思路

在课程开发的实践过程中，学校形成了具有“雅文化”特色的“1＋X”课程实施思路——

1. “1”即以国家课程为质量统领

课程的实施是以《国家课程标准》为指南，以国家课程为质量统领，在标准范围内制定课程框架，保证按照国家规定的教学目标、教学

内容和人才培养目标高质高效实施。

2. “X”即以校本课程为课程拓展

“X”为国家课程的一种补充，即是一种课程创新，以琴、棋、书、画、运动技能、国际理解、科技创新等学科群为基础创建并开设校本课程，结合学科特点进行内容建构；“X”是一种课程整合、利用；“X”还是一种课程选择，包括对教学配套教材的呈现、教学资料以及教学活动的选择。

（三）整合资源，确保和雅课程开发高效

1. 和雅课程开发的时代背景——传承“五艺灵魂”

走入实小，美的乐曲充满心灵，墙外的喧嚣无存，内心的灵性激荡。这里的墙会说话、这里的树会传情、这里的建筑都会跳舞……校园里的一切都被赋予了教育的意义。这里的人、事、景都成为了学校教育的宝贵资源。艺术教育是中小学素质教育的重要组成部分，在学生成长过程中起着重要的作用。在20世纪80年代中期片面追求升学率的高峰时期，艺术教育普遍受到忽视。尽管处于这样一种大背景之下，实小于1984年在学校整体改革中就纳入了艺术教育改革，并在不断的改革、探索和研究实验中，逐步形成了以“培养小学生五项艺术才能”为特色的艺术教育教学体系。

我们想要试图探索证明：加强艺术教育，不仅不会影响学生的成绩，反而对陶冶情操、培养良好的品格、使孩子变得更聪明、促进学生的全面发展有益。

“培养小学生五项艺术才能”的研究实验是学校加强艺术教育的重要举措，它以其较强的科学性、可操作性、系统性，细化并规范了学校的艺术教育活动，进而把艺术教育落到了实处。该研究的意义在于，它不仅有力地证明了艺术教育是学校实施素质教育的重要内容和途径，而且也为广大学校切实开展艺术教育活动，培养学生的综合艺术素质，提

供了可资借鉴的范例。在随后的教育改革中，实小更是进一步加快了课程改革的步伐，20 世纪 90 年代一系列的教改实验、活动教学的引进等，为实小新世纪课程文化的提出提供了丰富的土壤。

进入新世纪，对孩子作为人本身的关注被提到很高的地位。如何发展才是真实的发展，如何培育才能造就我们所需要的身心全面发展的人才……这些问题都作为一个现实的命题摆在了几乎所有人的面前。国家政策的调整、各种教育理论的活跃、教育实践界深入探究，形成了关于人全面发展的各种学说，一时间，国内教育尤其是基础教育出现了百花齐放之局面。

实小基于自身的特有条件与具体环境，结合多年学校课程改革的优良传统，围绕“以质为本，和而不同”的“和雅”课程文化，继续进行校本课程开发和探索。

2. 和雅课程开发的落实方式——课程结构灵活调整

根据学生德智体美全面发展的要求均衡设置课程，加强学科间相互融合，整合学生的社会生活和经验，根据学生需要调整课程结构、增减课时，教学课时重整、整合教学内容等。

（1）调整教学科目

按照国家课程课时计划，结合学校课程理念，学校实行个性化的教学课时安排，根据不同年段学生年龄特点和学习需要对课时进行调整。从表中的对比可以看到，学校在进行教学科目设置时将英语学习提前到一年级开始，充分挖掘儿童的语言习得潜力；将信息技术课程作为综合实践活动课程从一年级开始引入教学安排，将地方与学校课程开发相结合，从一年级到四年级纳入琴、棋、书、画、国际理解、运动技能、科技创新等校本特色课程教学，形成了较成熟的课程体系。调整前后安排如下表：

表 3-1 国家课程计划与成都市实验小学课程计划表

<table>
<tr><th colspan="7">国家课程计划</th><th colspan="7">成都市实验小学课程计划</th></tr>
<tr><td>年级</td><td>一</td><td>二</td><td>三</td><td>四</td><td>五</td><td>六</td><td>年级</td><td>一</td><td>二</td><td>三</td><td>四</td><td>五</td><td>六</td></tr>
<tr><td rowspan="11">学科</td><td colspan="2" rowspan="3">品德与生活</td><td colspan="4">品德与社会</td><td rowspan="11">学科</td><td colspan="2" rowspan="2">品德与生活</td><td colspan="4">品德与社会</td></tr>
<tr><td colspan="4">科学</td><td colspan="4">科学</td></tr>
<tr><td colspan="4">外语</td><td colspan="6">外语（英语）</td></tr>
<tr><td colspan="6">语文</td><td colspan="6">语文</td></tr>
<tr><td colspan="6">数学</td><td colspan="6">数学</td></tr>
<tr><td colspan="6">体育</td><td colspan="6">体育</td></tr>
<tr><td colspan="6">艺术（音乐、美术）</td><td colspan="6">艺术（音乐、美术）</td></tr>
<tr><td colspan="6" rowspan="4">综合实践活动和地方与学校课程</td><td colspan="6">信息技术</td></tr>
<tr><td colspan="6">心理健康</td></tr>
<tr><td colspan="6">故事课</td></tr>
<tr><td colspan="4">琴、棋、书、画
国际理解
运动技能
科技创新</td><td colspan="2"></td></tr>
</table>

（2）灵活的教学时间

教学时间上，进行统一排课，分段实施。根据国家课程设置安排，给了学校较大的自主权，专门为校本课程留出了课时，于是学校在课程计划中已将校本课程的设置列入其中。并分别将“琴、棋、书、画、运动技能、科技创新、国际理解”课程分设在同一年级的不同班级中，一个班设置一门校本课程，并在固定下午时段连续上课，每周上课时间为 80 分钟。而“故事教学课及团体心理辅导”则统一列入每个班级课程表中，全年级都同上这两门课程。这些校本课程的开设时间为期 4—6 年，进行系统培养，开发学生艺术、运动、思维潜能，提升学生综合素养。

3. 和雅课程开发的组织实施——团队建设与制度保障并重

（1）团队建设保障开发质量

团队是课程开发的核心。学校专门成立由学校行政、专家和一线教师共同组成的课程研发团队。研发团队由指导小组和研发小组组成。校本课程指导小组主要职责为调研校本课程开发科目，协商校本课程目标定位，确定校本课程具体实施。校本课程研发小组主要深入研究各学科的课程计划与具体实施。

课程研发团队每月举行一次研讨例会，就课程开发的进程及其开发过程中遇到的问题与取得的成果与大家交流分享，共同出谋划策，完善与修改，并商定下一个学月各个学科课程的计划与推进。

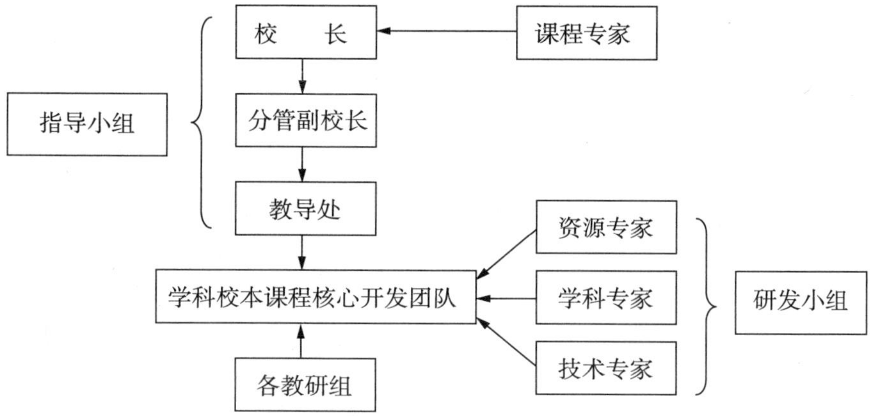

图 3－2　课程开发团队结构图

（2）制度建设保障课程研发

校本课程的开发是一项极其专业的创造性工作，需要为课程开发创设相应的专业工作情境，除了参与教师的专业敬业及奉献精神外，还需要从制度设立方面保障整个课程研发按步骤、科学有序地推进，于是课程指导小组与教师、专家商议后制定相应的制度以保障课程研发的顺利展开。如校本课程研发实施指南、具体研发流程、保障制度、学习交流制度、展示制度、评价制度、资源库建设制度等，都有力地保障了课程的开发。

4. 和雅课程开发的规范流程——实践中提升，修正中成长

（1）调查研究

校本课程研发之初，研发团队首先进行国家课程和地方课程实施现状的调查研究，根据学生发展特点和需要确定课程设置方向。

（2）课程目标设置

确定课程研发方向后，我们与校外琴、棋、运动技能等专业教师一起，以国家课程标准为范本，设置每个年段的课程培养目标（详见本章课程创新模式探索部分）。

（3）选择课程内容

由于校本课程开设时间是每周两节连堂课，共 80 分钟，能否在每周有限的时间内让学生在特色课程内获得积极的情感体验、培养学生的学习兴趣是我们选择教学内容的重要依据。

（4）教学实践

校本课程的实施是不断调整和完善的过程。课程内容的教学实施经过几轮的实践过程，形成教学内容的系列典型案例。

（5）总结提炼

教师进行教学实践的同时对课程实施过程进行研讨和反思，先实践、再提炼，及时修正教学时间中遇到的问题。

（6）形成教材

学校校本教材的拟定和形成是由学校专门成立的校本课程开发和编写团队进行教学内容的编排和教材版面的设计。

（7）使用修订

由于一门课程的成熟所需时间较长，学校在投入使用校本教材后会遇到种种问题，在这个使用的过程中，校本课程研发团队教师每学期进行课程调整和教材修订，以保证校本课程实施质量和效率。

三、和雅课程开发策略

学校根据国家课程实施现状中出现的问题重点进行了课程实施和开发的实践探索。结合本校学生发展特点和对课程的学习状况，对语言文化类的语文课程、科技思维类的数学课程、身心健康类的品德学科及体育学科进行了课程调适模式研究；对艺术修养类、身心健康类进行了课程创新模式研究；对综合实践活动进行了课程整合模式探索。

（一）实施课程调适模式探索

课程调适是根据学生的需要以及学科教学规律，对课程的目标、内容、教学方式等进行调试和调整，使其更具有适切性。学校在执行国家课程的过程中，对语言文化类课程中的语文学科、科技思维类的数学课程、身心健康类的品德学科及体育学科进行了教学资源和课程内容调整并形成丰富的研究成果。

1. 语文课程开发的调适模式探索

（1）语言文化课程内容理解及结构分析

新一轮课程改革，伴随语文课程新理念的传扬，我们越来越清醒地认识到对语文教师的成长而言，观念更新是前提，专业化成长是基础。因此，无论借助什么版本的教材教学，教师能否理解、认同、内化这些新的观念，是关系到新课程能否顺利实施的最基本的条件。新课程倡导了许多新的教育理念，其中，“一切为了每一位学生的发展”是新课程的最高宗旨和核心理念，要真正将这一核心理念转化成教师的行动，教师必须树立民主、平等的师生观，必须不断加强思想修养和理论学习，在教育教学实践中提高驾驭新课程的能力。

北师大版小学教材 2001 年通过全国中小学教材审定委员会审定，之后在成都温江、郫县地区率先试点使用，并于 2003 年在全成都市所有小学全面铺开。这套实验教材，与稳定使用了几十年的人教版老教材相比有很多新理念、新选文、新思路、新体系、新结构。其“兴趣先导，学会学习，文化积累，注重实践，整体推进”的指导思想，“主题单元”的编排体系，“语文天地”、“金钥匙”等崭新设计，蕴涵着全新的理念。

新旧的融合和传承的现实与理想有差距。同时也不乏南橘北枳的现象。新教材跳跃性太大、系统性过弱、“坡度”太陡，都让初次使用教材的老师们在困惑中前进，在前进中迟疑。我们想办法使小学语文教学目标真正姓“小”，使教学内容比较明确，使教学评价易于操作且表现学生真实语文知识水平和文学水平，把教学目标、教学内容、教学策略、教学评价联系起来，使每一位小学语文教师都清楚教学要到哪里去，都明晰具体的教学内容、教学手段和检验方法，即如何加强目标的明确性、内容的时效性、评价的客观性。

（2）课程内容的调适

我们也发现教师们在前期的通读教材活动中更侧重在“怎样教”上用力，是不能从根本上改变教学的。要想大幅度提高语文教学的实效性，首先要解决“教什么、学什么”的问题。于是我们以北师大版教材金钥匙为线索，编写各册《金钥匙》，旨在细化每册语文素养培养的内容和目标，总结教师精彩的教学方法，促进学生思维发展，帮助学生学会学习。

教研组首先学习整套教材，决定从“教什么”、“怎么教”入手。借助北师大版教材的特点——以金钥匙为切入点，细化年段目标、年级目标，梳理全册乃至全套“金钥匙”，以训练目标和训练方法体现教师“金点子”，以“课后心得”为载体体现教师个体研究，丰富和提升《金钥匙教师用书》的专业品质。学校聘请教研员、教学专家为指导，修改体例、斧正观点、锤炼语言、丰富视角。积极请教北师大版的编写组专家到我校指导教师教学工作。教研组编写人员学习清华附小编写的《小学语文质量目标手册》，站在巨人的肩上思考我们的教研工作。

①调整教材编写过程

2001—2007 年学校率先使用本套教材，6 位执教的老师作为教材研究的先行者，有着宝贵的实践经验，作为编写组的核心成员。以教研组为单位，结合本年段的教学，利用固定时间教研，按照字、词语、句子、阅读、写作、综合实践等方面将该年段教材中的“金钥匙”进行合理科学的整理。2007—2008 年分别编写了单册和双册，全套《金钥匙教师用书》作为教师的备课指南，要求教师认真阅读“金钥匙”手册，同时结合自己的教学作补充和修正，使之更加准确、专业、有效。就这样，我们资源共享，协作共事。经过一个学期的使用，老师们觉得备课时心中更有数，上课时能更好地完成教学目标。2009—2010 年，我们又相继完成了第一次修订，再版一套《金钥匙教师用书》。

②语文“金钥匙”编写成果举例

表 3－2　语文“金钥匙”编写成果举例表

序号	分类	金钥匙	
一	学会正确拼写音节	1	巩固正确书写整体认读音节。
		2	正确书写声母和 u 或 ü，o 或 uo 相拼的音节。
		3	知道 un 单独做音节写成 wen，ui 单独做音节的时候写成 wei，iu 单独做音节的时候写成 you。
二	养成良好的书写习惯	1	能巩固正确的书写姿势，做到三个一，养成良好的书写习惯。尽量少用橡皮擦，能保持书写规范、整洁。
		2	能把字写正确，会书空，会读帖，会描红，按部件识字写字。知道新笔画的名称。哪横该长，哪横该短，不能写错。能发现部首字变成部首后细微变化。
		3	能把字写漂亮，会区别书写长横和短横，悬针竖和垂露竖，卧钩和斜钩，能把偏旁部件书写规范，能合理安排合体字的结构布局。
三	识字方法	1	能随文识字，在读词语和句子中，借助拼音和听读记住字音，在语言环境中理解字的意思。注意读准多音字，能根据语境选择正确读音。
		2	能通过部首归类识字，并能借助部首区别汉字的字形和字义。

续表

序号	分类	金钥匙	
三	识字方法	3	能发现形声字的特点，通过形旁表示意思，声旁表示读音记住生字的音、形、义。能用此方法教同学识字。
		4	能揣摩会意字的特点，用部件组合会意的方法记住字形和字义。
		5	当遇到不认识的字能用多种方法猜字义，根据部首猜字义，看上下文猜字，看拼音或听别人读、查字典等方法。能减轻阅读中的识字障碍，提高阅读速度。
		6	能把写字和记字义结合起来，减少同音字混淆，错别字等问题出现。
		7	能正确地使用文字表达，不会写的字问别人，也可以先空着，以后会了再写，也可以用拼音代替。
四	写话	1	学习观察，能对自己身边的事物仔细观察，逐步养成观察的习惯。学习有顺序地观察：从整体到部分，从远到近，从上到下。能观察到事物的静态和动态。通过自己的视觉、听觉、嗅觉、味觉、触觉去认识所观察事物的特点。
		2	能看懂多幅图，建立图与图之间的联系，按正确顺序表达故事内容，能把主要内容表达清楚，能根据图意展开合理想象。
		3	能在小本子上写日记，日记格式正确。学习把生活中的小事、小物件、小进步、小烦恼、小见闻等写下来。激励学生写真话、写实话，不写大话和假话。能主动使用学过的生字，不会写的字可用拼音、图画等表示。能够正确地使用逗号、句号、问号、感叹号。能够在交流学习中逐步培养记日记的好习惯。教师要用心点评，消除学生的畏难情绪，关注个体感受，点石成金，从而走进儿童的视野，创设平等、民主的交流氛围。
		4	能读懂留言条，也会写留言条，格式正确，内容简明，能在生活中运用。
		5	能读懂天气预报，也会预报天气，初步感知说明文中的数字说明，图画说明。

（3）语文课程内容调适的价值

《金钥匙教师用书》作为语文教师校本培训必修材料，展示了群体教学智慧的结晶，提供了落实质量目标的方法、策略，阐明了如何落实知识点、如何培养能力、如何养成习惯，凸显了语文教学中的策略指导，体现了“金钥匙”的核心价值——解决到达教学目标彼岸的“桥”和“船”的问题。实施的同时在学校内以“以人为本、以文化人”的师生阅读活动开展得丰富多彩，拓展了学生语文学习的领域，激发了学生对母语的热爱。

2. 数学课程开发的调适模式探索

（1）模式探索源起

数学教学过程中，我们使用北师大版小学数学教材。在教材使用中我们发现，北师大版教材逻辑性、趣味性以及对儿童思维的考察力都明显优于其他版本教材。同时，这样的教材对执教教师的要求更加严格。北师大版教材的另一特点就是总结性语言少了、探究性思考多了，缺乏对知识的系统归纳整理，学生想“看懂、看透彻”教材不是很容易，学生学得困难、家长辅导困难。

（2）数学课程内容的调适

为了让学生能够更加清晰教材知识结构，学校对数学教材进行了资源开发，以单元为单位进行知识要点整理。在将数学问题生活化处理之后，我们加强了对学生数学语言学习和数理理解力的培养。

课程内容调整主要包括对公式、法则、定理计算方法等的总结、整理。课堂教学中将生活化的数学知识加以提炼，补充教学内容，提升教学内容逻辑性，适应学生的发展水平和兴趣。

（3）教学方法的调适

低段、中段以教师整理知识单元要点为主，每单元教材教学内容结束后对学习内容进行提炼，补充系统化的公式、法则，便于学生对所学内容产生系统性的理解；高段则是学生参与教学资源开发，单元结束后学生整理知识要点，并且全班分享，选择最全面且概括性较强的整理结果作为范例，让学生也参与到结语的整理过程中来，更有利于学生对知识的系统化吸收。

开发实例——二年级下册第五单元知识要点整理

第五单元　测量

1. 我们学过的长度单位有千米（km）、米（m）、分米（dm）、厘米（cm）、毫米（mm）。除千米以外的四个长度单位，每相邻的两个长度单位之间的进率是10。

1米=10分米
1m=10dm

1分米=10厘米
1dm=10cm

1厘米=10毫米
1cm=10mm

1千米=1000米
1km=1000m

1米=100厘米
1m=100cm

1米=10分米=100厘米=1000毫米
1m=10dm=100cm=1000mm

2. 1厘米中有10小格，每小格的长是1毫米。毫米用字母mm表示，1毫米写成1mm。1分硬币大约有1毫米厚。

3. 10厘米就是1分米，1米里面有10个1分米。分米用字母dm表示，1分米写成1dm。1分米大约有小孩手掌这么长。

4. 在表示较远的距离时，用“千米”作单位，千米用字母km表示，1千米写成1km。10个100米跑道的长是1千米（1000米）；5个200米跑道的长是1千米（1000米）；400米长的跑道2圈半是1千米（1000米）。

例：①人步行每时走3千米；②骑自行车每时行15千米；③汽车每时行60千米；④火车每时行120千米；⑤飞机每时飞行800千米；⑥马拉松长跑比赛全长约42千米。

注意：在填写单位时，一定要先看清数字，并且要联系所熟悉的生活实例。

例如：教室的门高约2（米），也就是20（分米），或200（厘米）。

又如：二年级小学生的一拃大约长 15（厘米）。

5. 测量时，直尺或三角板的 0 刻度线要与物体的左端对齐。如果零刻度线看不清，就用末尾读数减去起始读数，得到物体的长度。

6. 怎样比较数量的大小。

（1）单位相同，只比数。

（2）数相同，只比单位。

（3）单位和数都不同时，要先进行单位换算，然后再比较数量的大小。

3. 品德课程开发的调适模式探索

课程内容的落实需要以作业作为巩固手段，作业是课堂教学的继续和延伸，是提高教学效率的一条重要途径。除了语文、数学学科的课后常规作业外，其他学科如何让学生在不加重课业负担的同时达到课程目标所要求的学业水平，是我们一直在探索的问题。

（1）品德学科课程资源——“专题作业”诞生背景

道德寓于儿童生活的方方面面，没有能与生活分离的“纯道德的生活”。儿童品德的形成源于他们对生活的体验、认识和感悟，只有源于儿童实际生活的教育活动才能引发他们内心的而非表面的道德情感、真实的而非虚假的道德体验和道德认知。良好品德的形成必须在儿童的生活过程之中，而非在生活之外进行。如何让儿童在真实的生活世界中感受、体验、领悟并得到各方面的发展，形成与儿童生活世界的联系，是我们一直在思考的问题。

作业虽是为配合某一知识的学习而设置的。但其内容不是特定的知识体系，而是来源于学生的学习生活和社会生活，立足研究解决学生关注的一些社会问题或其他问题。

我们在品德学科教学中开展的“专题作业”研究，让我们架起了一座座通往儿童生活的桥梁，打开了一条条通往儿童生活的道路，为孩子创设了实践的机会，学生在全身心的参与过程之中，通过有针对性地解决问题，产生知识，形成方法，提高能力，迸发智慧，在“体验—生成”的道德学习过程之中，在真实的道德体验中形成了一种不断推动道德发展的学习机制。

（2）专题作业开发形式

我们的专题作业包括了1—6年级学生的特色作业题单，即不同年级根据学生年龄特点选取不同的特色作业主题和动手制作作业。特色作业均在课堂上结合课堂教学完成。从而实现课程资源的一次开发——与现实生活、环境、社会的联系；课程资源的二次开发——用活教材，品格形成。

（3）专题作业开发步骤

①通过多种渠道和多种形式调查学生的品德与生活现状。

②结合学生年级特点分析学生品德与生活现状，并根据学科教材年级特点制订学期研究主题和研究计划。

③寻找学情与教材的结合点，拟定主题和作业单元、设计并布置与学生生活密切相关的专题作业。

④专题作业主题材料准备及相关资料收集。

（4）品德学科作业课程资源开发的意义

①一次革命，二次开发——教师的创造

教学向生活的回归意味着教学的过程就是生活体验的过程，而对生活的体验既是一种生活的方式，也是一个追求更美好生活的过程，因而，它离不开创造与生成。教与学的矛盾是教学的基本矛盾，这一矛盾的异化必然导致各种矛盾的异化，只有把教学回归到生活的本来状态中去，教与学才能回归其本真关系。

在对“专题作业”的研究当中，我们每一位教师认真研读教材，了解学生的学习愿望和需要，不断反思品德教学中存在的一些问题，引发自身的一些思考，从而提出一些创新的设想，试图从不同的角度、维度，阐述体验—创造—生成的意义，以此指导教师转变角色，引导学生形成自主性、探究性、合作性的学习方式。我们的“专题作业”，凝聚了教师集体的智慧，体现了教师团队的协作，它是“一次革命”，是教师的创造。

②知行统一，回归生活——学生受益匪浅

品德教学实效性的基本前提是学生对教学的认同，如果学生对教学持厌恶、抵制的态度，教学的实效性是无论如何都无法提高的。“专题作业”强调在学生的生活中寻找他们的学习内容，因而，学生总是学习着他们需要学习的知识，他们不再面对那些与他们毫不相干的枯燥乏味的教学内容，不再硬着头皮用成人的方法学习，而是沉浸在富有童趣的活动中，这个学习行为的过程常常得到老师和同伴的认可和赞赏，对于他们来说，学习不再是一种负担，而是一种享受，他们沉浸在富有童趣的探究当中，童年价值备受关注和珍惜，知、情、意、行得到了有效的和谐发展。

（5）各年段主题作业举例

表 3－3　各年段主题作业举例表

年段	内容	呈现方式	“亮点”作业形式
低段	我与同学	作业卡、实物小制作、照片	作业卡：心情树、师长寄语、和秋天一起玩、暖冬·感恩、保护牙齿、保护耳朵 叶画、种子画 认识我的身体手掌绘画 照片：家长的话
中段	我与家乡	作业卡、模型、实物、绘画、宣传画、图片、卡片	作业卡：学校的变化、家乡文物报、家乡风景简介、说说我们的学校、在学校工作的人们 宣传画：远离陋习、未来房子的构想…… 小报：地震小报、节约用水 图片：地震前后家乡的变化 学校模型……
高段	人与社会	作业卡、小报、剪报、电子小报、历史之绳、展盘、国旗下讲话视频	作业卡：家族树、家史年表、家庭故事、家长的话、四大发明、祖国在我心中、现代工业产品的诞生 电子小报：家事国事天下事电子小报 实物：历史之绳、人物展盘

4. 体育课程开发的调适模式探索

据2005年我国学生体质与健康调研结果显示，与2000年相比，学生的许多身体素质指标明显下降，主要表现在耐力素质呈下降趋势，肺活量指标大幅下降，6—22岁学生近视率达到63.37%。在成都市实验小学通过测试了解到，学生的速度素质、爆发力和上肢力量、肺活量等指标都有所下降，肥胖、近视等疾病也有所增加。这些不容乐观的现状，有其存在的社会因素，在学校以外，没有足够的场地、缺乏锻炼的时间、缺少锻炼的意识。因此，学校已经成为了孩子们身体素质锻炼的主要场所。那么，在现实环境下，怎样发挥学校在体质培养中的积极作用？在学校环境中，有哪些途径和措施既能够提高学生的体质也能够保证孩子持续运动的兴趣？学校又应该给予家长哪些帮助，辅助好家庭里的体育锻炼？

（1）调整课程实施主体和教学时间

将教学实施时间扩展到除在校时间的假期；将教学实施人员由单一的教师为主到多个体“教师”参与——家长与我们一起帮助学生学习、成长。体育课“体育130”的课程调试模式探索根据学生身心发展的需要调整课程实施主体和课程时间，让学生能在尽可能多的时间里学习如何增强自身体质、加强锻炼，将体育课的课程价值延续到学生生活中去，实现其课程价值的最大化。

（2）调整课程内容——“130”的含义解读

“1”——每天锻炼一小时，幸福快乐一辈子；“3”两项技能一特长，快乐健康每一天；“130”——认真锻炼效果好，平均心率130次/分钟。坚持课课“130”——学生在学校体育课的运动负荷为平均心率130次/分钟；课间“130”——学生在学校参加大课间活动或上体育锻炼课时的运动负荷为平均心率130次/分钟；课后“130”——学生在家锻炼时的运动负荷为平均心率130次/分钟。

（3）调整体育教学方法

①确定体质达标指标，保证活动量

新课程改革倡导激发学生的运动兴趣，强调课堂的趣味性。有些教师对此的片面理解，导致体育课变成了“活动课”、“休闲课”、“益智课”。孩子们的运动达不到身体锻炼的运动量。因此，成都市实验小学提出了一个硬性的课堂标准：要求教师上每一堂体育课，在安排内容时要有一定的运动负荷和密度，从学生的生理角度上讲，他们上课的平均心率在130次/分钟左右，从学生的表面现象看，就是要让每一个学生在课堂上流汗水。

②活动设计趣味化，愉快锻炼

在保证体育课活动量的基础上，体育课堂的有趣和生动也是让学生真正快乐锻炼的必备条件。各年级教师根据学段、年龄、性别等个体差异，采取不同活动设计。例如，小学低年级的教学，要根据低年级学生自制力和理解力相对较差，情绪变化较大而身心发育快的特点，多采用主题教学、情境教学等方法。如在教授立定跳远这课时，可以让学生戴上自己或教师准备的小白兔、小青蛙头饰，在“小河”里的“荷叶”上进行跳跃、“找家”比赛，这会将学生在练习中的积极性充分调动起来，使他们能更加主动、积极地进行动作的学习。又如，在“运送地雷”的游戏中，当学生在运送时适时地播放飞机的轰炸声、战场上的呐喊声，练习的气氛一下子就进入了高潮，比赛变得更加激烈了。在中高年级，教孩子们学一些体育舞蹈，在舞蹈中培养孩子的审美情趣。

多元化的活动，充分满足着个体的差异和不同的需要，确保每一个孩子从中受益，确保每一个学生都能体验到体育锻炼中的成功和乐趣。

③丰富“两操”和大课间的内容，坚持每个孩子每天锻炼一小时

“两操”是学校体育工作的重点，也是体现学校体育工作优劣的基础工作。大课间（操）活动的优点是时间更加充裕，内容更加丰富，更适合少年儿童的生理、心理特点。实验小学是开展大课间最早的学校之一，到目前为止，已创编了多套校内自编健身操和武术操，让学生交替做，使学生对课间操始终充满了新鲜感，避免了做操时拖沓、疲软，甚至“出工不出力”现象的发生，从一定程度上促进了学生的身心健康。

④组建运动俱乐部，提供更多样的选择

除了常规体育课和既定的活动时间，学校还专门设立午间活动和课外活动时间。我们体育教师充分利用这一时段，有组织、有目的地组织活动，培养学生对体育活动的兴趣，养成自觉锻炼的好习惯。建立体育俱乐部，根据学生的不同爱好，以班为单位，自由报名，组建不同的俱乐部，如篮球、足球、田径、健美操等，每个小组由一到两位老师作为该组的名誉教练，一周辅导一到两次，各小组可推荐组长一名，协助老师组织好该组的活动。各组还可根据实际情况，由老师引导，学生自发地举行班级间的小竞赛，例如“3+1篮球赛”、“5人制足球赛”和“50米40人班级接力赛”，等等。另外，学生根据自己的兴趣、爱好可对各俱乐部作出自己的选择。由于学生参加的是自己喜爱的体育活动，因而他们也极易在活动中获得愉悦感和成功体验，提高自信心，从而达到增进身心健康的目的。

⑤建立学生“健身卡”，倡导家庭体育锻炼

为了让学生在离开学校后，也能够持续地进行体育锻炼，学校设计了富有童趣、各种主题的健身卡，如“小铁人版”、“130”健康版健身卡、“奥运版”健身卡，并且设计了8种方便易行的体育锻炼项目。

表3-4 运动项目推荐“7+1”

	年级/运动量	一、二	三、四	五、六	运动量
七项『全能』	一分钟跳绳	60个左右	80个左右	120个左右	4—6组/次
	一分钟仰卧起坐	30个左右	40个左右	60个左右	3—5组/次
	一分钟踢毽子	30个左右	40个左右	60个左右	8—10组/次
	一分钟收腹举腿	40个左右	50个左右	60个左右	4—6组/次
	一组俯卧（支）撑	20个左右	30个左右	40个左右	5—6组/次
	一组下蹲运动	30个左右	40个左右	50个左右	5—6组/次
	一次耐久跑	坚持不间断地跑完全程			每周两次
一个特长	半小时球类运动	篮球、足球、羽毛球、乒乓球等			达到平均心率130次/分钟

表3-5　健　身　卡

第____周

星期	活动内容	活动时间	学生自评	家长评价 （活动情况说明）
一				
二				
三				
四				
五				
六				
日				

学生对活动的自我评价、体育教师检查评价，以及家长意见的反馈，让这项活动长期有效地开展着，特别是在寒暑假期间，已经成为一个最受学生欢迎的家庭作业。

（4）体育课程调适探索效果

通过两年来我们的尝试，学生体育兴趣和能力得到极大的提高，更重要的是学生养成了锻炼习惯。学校的各种兴趣班，如篮球、排球、田径、武术、轮滑、跆拳道等，学生参与的人数越来越多，参与运动的激情越来越高。有的学生还带动了自己爸妈参与锻炼的热情。体育课，不仅仅局限于课堂的40分钟，通过有效的活动设计、反馈机制，体育从课堂辐射到课间、午休、课外活动以及家庭中。它可以融入学校和家庭生活的方方面面。在将来的工作中，我们将重点加强形式的丰富以及注重体育运动的时代性，开发更多能激发学生参与的体育活动。

（二）课程创新模式探索

课程创新模式是指创造性地开发全新的课程或者课程单元。是校本化最高的一种课程开发模式。可以充分体现学校的课程特色。学校在课程创新模式的探索中主要从以下几个方面着手。

1. 课程创新探索的源起

教育的意义在于指向未来，也指向世界。这是教育的本质，缺乏指向世界未来的目标就难以担当教育的重任。这样的意义，在教育人当中，更表现为追梦的情结。实小人都有着这样的追梦情结。琴棋书画作为实小人对内在宁静与洒脱的文化的偏好，造就了实小人内心的文雅情结以及由此产生的对美好事物的理想化追求。

“和雅”，就是学生内在与外在坚韧与充实的象征。“雅”更是人内在的强大与儒雅的外形的结合。在现实中，尤其是在充满竞争的 21 世纪，内涵的塑造还需要与外在的强健相结合。尤其是当中国走向世界，中国人更应该是世界的人，世界的眼光、更加广泛的世界意识与学识、与世界接轨的科技知识等的养成，成为中国人外在强大的标志。于是，在着手塑造内心的和谐宁静的同时，我们又必须逐步培养具有未来意义的世界公民。

因此，培育世界人的教育是和雅课程的一个重要方面。正是基于这样的认识，我校在校本课程的构建上不仅以艺术教育来塑造学生“和”的内心与理想化的追求，还用发展的眼光培养孩子走向世界的创新能力和实践能力。

校本艺术课程最初设置是由琴、棋、书、画组成，21 世纪开始，学校增设运动技能、科技创新、国际理解、儿童阅读校本课程（故事课）、心理健康教育课等几门特色校本课程。

2. 课程创新的研发形式

由校本课程研发团队制定出课程开发的总体规划。每学期初对课程教师实施培训，讨论各学科课程实施计划；每月进行一次集中研讨，每学年举行一次汇报展示。组成了一个较为固定的、有一定研究实力的研发团队。研究与开发课程资源与积累经验相结合，各重点学科已经形成了校本教材的雏形。

课程实践先行，教材编写跟进，这是我校校本课程研发的原则。在校本课程的研发中，教材的编写是个很重要的方面。鉴于琴棋书画四门课程有一定的研发经验，我校先将这 7 门课程排入课表，并调配骨干教师任教这些课程，给了教师们三年自主开发、自主设定课程计划与自主上课、考核的时间与空间，让老师们深入一线感悟课程、学习课程、实践课程。每学期期末，任教老师都会撰写一份课程实践的阶段分析报告，作为教材编写的第一步准备。

第四年开始，由任教老师和技术专家、资源专家组成的教材编写小组正式成立。老师们将在实践探索中积累的一个个课例加以提炼梳理，以生动活泼的教材形式呈现。这些教材全部由教师原创。它们基于学校实际，富有浓郁的学校特色。这些教材在使用过程中还将不断修改与完善。

3. 学科课程创新探索

和雅课程的创新探索涉及艺术修养类，如琴、棋、书、画等课程；身心健康类，如运动技能、心理健康教育；语言文化类课程，如国际理解、儿童阅读课程；科学思维类课程，如科技创新。从我们探索的课程创新领域来看，我们的创新目标在于为学生创造个人全面发展所需要的良好环境和教育教学条件，让学生在肥沃的土壤——“雅文化”的环境中吸收养分，培育优质学生。

（1）琴意悠悠

丝竹琴弦，
拨动我心，
品古今之韵，
养内外之气。

• 课程开设的必要性

音乐教育是小学素质教育中不容忽视的重要内容，它对学生的思想道德、智能、情意、身心健康等素质的形成，有着其他学科不可替代的重要作用。接受过音乐教育的儿童，不但学会了演奏乐器和音乐知识，而且比其他同龄儿童反应更敏捷、注意力更集中、意志力更坚强、性格也更热情，器乐艺术技能教育能够培养受教育者对音乐多方面的兴趣，调动受教育者学习的积极性，开辟了一个新的表现音乐、创造音乐、欣赏音乐的新天地。

• 琴班课程开发和实施

琴班目前主要在低段和中段每个年级的一班开设小提琴、二胡课程，已形成成熟的课程计划并实施。

表3－6　小提琴教学学段教学目标

学段	教学目标
低段	认识小提琴，学会持弓、持琴，学会上半弓、下半弓平弓运弓，掌握两种小提琴的基本手形，能简单认识五线谱。在第一把位能演奏一个八度的音阶（D大调、A大调）。学会全弓平弓运弓，掌握二至四个音的连音演奏、连音换弦以及长短弓法，能认识五线谱上的各种升降记号。在第一把位能演奏二个八度的音阶和两种琶音（G大调、A大调）。达到四川省学生艺术素质小提琴演奏测试标准二级水平（初等丙级）。
中段	学会第三把位的指法和手指关系，掌握前十六音符和后十六音符演奏，学会三连音的分弓和连弓演奏。在第三把位能演奏音阶和琶音（G大调、C大调）。 学会第一到三把位的换把、相同手指之间的换把，掌握手指的半音关系以及半音滑奏，学会演奏弓法。能演奏二个升降记号以下二个八度的换把音阶及琶音。达到四川省学生艺术素质小提琴演奏测试标准四级水平（初等甲级）。

表3－7　二胡教学学段教学目标

学段	教学目标
低段	激发学生学习兴趣，让学生对二胡的历史和构造有初步了解。学习二胡的坐姿、手形、基本演奏｛空弦｝。进行二胡D调的基本音阶基本动作的训练。掌握基本演奏技法，演奏简单的练习曲和小曲子。学习中逐渐能视谱演奏D调一、二把位中等难度的乐曲，掌握F调甚至G调的把位，同时能演奏简单乐曲。
中段	学习中逐渐能视谱演奏D调一、二把位中等难度的乐曲，掌握F调甚至G调的把位，同时能演奏简单乐曲。

● 选编教材

小学音乐教材缺乏系统的器乐教学内容，加之器乐班学习的乐器五花八门，教学十分困难。因此，在中低乐器教学中我们主要是选取儿童歌曲或教材中的歌曲为基本教材，适当地在力度上和速度上作一些对比处理，使学生在进步中尝到甜头，通过对曲子的对奏及简短的变奏使学生初具合奏能力，并由此而形成了儿歌系列连奏。

● 教学实施成果

很多孩子因为就读琴班从此和音乐相伴，还有一些学生经过勤学苦练，攀上了音乐之巅。曾就读琴班的文薇后来考入了美国最负盛名的茱莉亚音乐学院大师班，24 岁就成为了四川音乐学院的客座教授；另一位琴班的学生宁峰在 2006 年获得了第 51 届“帕格尼尼国际小提琴比赛”第一名，成为中国第一位在最高级别的国际赛事中登顶的小提琴家。

（2）棋场驰骋

楚河汉界，
你来我往，
战方寸之间，
习文武之略。

● 课程实施背景

为了更好地弘扬棋类的传统文化，推动学校校园文化建设，发挥棋类教育的育人作用，学校从 1997 年开始特开设围棋、中国象棋、国际象棋为校本课程，以此来探索棋类校本教研的新途径。

在棋类教学中，我们明确的目标是：搞好普及，使人人会下棋，宗旨是培养学生的兴趣，训练思维能力，培养他们的竞争意识和乐于钻研的精神，促进学生学习的提高，让孩子去影响家长和身边的人也参加到棋类活动中来。

• 课程目标设置

表 3－8 棋课学段教学目标

学段	教学目标
低段	认知棋具，学习规则。了解下棋的基本常规和常识。
中段	能掌握基本技战术。
高段	熟练运用各项技战术。

• 课程实施

学校在抓好棋类课堂教学主阵地的同时，把棋类教学向课处延伸，组建校级棋类代表队，定期开展活动。课程实施分三个层次：第一层，面向指定学生；第二层，建立棋类校队；第三层，推荐优秀学生到棋校老师那里进行专门训练。

在棋课的教学中，我们边教学，边改进，逐步完善措施。每个年级设定一个班级为棋班，指定班级授课。

要求教师制订教学计划，系统安排一个学期的教学工作，周周落实，克服随意性、盲目性。建立棋艺教学目的、内容、进度系统。

要求教师讲练结合，坚持以讲导练，以练巩固讲的原则。采用启发式，注意发挥学生的主动性、积极性，培养学生观察、分析、判断、计算能力，发展学生思维。并在期末坚持举行考核比赛，激发学生的积极性，考查学生棋艺有无进步。

• 教学实施成果

学校棋类代表队在各类比赛中都取得了骄人的成绩。下棋需要缜密的思维，对于开启智慧很有益处，很多棋班的孩子除了下棋以外，在数理上也有很好的发展，日后许多通过竞赛直升清华、北大的才俊都是从这里起航，而在奥林匹克数学、物理、化学竞赛中折桂的实小学子更是不计其数。

（3）书抒胸臆

笔墨纸砚，

挥毫泼墨，

书文字之采，

展华夏之风。

● 课程实施背景

书法是中国传统文化的瑰宝。楷书体庄气匀，行书洒脱畅达，草书奔放飘逸，隶书古朴典雅。学习书法，不仅仅是技能的学习，更是传承中华文化，修炼个人的文雅素质，培养学生的观察力、空间想象力，培养学生的意志品质和极强的动手操作能力。

● 课程目标设置

基于此，实小书法校本教材的总体目标为：通过硬笔书法学习让学生形成一个正规的书写姿势和正确的书写方法，帮助学生建立正确的审美观和审美意识，了解和简单掌握书法形式和有关的知识。并能进行书法创作。

表3－9　书法学段教学目标

学段	教学目标
低段	会用正确的书写姿势和书写方法进行书写。 学习和掌握楷书的基本笔画书写方法和偏旁的基本安排规律。 学生学会用基本的结字方法安排好汉字的结构，使之达到基本美观、合理。
中段	扩大学生对书法艺术美的鉴赏领域，了解书法的多种表现形式。 初步了解基本的书法常识。 让学生进行书法创作。 书法的学习与学生自身意志品质相结合，培养学生的意志品质。

● 课程实施

低段：

小学低段儿童对书法这一祖国的传统文化了解甚少，对书法艺术美的理解更是困难。另外，小学生动手能力及动作的准确度较弱，因此我们采取了一些措施。

将书法内容定为——一年级以硬笔书法为主要书法形式，以语文教学中的生字为主要书法练习内容，既便于学生书写方便，更有利于学生对一手好字的直观理解；以多种形式探索出调动学生积极性的方法；以准确的观察和准确的动手能力，为培养学生能力的最低目标。

中段：

在中段，儿童认识水平提高，动手能力增强，但对书法艺术的理解还是非常困难的，主动探索能力还不足，因此，我们主要采取以下实施措施。

毛笔书法教学中，培养学生动手观察能力和观察、空间想象能力，让学生通过教学，理解结构和风格等问题。此外，还让学生充分感受到书法艺术中特有的线条艺术造型的美感所在，使学生对书法产生更为浓烈的学习兴趣；在临摹时，让学生学会在观察中比较、分析，解决写字中的难点，提高主动探索学习、解决难点的能力。

经过多年的书法教学探索，写得一手好字一直是书法班孩子的骄傲。而书法学习过程中心性的陶冶、心灵的沉静让更多的孩子成为了真正文雅的学生。

（4）画遣想象

蜡笔水彩，
涂鸦心情，
画天地万物，
驰万里想象。

• 课程实施背景

根据《全国艺术教育总体规划》，美术作为艺术教育的主要教学内容之一，担负着“陶冶学生高尚的道德情操，使他们树立马克思主义的审美观念和健康的审美情趣，学习掌握一定的艺术基础和基本技能，增强爱国主义和民族自尊心、自信心，促进品德、智力、体力等方面全面和谐发展的任务”。

实小在美术科目上，提出了“从兴趣入手，从儿童心理、生理发展规律出发，注重教材教法改革，全面提高美术课教学质量”的课程方案。学校根据自身资源优势，创新传统画法，以水墨漫画作为画班的特色课程。

● 课程目标设置

表 3－10　绘画课程学段教学目标

	教学目标
总目标	掌握水墨画技法，勾、点、染、皴等基本技法和水墨之间的关系。 通过漫画的了解，可培养学生对身边的事物的观察能力和想象能力。 培养学生的形象表达能力。 培养学生对中国传统文化的了解。 培养学生正确的人生观和价值观，如行为规范、美丑善恶的判断力。
低段	培养学生绘画的兴趣。 从水墨游戏中认识中国独特的绘画材料，掌握基本的技法。 培养学生观察、想象能力。
中段	培养学生的观察能力。 培养学生的临摹能力。 培养学生对形象的概括、夸张、想象能力。 会简单的肖像创作。

● 课程实施成效

实小书法班的孩子经过调教都能写出一手漂亮的字，画班更是充满色彩与线条，充满想象与创造。学生白耘的美术作品获亚洲国际少年儿童大赛头奖；学生陈涛的美术作品“猫趣”获国际中国画大赛特等奖，他也被称为“猫王”，并随省美术交流团出访瑞士……走进校园，随处都可以看到墙上悬挂的学生作品，这里是他们梦开始的地方。

（5）强健我身，磨砺我心

一招一式，
动静相宜，
健强壮体魄，
炼不凡意志。

● 课程实施背景——运动技能之武术

武术是中华民族传统的强身健体的方式，而且在漫长的发展过程中，孕育了一种特殊的武术文化，并形成了武术自身独特的运动方式和风格特点，以及内外兼修、习武、做人共重的武术理论。因此，在小学时期开始进行武术方面的熏陶和教育，可以使小学生产生对传统文化的亲近感，培养小学生对于祖国文化的热爱和民族自豪感，有锻炼孩子意志、培养孩子道德情操的作用。

• 武术校本教材开发

在我国，武术作为一项体育教学内容，深受学生的喜爱，要想让学生从小就开始了解并传承传统文化，培养爱国主义的精神，让中国传统文化发扬光大，教学的需求，学生学习的积极性，小学武术教学中更需要有一本专业性强且适合儿童心理发展的教材。

在教材编写中，着重从学习的五个目标出发，分析学生的身体、心理的发展特点，结合教材，有针对性地选择教材内容。

首先，执教教师根据自己在武术专业学习、教学的经验，结合学生的学习心理特点，慎选编写内容，根据学习的层次对教学内容进行设计，确定每学期的课时，不仅考虑到武术教学的专业性，更要考虑到学生学习的兴趣和积极性。

其次，每一课时内容的编写，都在教学的班级进行实践教学，充分挖掘教材内容教学的可行性，再不断地修改确定教材的编写内容。

每一课时编写完毕，都与大学专业武术教师交流，针对教材内容的教学实践进行下一章节探讨编写。从而让武术教材项目与体育教育相结合，对现代孩子进行身体健康、心理健康、运动参与、运动技能、社会适应这五个学习目标领域的培养。

• 武术学段教学目标

表 3－11　武术学段教学目标

学段	教学目标
低段	激发对武术的兴趣，培养主动参与体育锻炼的习惯。 初步了解武术基本礼节和基本动作。 发展学生的身体柔韧性和协调能力。 通过武术动作的学习，培养学生坚强进取的性格。

续表

学段	教学目标
中段	培养学生善于发现和思考的学习态度。 掌握武术基本功基本动作、动作组合的同时，学习初级套路。 通过武术动作的学习，让学生的体质更加健康。 在武术学习中，培养良好的合作精神和体育精神。
高段	让学生在学习过程中，充分挖掘学生的创新能力。 在掌握基本武术套路的基础上，初步让学生接触现代竞技武术动作。 在比赛中发展学生的协调、灵敏、平衡、速度、旋转等身体素质，增强体能，促进身体正常发育和发展。 学生很好地与人相处，相帮互学完成任务，树立良好的团结协作精神和竞争意识，建立和谐的人际关系，培养学生积极进取、乐观开朗的性格。

表 3－12　武术训练内容

训练项目	训练目的
身体训练	主要发展运动员的柔韧、灵敏等运动素质，提高运动员的协调能力。
技术训练	提高基本功训练，打好坚实基础；进行武术组合训练。
心理训练	培养学生自信、大方、大胆的心理品质。

- 运动技能之轮滑

作为校本课程，学校还结合体育特色项目、学生运动参与开设了轮滑课作为“运动技能”科目的一个重要组成部分。这门课程依据学校体育课程标准精神，以速度轮滑教学内容为载体，全面贯彻“健康第一”的指导思想。聘请外校教练和本校教师共同教学。通过形式多样的教学手段及活动内容，让每一个学生积极参与、乐有所学，学有所成。轮滑课程的学生们还在各级、各项展示活动中崭露头角，参加四川省首届轮滑比赛取得了优异成绩。

●轮滑课程学段教学目标

表 3-13　轮滑课程学段教学目标

学段	教学目标
低段	发展学生的平衡能力，提高动作灵活性。通过学生的模仿掌握正确的滑行姿势，提高学生对轮滑鞋的控制能力，使其能够平稳滑行。
中段	发展学生速度和耐力素质。逐渐规范学生的滑行姿势，使学生掌握重心移动、逐渐过渡的转弯技术，消除心理恐惧感。身体敢于倾斜蹬地。

（6）动手动脑，构筑未来

动手实践，
发明创造，
描未来蓝图，
建明日世界。

●课程开发的背景

孩子是祖国的未来，未来科学技术的发展取决于孩子的科学素养与知识是否有稳固的基础。实小在构建其和雅课程体系之时，着眼于孩子未来竞争力的提升，较早地开创了科技创新的课程模式。

学校的科技创新课程旨在培养学生手脑协调能力、空间想象能力以及思维创新能力，对不同年龄段的学生有不同的要求和设计。总的课程目标为——让每个孩子动手动脑，开发思维，启迪智慧。

●科技创新课设置目的

我们不缺乏富有想象力的苗子，但我们缺少培养苗子想象力的观念与土壤。如果教育只是给孩子的想象力树立围墙，那么时间越长，创造力就越贫乏。科技创新课程开展的目的也正在于此——为孩子丰富的想象力插上翅膀，让他们在创新路上走得更远。在科技创新课程的设计中，希望能通过科技活动动手动脑的方式，培养学生的创新精神和创新能力，创新能力由创新意识、创新思维、创新技能几个方面组成，我们的科技创新课程也将在低段和中段从这几个方面入手，对教学内容进行选择和设计。

● 课程培养目标

创新意识：创新意识是目标中“形而上”的目标和追求，无量化目标，可是绝对能综合反映出培训目标落实的程度。学生在经过一定的培训以后，在面对问题时都能以创新的角度去看问题和解决问题，可能根据实际情况而出现程度不一，但也能基本形成意识。

创新思维：思维决定行为，创新思维的培养是课程培养目标中的“魂”，希望通过反复强化和训练后，学生的发散思维、逆向思维、横向比较思维等能得到发展，能够很灵活地解决问题。

创新技能：技能培养是课程目标中的基础工程，只有通过有针对性的专项技能训练提高创新的技巧，学生的创造才能真正落到实处。

● 课程学段教学目标

表 3－14　科技创新课程学段教学目标

学段	教学目标
低段	分项训练，打好基础 了解科创课的特点，热爱科创课，培养的基础技能包括：想象力和创造力的发挥；基本折叠技能、裁剪技能；小肌肉训练——打结、插接、粘贴、使用镊子等。重点进行小肌肉协调能力和形象思维能力培养。主要以基础技能、模型制作、科幻画创作、积木基础为授课内容。
中段	培养思维，手脑灵活 认识科创课、爱上科创课，培养的基础技能包括：空间想象力的培养；积木搭建的基础；精细制作训练——读图、粘贴、安装、电路连接。开始进行空间想象能力和抽象思维能力的培养。主要以纸模制作、模型制作、创造思维训练、电脑机器人基础为授课内容。

● 课程开发成果

技能训练，创意培养。基础技能训练包括：逻辑思维能力、创新能力的培养；机器人基础技术、编程技术的培养训练。主要进行创造思维能力和综合运用能力的培养。主要以电路技术、遥控技术、电脑机器人创意、创造发明为授课内容。

学校科技创新课程实施取得了显著的成果，其中，机器人系列操作成为学生的一项突出技能。学校成为了西南地区首个国际机器人奥林匹克培训基地学校，2008 年 12 月第十届国际奥林匹克机器人竞赛在马来西亚 IIUM 大学落下帷幕，来自 18 个国家的 1200 多位参赛选手和指导老师参加了此次竞赛。经过 4 天的激烈角逐，15 个项目的金、银、铜牌各有归属。实验小学机器人代表队沉着冷静，奋勇拼搏，从 650 多名参赛选手中脱颖而出，无编程项目获冠亚军，表演项目取得了历史性突破，获得银牌。

第十一届国际机器人奥林匹克（中国区）竞赛在湖南省长沙市岳麓区隆重举行。作为国际最知名的机器人大赛之一，此次比赛吸引了来自全国 20 多个省份 50 多所学校的 260 多支参赛队伍共 300 多位参赛选手，参加了轨迹、搬运、竞走、障碍、创意等 18 个项目的竞争。实验小学是四川唯一一支入选的机器人代表队，经过多番比试，由 6 位一年级小朋友组成的实验小学代表队，囊括了小学组不编程轨迹赛的金、银、铜牌，这是历届机器人大赛中出现过的最好成绩。与此同时，我代表队也以绝对的优势获得了小学组团体总分第一名。

（7）放眼天下，心怀世界

学 ABCD，
走向世界，
架文化桥梁，
融世界文明。

• 课程开发背景

了解和介绍外国文化，有助于我们开展中外交流，友好往来。学习语言不仅要学习知识本身，更需要了解国外丰富多彩的文化。国际理解课程实施的目的是要通过对西方文化、习俗、礼仪的学习，掌握中西方文化的差异。在西方文化的熏陶下更灵活地运用语言。

从广义来说，在全球化的今天，我们的孩子在某种意义上就是世界的孩子，他们会越来越多地接受到外来文化，从小开设这门课程就是为了让他们开阔视野，了解世界上不同国家和民族的风俗、礼节和文化。能够尊重和包容他国文化，树立良好的国际理解品性，长大后成为具有良好修养的高素质国民。

从狭义来说，学习语言并不仅在于学语言知识本身，而更需要学习和了解语言背后所蕴涵的丰富多彩的文化内容。英语所蕴涵的西方文化礼仪和我们中国的传统儒家文化有很多不同之处，诸如此类的差异对于学生来说在理解西方语言文化的时候就存在疑惑和困难。

国际理解课程的实施目的是要学生通过对西方文化、习俗、礼仪的学习从而了解和掌握中西文化的差异，来解决我们的疑问。通过6年的国际理解学习能够了解西方文化、节日、习俗和礼仪，感受中西方文化的差异，同时在学习西方文化的知识背景下更好地运用英语。采取各种教学手段，培养学生良好的学习习惯，激发他们对这门课程的兴趣，能够积极主动地去了解和学习有关知识，增强他们对世界的好奇心和探索欲望。

● 课程学段教学目标

表3－15 国际理解课程学段教学目标

学段	教学目标
低段	让学生初步了解西方国家的传统节日，如万圣节、感恩节、圣诞节等。了解这些节日的由来、象征和习俗。让学生初步了解中外礼仪。
中段	使学生了解简单易懂的西方文学和艺术，培养他们的文学和艺术修养。通过对西方文学的初步理解，编写、表演英语情景剧。

● 课程开发成果

国际理解课程给孩子们充分展示自己语言天赋、锻炼语言运用的空间，他们也在自己的舞台上作出了精彩的表演。学生参加成都市小学英语短剧比赛和学生口语大赛。在比赛中凭借幽默的原创剧本和孩子们在舞台上精彩的表演，他们荣获成都市英语短剧一等奖和最佳原创剧本奖。

（8）敞开心扉，读懂心灵

儿童阅读——

博古通今，

知书达礼，

游浩瀚书海，

建精神家园。

实小的儿童阅读校本课程旨在提高儿童阅读兴趣，为儿童保留一个纯真的世界。

• 儿童阅读课程培养目标

通过“儿童阅读课程”以更为丰富、更具人文色彩、更富“童年关怀”的阅读活动感染孩子，让他们在活动中动手、动脑、动心，养成爱护书籍的良好习惯，培养爱读书的雅好，并逐渐培养学生成为自觉的热诚的终身阅读者；引进优秀的文学作品，以温润而不干涩，温和而不生硬，温暖而不疏离的方式告诉孩子，作为老师该说的和想说的话；教师在教研中借助儿童的眼与心重新解读文本乃至童年，逐步感受到学生也是“可以敬服”的，从而与学生建立起一种更为亲密的联系；能够使校本课程有效地指导家庭教育，推荐经典读物，引导家长走进儿童的心灵，营造充满诗意的和雅书香氛围。

• 儿童阅读课程实施

儿童阅读校本课程通过故事屋的形式来实施，故事屋每星期定时向各年级的孩子们开放，邀请青年教师做孩子们的故事哥哥、故事姐姐，选用优秀绘本做教材，为孩子创设有趣的故事情景，为孩子开启快乐阅读的大门，阅读变得那么富有童趣。

• 儿童阅读课程分段实施方式

低段以故事屋的长短课相结合的方式，培养学生基本的读书习惯，以及基本的阅读能力。中段以书虫时间的经典诵读为主，培养学生对多内容的优秀作品的广泛涉猎。高段以名著欣赏读友会的形式，培养学生对多形式的优秀作品大量涉猎以及再创作。

（9）爱的驿站，心灵港湾

心理健康——

喜怒哀乐，

自信从容，

品人生百味，

修健康心态。

和雅的课程是全方位的课程体系。艺术教育塑造孩子强大而祥和的内心世界，运动技能的培养造就孩子强健的身体素质以及勇于拼搏的精神气质，科技创新锻炼孩子动手动脑的创新意识以及实践技能，国际理解为孩子开拓广阔的视野、奠定融入世界的基础提供思想资源。我们在面向未来培养孩子的过程中，还需要关注孩子本身、关注孩子此时作为孩子应当享受的那份纯真。

和雅的课程体系必须要建立起直指学生心理并以此为课程构建根本的课程形式。

● 心理健康教育的总目标

提高全体学生的心理素质，充分开发他们的潜能，培养学生乐观、向上的心理品质，促进学生人格的健全发展。心理健康教育要培养身心健康，具有创新精神和实践能力的高素质人才。

● 心理健康教育的具体目标

使学生不断正确认识自我，增强调控自我、承受挫折、适应环境的能力；培养学生健全的人格和良好的个性心理品质；对少数有心理困扰或心理障碍的学生，给予科学有效的心理咨询和辅导，使他们尽快摆脱障碍，调节自我，提高心理健康水平，增强自我教育能力。

● 不同角度分层目标

A. 从心理成分看，小学生心理健康教育目标有：①认知目标：如知道心理健康的意义，发展良好的感知、记忆、想象、思维等认知能力。②情感目标：如对心理健康教育活动感兴趣、悦纳自己和他人等。③意志目标：如坚持做完一件事情、有勇敢的胆识、有遵守规则的意识等。④行为生活目标：形成良好的学习和生活习惯、学会简单的人际交往礼仪和技巧等。

B. 从小学生年龄特征看，小学生心理健康教育目标有低年级、中年级、高年级各自的侧重。如低年级侧重小学生校园学习和生活的习惯，发展注意力、观察力等；中年级发展记忆力和想象力，培养积极的情感态度等；高年级培养自信心，发展思维和创造力，悦纳自己，发展社会技能等。

C. 从心理健康教学活动看，依据小学生心理健康教育总目标，结合不同班级小学生的实际情况，每一次活动又有具体明确各不相同的目标。

● 心理健康教育的主要内容

普及心理健康基本知识，树立心理健康意识，了解简单的心理调节方法，认识心理异常现象，以及初步掌握心理保健常识，其重点是学会学习、人际交往、升学择业以及生活和社会适应等方面的常识。

表 3－16 心理健康教育的主要内容

年段	学习内容
低年段	帮助学生适应新的环境、新的集体、新的学习生活与感受学习知识的乐趣；乐于与老师、同学交往，在谦让、友善的交往中体验友情。
中、高年段	帮助学生在学习生活中品尝解决困难的快乐，调整学习心态，提高学习兴趣与自信心，正确对待自己的学习成绩，克服厌学心理，体验学习成功的乐趣，培养面临毕业升学的进取态度；培养集体意识，在班级活动中，善于与更多的同学交往，健全开朗、合群、乐学、自立的健康人格，培养自主自动参与活动的能力，进行青春期教育等。

例：六年级心理健康教育校本教材

单元一：成长中的自我

我是谁

价值拍卖会

善解人意

单元二：青春期健康教育

生理发育

青春期心理健康

自我保护，学会拒绝

单元三：人际交往

团队建设

密码传递

一个也不能少

单元四：学习方法

记忆有门道

突破思维框架

● 小学心理健康教育的重点和难点

表3－17　小学心理健康教育的重点和难点

教学重点	教学目标重学生心理实际成长，不重认识提升； 教学设计重团体互动活动，不重单向知识传递； 教学过程重氛围营造，不重按部就班； 重师生参与投入，不重纪律约束； 重现场生成，不重完成预设； 教学引导重团体分享，不重对错评判。 教学结果重师生自我升华，不重归纳记忆。
教学难点	如何以贴近学生心理发展的实际问题为题，设计多形式多层次的感官体验活动，营造氛围吸引学生真诚投入，激发孩子内心的多元思考，引发孩子的自我成长。
教学关键	真诚、平等、融洽的师生关系。

● 心理健康教育的传承与革新

实验小学的心理辅导课主要采用团体辅导活动等方式进行。在授课过程中，重视学生的参与过程，让学生学会分享，体验活动过程对自己思维力和行动力的影响；重视学生在活动中的各种经历和经验。

教师的角色是主持人、是导演、是点拨者，学生是演员、是主体参与者。“心理辅导活动不是纯粹的玩”，在给学生传输这种观念的基础上，教师根据授课内容设计相应的活动、对话等，给学生搭建自我学习的舞台。活动之后，教师引导学生进行交流，将活动中的所感所想与同学分享，丰富个人体验，增强学生的身心素质，同时培养学生多方面的视角等。

学校的心理教师以心理辅导重要原则“重真实体验，轻价值引导”为操作基础，通过小学心理辅导校本课《选择》为例，解析教师如何在教学设计和实际操作过程中把握辅导课的目标，辅以适宜的体验活动，提升心理辅导活动课品质。

课例背景：如今的父母对孩子教育越来越重视，很多父母常常不放心孩子自己作选择而采取诸多限制或越俎代庖。在这样环境中成长起来的孩子自主选择的空间越来越小，主动选择的意识和能力越来越弱。从而表现出在一些重大人生选择上冲动和盲目，或无法承担自己选择的结果。因此，需要给孩子选择的机会，需要有意识培养孩子选择的能力。

教学设计：本课借鉴团体辅导经典活动“价值拍卖会”的形式，用十万代币来代表学生一生的时间和精力，按照拍卖的规则，依次拍卖称心如意的录取通知书、推心置腹的朋友、钟爱一生的事业、倾国倾城的美貌，让学生在激烈的模拟拍卖现场，真实感受到选择带来的种种不同的情绪体验。进而反思和学习作出选择需要注意的地方。

教学目标：

1. 让学生在体验中感受到选择的重要性。

2. 让学生明确选择需要思考，并能领悟到一些思考的具体方法。

3. 引发学生内心触动，引导学生反思自己的价值观，帮助学生初步澄清一些含混的价值观。

教学片段与点评：

以下选取《选择》课堂实录中的两个片段，探讨在团体辅导中教师紧紧围绕教学目标，引导学生展开讨论分享，促进学生的自我反思，以实现教学目标。

片段一

师：同学们是六年级的学生了，眼看就要升入中学，你们想过准备选择一所什么样的中学吗？想过的同学请举手。谁来说说你的选择，打算选择一所什么样的中学？为什么？

生：我选择24中，因为离家很近，以后比较方便。

生：我选择报石室中学，妈妈就是那儿毕业的，我想和妈妈成为校友。

生：我选择读七中，听说那儿作业比较少。

生：希望能选择上成外，好朋友要去成外读书，我们约在一块。

……

师：看来有不同的选择和理由。不同的思考会产生不同的选择。生活是由无数个大大小小的选择串联起来的，小到今天游戏中你选了和谁组成一组，大到将来你选择什么样的学校，从事什么工作，选择谁成为你生活的伴侣。在每一个重要的路口，不同的选择也许会将你我引向不同的生活轨迹。今天，老师就想和同学们一起来聊一聊这个话题《选择》。

点评：由于学生生活经历不同，个人情感的差异，选择的理由也就大相径庭。教师没有去纠缠怎样的选择有利，顺势提出“不同的思考产生不同的选择，不同的选择引向不同的生活轨迹”，引发学生反思，为后续的辅导埋下伏笔。

片段二

教师采访用尽一生的时间和精力赢得“钟爱一生的事业”这项拍品的同学。

师：首先，祝贺你获得这项竞争激烈的拍品。我冒昧地采访一下，根据你的选择，你设想 20 年后的生活是怎样的？

生：有了成功的事业，会很有成就感，就能挣很多很多的钱，就可以拥有温馨的家庭，还可以有很多朋友，就可以实现很多梦想。

师：这听起来有点像是一个套餐。有了事业就会带来一切。你们都同意他的想法吗？

生：同意，事业有成的人，比如老板确实可以挣很多钱。

生：不同意，我叔叔就是事业很好，可是家里经常吵架，一点也不温馨。

……

师：嗯，那么你在选择之前，有没有想过，用尽一生的时间和精力去追寻钟爱一生的事业，也许就意味着，你同时选择了放弃一些对你同样重要的，比如你的家庭、你的朋友？

生：为什么？

生：因为你的时间精力都用在工作上了，可能没有时间和朋友一起玩。

师：你可能没有精力陪伴家人，甚至还可能没办法照顾到自己的身体。在选择之前，你可考虑过？

生沉默，摇摇头。

师：如果和你们预想的不一样，能完全接受吗？

生沉默，若有所思。

点评：学生在选择之前往往没有做过仔细思量，这样选择带来的结果，常常会让孩子难以接受。教师并没有点评选择的对错，用一个疑问，打破学生思维定式，通过生生、师生讨论提出更多可能性，引发学生进一步反思：选择之前，自己真的认真思考过吗？我可以接受选择带来的各种可能的结果吗？

教师反思：这节课确实引起了孩子们内心强烈的情感冲撞，激发了学生的思考。有学生在课堂上拿着代表自己一生时间和精力的十万筹码在情不自禁地发抖。有学生在拍卖时神色凝重，有学生在写自己感受和体验的时候，写着写着流泪了。有学生在下课后，长长地叹息“幸好只是游戏。”有学生在下课后兴致勃勃地和同学分享“我选择了什么，你选择了什么”。老师的提问也让孩子们开始认真反思自己的选择。我看到这些，听到这些，我想对于一堂团体心理辅导活动课来说，有深刻的体验，有积极的思考，就应该是有价值的。

心理辅导活动课需要很强的针对性，需要很强的创造精神，需要有很鲜明的层次感（不同学段有不同要求）。在学校心理健康教育校本课程开发过程中，我们尽力选择贴近学生需求，符合学生发展实际的内容作为突破口，大胆尝试，不断创生出受学生欢迎与认同的心理辅导活动课。

● 心理辅导中的秘诀

①合作中学

在课堂活动中，学生以小组为单位进行活动，在活动中让学生学会合作，这也是主体适应社会发展的需要。教师在课堂上营造师生合作、生生合作、自由争辩的气氛，形成民主、和谐、宽松、自由的学习氛围，使学生有想说的欲望、敢说的勇气和能说的机会。

②体验中学

体验式学习，以其寓教于乐和效果持久的优势照亮了渴求者的眼睛，由既独立又密切关联的 5 个环节组成，体验—分享—交流—整合—应用（循环往复）。心理辅导课不同于传统课程，不是简单的传授知识，而是重在学生的体验，注重在玩中思考、带着思考玩，在一系列的游戏活动中，让学生学着去发现、去体验，这样获得的知识、经验对学生的身心健康更为有益，胜于简单的说教。

③发现中学

发现式学习中，所学内容不直接向学生提供，而是要学生自行发现后内化。

心理辅导课中，除了简短的理论介绍外，大部分时间是学生的活动、交流心理游戏等，让学生带着思考在一次次的思想火花的碰撞中、在快乐的游戏中，去发现、去探索。

经过 5 年的探索，逐步开发出各年段心理健康教育校本课程。越来越多的学生在这样的课堂上真正经历着心灵的成长。

（三）课程整合模式探索——综合实践活动以雅育雅

课程整合是超越不同学科知识体系，以关注共同要素的方式来安排学习的课程开发活动。通过课程整合，可以把不同背景下的知识有机地联系起来，培养学生综合解决问题的能力，促进学生个性的和谐发展。

我们在课程开发和实施过程中，主要以儿童本位的课程整合为主，以儿童现实的直接经验、儿童的需要和动机、儿童的兴趣及心理发展为核心，促进学生经验生长和人格发展。学校在综合实践领域中主要从每日一课——雅园故事、每周一课——国旗下讲话、每月一课——社区活动、每期一课——开学典礼四个主题出发，使我们的活动贴近儿童生活和已有经验，从家庭、学校、社会三结合出发，拓宽视野、孕育雅生。

（1）每日一课——雅园故事

“A”城是一个具有现代气息的模拟城市，实小的每个孩子都是这个城市的市民，城市由学生自治管理。“A”源于成都市实验小学的校标。“A”是26个英文字母的起始字母，寓示起点，“A”是等级评定中的第一等，寓示一流。因此，做到最好，争创一流，成为了“A”城全体市民共同努力和奋斗的目标。

雅园故事主要是让学生作为“A 城”小主人，主动观察发现 A 城市民在学校生活中的文明现象和存在的问题，对当事人进行采访和调查，结合 A 城小公民的行为习惯培养，形成每日的 A 城故事，然后在全校进行宣传。为此，A 城有自己的编辑部负责每日稿件的编辑审定工作。这样的故事源自学生的生活实际，出自学生之手，对学生有特别的教育意义。也让更多学生从小学习关心身边的人和事，积极参与公共事务。

（2）每周一课——国旗下讲话

在实小有一个惯例，国旗下的舞台属于每一个孩子。台下鼓掌六年不如上台三分钟。因此，每周星期一早上，都会有一个班的孩子为大家做每周一课——国旗下讲话。或是让我们虚心聆听古圣贤的谆谆教诲，或是带我们走进国学，品味经典，或是顺应时事，发出倡议。如“奥运冠军回母校”、“母亲节的祝福”、“赞美春天的诗”、“走进中国字”、“低碳生活”…… 每一次国旗下讲话都成为了一次集体智慧的展示，也是整个班级一次重要的亮相。慢慢地，这样的国旗下讲话也成了校园文化重要的一部分，它成为了学校雅教育的一种重要形式。

（3）每月一课——社区活动

“每月一课”的开展主要以培养学生合作、交往的社会技能为主，以综合实践活动为主要形式，全面培养现代文雅小公民。

每月一课主要以“社区”活动形式进行。学校将六个年级 38 个班的孩子划分为六个“社区”。六个年级的一班合起来为“和雅社区”，二班合起来为“艺雅社区”，三班合起来为“绘雅社区”，四班合起来为“心雅社区”，五班合起来为“博雅社区”，六班合起来为“乐雅社区”。每月一课主要由各个社区的大朋友和班主任一起来实施。每月一课的具体目标为：依托社区的组织形式活动育人。培养学生的社会交往能力，提高学生的合作能力，增强团体归属感。

（4）每期一课——开学典礼

文雅小公民要有胸怀祖国的“国家意识”，有明确的“权利与义务意识”，有悲天悯人的“关怀意识”。于是，每学期的开学典礼，大队部都结合时事，围绕特定的主题举行活动，引导孩子们心怀天下，从小做起，从自身做起，修炼文雅。

（5）特色活动——丰富多彩

除了定期的综合实践活动以外，学校还利用各种平台创设各种特色活动，丰富学生的学习生活，全面培养学生综合素质。“少年军校”、“国际交流”、“社会实践”、“合唱节”、“漫画节”，等等。这些活动极大地拓宽了孩子们的视野，丰富了他们的认知，激发了他们学习的愿望。因而，这些活动也就逐渐固定下来成为一种学校的文化传统，成为了学校的特色课程。

四、和雅课程评价体系

和雅课程的校本课程以培养“文雅学生”为目标，力图培养“勤学、守正、尚礼、求活”的文雅学生。和雅课程的评价体系注重学生素质的全面发展，做到“知行合一”。

在和雅课程体系中，我们除了进行半期、期末单科练习这种普遍的评价方式之外，还进行了学科课程的专项评价、校本课程以展代评、综合素质过程考评等评价方式。在这种多样化的考核体系中，让所有雅园的学生都能找到自己的特色和长处，通过各项评价寻找自己的成长点，而不是让统一化的评价方法固化学生的发展方向、抹杀每个孩子的个性。

（一）学科课程专项考评

学科专项考评目的是在课标规定的各项教学目标的要求下，集中地对学生知识巩固程度进行细致的了解，各项专项考评是对课程实施更加精细、有效的评价方式，在这种评价方式的激励下，教师的教学更有针对性、及时性和实践意义，极大促进工作效率的提高；学生在专门项目中，如阅读、作文、计算、解决问题等方面可以提升思维能力、掌握解题技巧。

专项考评学科：语文

考评内容

高段——“学生阅读专项训练”；中段——“作文专项训练”；低段——“识字专项练习”

考评实施办法

每周不定时间安排一节到两节阅读课，教师准备阅读材料，实行年级组为单位的阅读训练。并于学期末参加阅读能力调查考评。

考评的收获

针对学生语文阅读能力的提高，学校组织的“学生阅读专项训练”这种过程性考评方式让老师能够很快找出学生在阅读技能方面的缺陷以及需要进一步巩固的知识；针对低段刚入学学生的“识字专项练习”可以让教师从试卷分析中对低段学生特别是刚入学学生的识字能力有所掌握，以便及时调整识字教学方法，让一年级学生在识字学习关键时期更加迅速地掌握学习技巧。

专项考评学科：数学

考评主题

“计算”、“概念”、“解决问题”、“综合实践”专项考评

考评实施办法

每一学年选择一个主题，每一学年上半学期全校各个年级统一主题考核；下半学期特色考评。例如高段的思维能力训练、低段和中段的数学小报制作以及数学日记撰写，考查学生如何应用数学知识到生活中。

数学专项考评举例

成都市实验小学四年级计算比赛初赛试题

（5 分钟完成）

班级________　　姓名________

一、口算。

$180+740=$	$440-170=$	$6\times300=$
$12\times60=$	$5500\div500=$	$35\times20=$

二、估算。

$20\times39\approx$	$607\times60\approx$	$343\div49\approx$
$802\div21\approx$	$2090\div31\approx$	$6349\div79\approx$

三、简便计算。

$810-199=$	$680+97=$	$503+247=$
$900-104=$	$1093-499=$	$835+102=$

四、求未知数 x。

$4627-x=3776$	$x\times13=6578$	$26\times x=1794$
$x+7869=7869$	$x-3314=1006$	$16\times x=4480$

考评的收获

经过解决问题专项考评，学生对计算学习的关键点更加清晰明了，在专项考评中对于解题方法有了自己的看法和梳理。同时更加肯定自己的数学学习能力和思维能力，增强了自信心。

（二）校本课程以展代评

如何对校本课程的实施进行评价？又如何评价学生学习该门课程的成果？我们对课程的定位及目的进行了深入的解读与理解。

校本课程的开设在于体现学校的办学特色与办学历史，在于满足学生个体需要，在于给学生一定的潜能开发与素质提升，常规的考试方法显然已不是对该门课程进行考核的方式，急需为学生的成长搭建更多样的发展平台。

学校对校本课程评价的方式是“以展代评”，即在展示中让学生体验到课程的魅力与学习的快乐。“学年特色课程展示”就成为家长学生学校评价这一课程的一个重要方面；而“学期校本课程研究课”又给予老师相互交流校本课程一个重要的平台。“学年优秀校本教材评比”及“学期校本课程科优生评选”等活动让校本课程的评价呈现出一种正向与激励，形成过程与生成相结合的评价系统。

（三）综合素质过程考评

课程评价中有专项考评，同时必然需要对学生综合素质进行评定，并按照学期形成“成长记录袋”，对其综合素质全程监控。

• 综合考评实施形式

成长记录袋、“成都市实验小学综合素质报告册”。

• 考评措施

对学生的各项指标进行综合评价，评价依据是学生平时课堂和课后在班级内所得的积分奖励，由班主任和各科老师共同完成评定。

过程性评价中我们还以统计参加各级比赛的形式呈现，作为对学生学习情况的一种过程评价。

• 考评内容

成长记录袋中包括——品德专题作业卡、学期优秀作文创作、体育“130”健康卡、数学优秀试卷一份、美术作品一份、学期总结一份；考评比赛如国际奥林匹克机器人编程比赛、各级各类乐器、舞蹈比赛等。

• 考评收获

学生的期末考评不再以分数为标准，更加注重评价过程，对于学生来说减轻了对于考试的心理负担，对于教师来说，可以更大胆地实施多样化评价方式以促进学生各方面能力发展。

在各项比赛中，我们可以观察到学生各项技能掌握情况以及拓展学习情况，而这种过程评价也是对学生综合素质考评的重要途径。

第四章 活雅课堂——革新教学，自主学习

传统的课堂教学，过分重视知识和技能的传授，忽略学生的主体性，忽略过程方法、情感态度等方面的培养。这样造成了学生随着受教育时间的增加，尽管知识量在扩大，但学生的好奇心、想象力、创造力、问题意识反而在逐渐萎缩。

雅教育思想的核心价值追求“守正、尚勤，崇礼、求活”，“正”是为人之根基，“勤”是做事之态度，“礼”是素养之根本，“活”是创造之源泉。雅教育更关注学生作为人的全面成长，关注学生终生幸福发展所需。而课堂作为教育的主阵地，要达成这样的目标，就必须进行革新，变知识本位、灌输式的教学为以学生为主体、以活动促发展的活雅课堂。

一、课堂教学的深度反思

（一）课堂教学的问题展现

革新意味着去掉陈旧的、不合时宜的思想与做法，但首先我们要找到这些问题的所在，并毫不留情地剖析和解读。在学校实施活雅课堂改革之前，我们发现，课堂实质上只是灌输知识的容器，偏重于学生分数的提高，而忽视了学生在能力培养和个性品质的发展，压制了学生活泼个性的成长。

一是课堂教学重统一轻个性。课堂只有同一的教学内容和标准的解题答案，缺乏关注学生的个体生活经验和个性化的理解。全班同学齐步走，所谓的优等生面临着“吃不饱”，而所谓的差生又“消化不了”，统一化的课堂教学难以满足学生的差异发展。

二是重被动轻主动。教师在课堂教学中主要以灌输的方式向学生传递知识，学生处于被动接受状态。从师生关系来看，教师以权威者的身份自居，学生只能被动服从教师，而缺乏自己的主动探索精神。

三是重预设轻生成。过分重视课堂预设，总是按照课前预设的轨迹按部就班开展教学进程，忽视教学过程中动态生成的问题与资源，尤其是学生在课堂教学过程中所提出的富有创造性的问题没有引起教师的关注。

以上出现的种种问题呼唤着课堂教学改革的到来，也时时督促着我们的教育工作者站在更高、更广阔的视角来思考自身存在的教学方法与态度问题。

（二）课堂教学现状的系统分析

1. 知识本位思想统治课堂教学

知识本位的思想导致课堂教学中教师过于重视知识传授，把教育的过程看做知识传授的过程。从目前的课堂教学现状来看，知识本位的教育思想导致学生课堂主体地位的缺失，同时也削弱了学生在课堂上的话语权，课本知识被当做应该掌握的全部和唯一的知识。学生习惯于被动接受而不是主动思考、主动探索和主动创造。

2. 灌输式教学痼疾难除

对知识传授的过于重视必然导致教学方式、方法的失误。新课程改革开始之后，课堂教学有所改观，但由于升学压力的影响，教学难免急功近利，应试的压力导致教师习惯于用灌输式教学方式以最快的速度传授知识，学生只能被动接受以提高接受知识的效率。

久而久之，违背儿童发展规律的做法逐渐被合理化，学生将接受式的学习方式看做学习的唯一途径，失去学习的主动性，灌输式教学抹杀的不仅是学生自主选择学习方式的权利，更是学生获得知识、掌握技能、形成正确价值观的最关键所在——学习的兴趣。

（三）课堂教学的改革定向

观念的错误必然导致方法的失误。正是由于知识本位的教育思想统治课堂教学，因此更需要重新审视课堂教学的改革定向。根据雅教育思想的核心价值——“守正、尚勤，崇礼、求活”，学校以“活雅课堂”作为成都市实验小学教学改革的追求。这是学校在继承“活动教学与小学生素质发展”课题研究成果，继续深化探索课堂教学的定位。

活雅课堂的目标是为了培养文雅学生，既有“手脑灵活，思想活跃，个性活泼，充满活力”的特点，又有至正至真的雅性情。在长期的实践中，我们发现，要实现活雅课堂的目标，就必须贯穿“以学生为主体，以活动促发展”这样的理念。只有以学生为主体，课堂教学才能尊重和关注学生的需求和现实，课堂交互才能实现真正的民主和平等。在这样的课堂氛围中，学生的品格和性情才能至正至真。而“以活动促发展”的主张是雅教育教学改革的立论基础和实践切入点，它重视活动的独特价值，强调活动在人的发展中的作用，主张活动是实现发展的必由之路。人的发展是在主体与外界环境相互作用中实现的，相互作用的中介便是主体的活动，正是主体积极主动的活动推动着主体发展的进程。“个体的发展实际上就是练习、经验、对环境的作用等意义上的大量活动的产物。”

二、活雅模式的实践提炼

（一）活雅课堂的内涵

活雅课堂即在教学过程中建构以教育性、创造性、实践性的学生主体活动为主要形式，以激励学生主动参与、主动实践、主动思考、主动探索、主动创造为基本特征的课堂。活雅课堂的核心是以学生为主体，活动促进发展，强调学生的自主学习，师生关系平等，课堂教学以“活动”为主要形式。

（二）活雅课堂的教学特色

变革之初总会惹来争议，但正确的改革思想和方法会通过时间来证明它们是合理性和科学性的存在。在活雅课堂的构建中，各学科逐渐形成独有的课堂教学方式和特色，这些学科教学特色在教研活动中得到很好的推广，老师们也从中对自己的教学价值进行重新定位。我们以几个学科为例来展示活雅课堂构建给学科教学带来的变化。

1. 数学学科——凝练睿智，传播思想

在进行活雅课堂建构时，我们的数学课堂不仅仅专注于活动形式的

改变，更加注重对数学学习本质和价值的挖掘。坚持数学学习过程中所需要的简练、明确、精准是我们的数学教学过程中一直恪守的准则；夯实学生扎实的知识基础，教师的教学抛弃无意义的机械训练，代之以对数学思想的渗透、数学史的学习和介绍，我们能发现孩子的学习更加接近于对数学兴趣的培养，师生一起在课堂上挖掘数学教育价值。

2. 语文学科——感悟生命，启迪智慧

走进活雅课堂，语文学习不再是字词句段的干枯分析，教师极其注重学生在语文学习中的感悟、体验和将知识在生活中的联系、运用。小课题研究、课堂辩论都在显示我们的语文课堂更加关注课堂生成和学生具有创新性的见解，还给孩子讲真心话、表达自己真实感受的权利。

语文的教学过程不仅是感性理解的传递，还是智慧的形成过程，这种智慧不是教师机械装载给学生，而是学生个体选择性的获得。使学生成为头脑灵活、敢于质疑、具有理性判断能力和独立思考能力的个体，我们的语文课堂关注每一个个体自身独特的价值所在，从而构建民主、开放却不盲从的智慧课堂。

3. 科学学科——整合信息，支架辅导

在科学课上，我们经常看到的是孩子忙碌、有序的身影，“让孩子动起来”，这看似是“活”，科学教师怎样把这种现象的“活”变成本质的“活”？科学作为学校独具教学特色的学科之一，在科技比赛中取得成绩多、获奖级别高。如何让学生的头脑与双手在交互影响形成的良性互动中获取智慧，是我们的科学课教学中探索和研究的重要问题。科学组教师以课题研究推动课堂教学变革，运用“支架式”辅导——教会学生整合实验信息，通过问题感知、整体认识、信息整理、立体迁移几种途径来帮助孩子通过探究活动解决问题。学生在动手实验中自己获得实验结论，培养学生的归纳推理能力，在自己和与他人的合作中，通过观察、实验学会收集事实材料，在教师引导之下学生能够学会分类、比较、分析、综合。

（三）活雅课堂“自主”的学习方式

学习方式的转变是教学改革的显著特征，也是活雅课堂的核心任务。学习方式指的是学生在完成学习任务时认知、情感、行为的取向，它不仅包括相对应的学习方法及其关系，同时也涉及学习习惯、意识、态度、品质等心理因素。

传统的学习方式建立在人的客体性、受动性、依赖性上，从而导致人的主体性、能动性、独立性的不断销蚀和蒸发，转变学习方式就是要转变这种他主性、被动性的学习状态，把学习变成人的主体性、能动性、独立性不断生成、张扬、发展、提升的过程，使培养对象成为他自己。活雅课堂的学习方式是以培养文雅学生为目的，以学生作为人的全面成长、终生幸福为目的。它具有以下基本特征。

• 自主性：学习是基于学生的一种内在需要，这种需要一方面表现为学习兴趣，有了兴趣，学习就成了一种愉快的体验，而不是一种强加；另一方面表现为学习责任，学生如果不把学习跟自己的生活、生命、成长、发展有机地联系起来，这种学习就不是真正的自我学习，只有当学习的责任真正从教师身上转移到学生身上，学生自觉地担负起学习的责任时，这种学习才是一种真正的有意义的学习。

• 选择性：选择性也就意味着差异性。因为每个学生都有自己独特的内心世界、精神世界和内在感受，所以他都有着与他人不同的观察、思考和解决问题的方式，每个学生的学习方式都是其独特个性的体现。不同的学生在学习同一内容时，每一个人具备的认知基础、情感准备以及学习能力倾向不同，加之各自的思考方式、学习需要、学习风格的不同，因此，每个人拥有的学习方式也就不同，活雅课堂必须要开发多种适应多种学习风格的学习方式以满足学生的差异性。

• 体验性：体验是指由身体性活动与直接经验而产生的感情和意识。体验性表现为：第一，强调身体性参与。强调活动、操作、实践、探究、体验，用身体去亲自经历，用自己的心灵去感受。第二，重视直接经验。从课程上讲，就是把学生的个体知识、直接经验、具体生活也看成是重要的课程资源，充分尊重“儿童文化”，鼓励学生对教材的自我解读、自我理解，尊重学生的个人感受和独特见解。一方面，改造、提升、发展学生的直接经验，另一方面将间接经验整合、转化为学生的直接经验。

● 合作性：合作就是在学习的过程中分工合作，互相帮助，相互学习，取长补短。合作性强调建立积极的同伴关系，通过共同学习让学生学会理解、忍耐、尊重、合作、积极倾听、表达建设性意见，同时也能提高孩子的自尊，在集体协作中共同实现个人目标和集体目标。

（四）活雅课堂“自主”模式建立

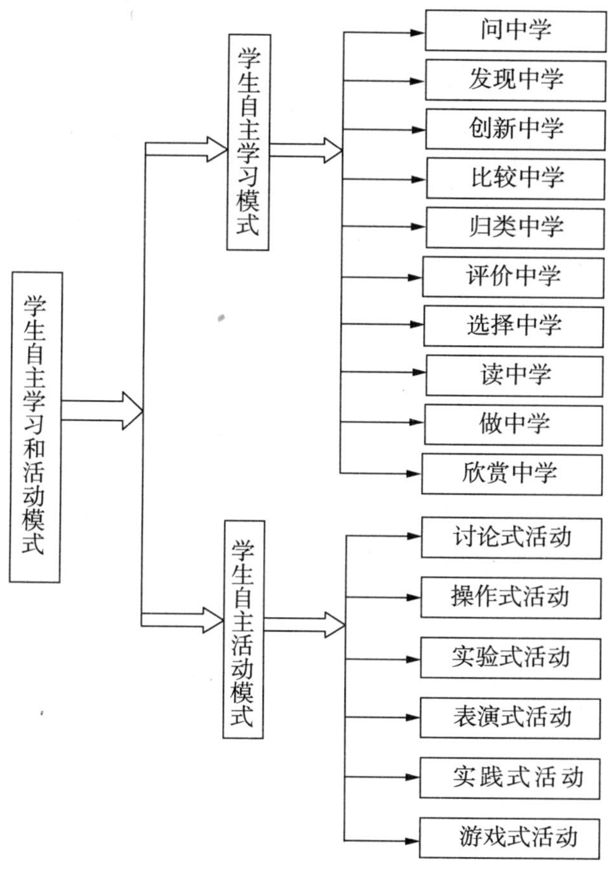

图 4－1 活雅课堂“自主”模式图

1. 学生自主学习模式

所谓教学模式是指教师在一定教学思想和教学理论指引下，为实现一定的教学目标而制定的关于教学活动如何组织、如何调控的策略体系。所谓自主学习，是指学生在教师的科学指导下，通过学生能动的创造性的学习活动，实现自主发展的教育实践活动；它是从事创造性学习活动的一种心理能动状态，包括认知活跃、情感兴奋的程度和意志力的强度。学生自主学习的课堂教学模式是一种以学生的自我学习需要为前提，以“发现—探究—升华”问题增强学生的主体意识、激发学生的创新精神、提高学生的创新能力为目的，以学生自主活动为手段，以学生内心体验为中介的学生自我心理建构模式。

学生自主学习课堂教学模式由三个基本环节组成。

第一环节：独立学习、发现疑难，学生内化目标。

学生质疑：引导学生根据预习要求，在独立学习的基础上质疑。教师引导质疑方法，可以针对课题质疑、针对预习要求质疑、针对难点质疑、针对课后作业质疑、针对自己的见解与教师、同学或书本上的见解发生偏差处质疑。

教师质疑：教师根据教学目标，根据教学重难点以及学生学情，对学生提出诸多问题进行梳理，引导学生找出核心问题，以便在有限的课堂教学时间内解决最重要的问题。

第二环节：实践探索，合作交流，师生共同探疑。

第一，根据第一环节师生共同提出的问题让学生自学，凡是学生自己能解决的问题让学生自己解决，把仍然不懂的问题在书上进行批注。然后组织学生进行小组学习，讨论学生个体所不能解决的问题。在这一环节中，教师应是学生自主学习的咨询者和合作者，教师与学生的关系应该是平等的伙伴、朋友般的关系。这样才能营造出一种宽松、和谐、民主的自主学习氛围。第二，要引导学生多角度地思考问题，并寻找解决问题的多种办法，启发创新。第三，注重发挥学习小组长的作用。第四，注意引导学生采用合作的学习方式，教给学生合作学习的方法，让学习水平不同的学生都能积极、主动地参与到合作学习中来。

第三环节：总结归纳，异中求同，师生共同揭疑。

合作小组推选代表就小组探究的问题和结果在全班进行汇报，其他成员加以补充说明，教师给以适当的点拨和总结，引导学生从问题答案的“多”、“异”中求出最“优”，最后师生达成共识。重点在于要尊重差异，让每个学生享受成功的情感体验，从而激发学生进一步探究问题的愿望和创造性思维的火花，培养其作为学习主体的自尊心和自信心，形成一种学生自主学习的安全的情感心理场。

学生自主学习课堂教学必须遵循的教学原则是：自主探索性原则、差异性原则、活动性原则、合作性原则、求异性原则、成功性原则。

学生自主学习模式类别呈现多样特点。

（1）问中学

首先由学生自读教材后提出问题，然后师生在所提问题相关的教材处记号备忘；之后由教师补充提问并组织学生按照一定的顺序整理问题，形成逻辑提纲。最后分小组讨论问题，汇报研究成果，共同解决疑难。

（2）发现中学

教师创设表现事物规律的情景，学生通过观察受到启发。然后教师在学生观察后，指导学生发现其中的规律。接着教师指导学生将所观察发现得出的结果进行总结、归纳。最后结合书本上的知识，使学生对总结出的知识进行进一步的掌握。这种学习方法可以使学生体验到发现的惊喜，激励学生产生发现的欲望。

这种学生自主学习模式，主要适用于能够让学生借助自主地观察，发现并找出和课堂学习相关的课堂教学内容。由于学生是从自己的发现中去总结、归纳并学得新的知识，因此，学生对这样一种方式特别喜欢。

（3）创新中学

首先，教师提供学生用于学习的材料。然后，学生通过对这种学习材料的学习，提出不同的见解。最后，通过交流、讨论等活动，得出有新意的答案或不同的思想表现。

这种学生自主学习模式，主要目的是让学生在学习的过程中求新、求变、求异，追求有新意的答案或不同的思想表现、表达方式。借助这样的自主学习模式，可以不断培养学生的创新能力，拓展学生的思维。

（4）比较中学

首先，由教师提供或者由学生观察发现可供用于比较的材料（事实、材料、数据、图像、文字等）。然后，教师通过指导学生比较，发现这些学习材料的异同。最后，结合书本知识或者旧知，让学生通过这种比较发现问题、引出新知识的学习。

教学案例举例：

学校的黄天舟老师在教学《倍的认识》一课时，也是采用了比较中学的学生自主学习模式。学生通过对老师出示在黑板上的示意图进行比较，对“倍的认识”这一知识点很好地就掌握了。请看黄老师的教学片段：

《倍的认识》教学片段

师：前面同学们已经学会了比较两个数之间的相差关系，今天我们要学习两个数之间的一种新的关系。

（师板书课题：倍的认识）

一、提供学习材料

（师出示小棒图。）

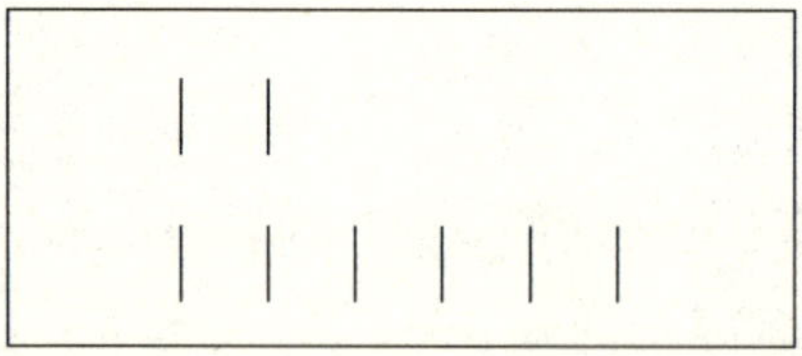

师：比较两行小棒的根数，我们可以说出什么关系？

生：第一行的根数比第二行的根数要少，第二行的根数比第一行的根数要多。

师：怎样移动一下第二行的小棒，我们可以更清楚地看出两行小棒根数之间的关系呢？

请孩子们听清楚老师的要求，以 4 人小组为单位，摆出小棒图；想一想有哪些方法移动第二行的小棒，使我们能清楚地看出两行小棒根数之间的关系呢？说一说为什么要这样移动？

（生讨论、操作，师巡视、指导。）

二、汇报观察结果、找出异同

师：现在很多小组都有了自己的移动方法，下面我们来听取小组汇报。

生 1 上台：我们小组认为可以把第二行的 6 根小棒移动后变成 2 根和 4 根；其中 2 根小棒表示跟第一行的根数相同的部分，4 根表示比第一行的根数多的部分。

师：很好！现在我们把他们的移动结果贴在黑板上。

（师贴出：）

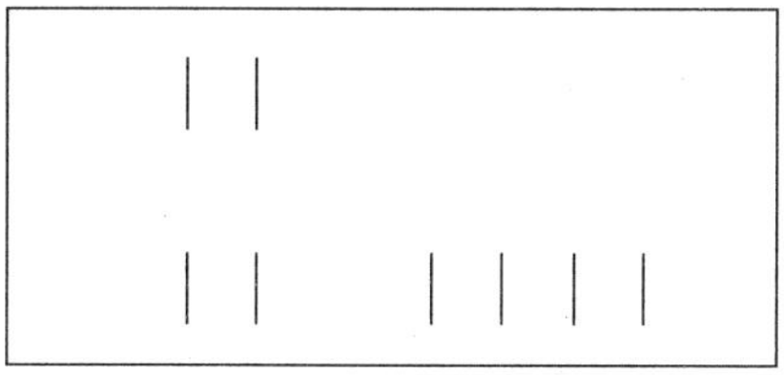

师：和他们小组有相同移动方法的小组请举手。

（生举手示意。）

师：有不同的移动方法吗？哪个小组再来汇报？

生 2 上台：我们小组认为还可以这样移动，把第二行的 6 根小棒移动成 3 个 2 根的形式，说明了第二行的根数是第一行的 3 个这么多。

师：真会动脑筋！

（师贴出：）

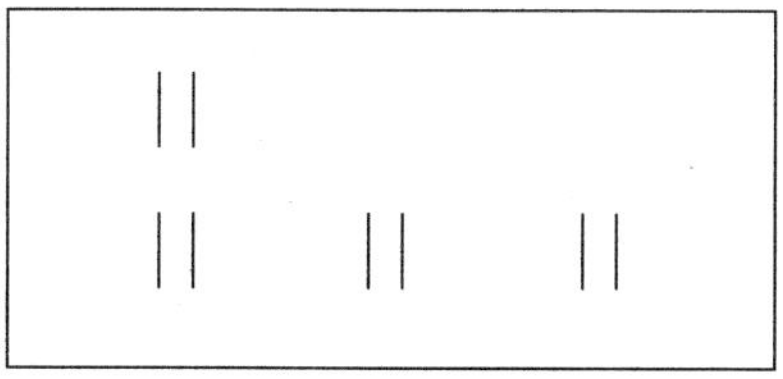

师：还有别的移动方法吗？

生：没有了。

师：上面的两种移动方法哪一种是我们学过的？

生：第一种。

师：哪一种是我们没有学过的？

生：第二种。

师：我们一起来照着第二种方法再摆一下小棒图。

（师生一起边摆边说：第一行摆2根小棒，第二行摆3个2根小棒，第二行的根数是第一行的3个这么多。）

师：比较两个数的多少，同学们发现了一种新的关系，就是大的数是小的数几个这么多。像这种“几个这么多”的关系，书上是用什么数学语言进行描述的呢？

（生自读教材，勾出重点。）

三、联系生活实际、应用新知

师：那怎样比较两行根数之间的倍数关系呢？

生：先看第一行是2根，再看第二行有3个2根，第二行的根数就是第一行的3倍。

师：孩子们真聪明！你们通过摆小棒、自学教材知道了怎样比较两个数之间的倍数关系；就是先看少的数有多少，再看多的数有几个这么多，多的数就是少的数的几倍。

不看书，谁来说一说怎样比较两行根数之间的倍数关系。

生：第一行有2根小棒，第二行有第一行的3个这么多，所以第二行的根数是第一行的3倍。

师：可以。

如果我们在第一行摆出4个圆，第二行摆出8个圆，该怎样比较两行圆的个数之间的倍数关系呢？请同学们摆一摆，想一想。

……

师：很好！谁来总结一下，怎样简便地比较大的数与小的数之间的倍数关系？

生：比较两个数之间的倍数关系，就要看大的数里面有几个小的数，大的数就是小的数的几倍。

师：表扬他。

（生鼓掌表扬。）

师：今天这节课我们学习了“倍的认识”，知道比较两个数之间的倍数关系，就要看大的数里面有几个小的数，大的数就是小的数的几倍。

用我们学会的知识完成第 79 页上面的“做一做”。

（生独立完成“做一做”，师巡视、指导；然后集体订正。）

四、拓展思考

通过今天的学习，同学们还有什么问题要提出来让大家讨论吗？

生 1：为什么不能把 2 说成 6 的几倍呢？

师：问得好。

生 2：要是 7 和 2，7 有 2 的 3 个这么多还要多 1，该怎么比较它们之间的倍数关系呢？

师：有意思。这些问题在以后的学习中我们会找到答案的。

比较中学这种自主学习模式主要是让学生通过对学习材料的比较，从而发现规律，感受新知。学生在比较中，能够更好地接受知识，尤其是各知识点之间的不同之处形成的对比，能让学生对所学的知识有更深刻的认识。

（5）归类中学

教师设计并提供相关的学习材料，由学生操作，把这些材料归类。最后，教师在指导学生对学习材料进行归类中发现规律，从而得出新的结论。

教学案例举例：《角的分类》（赵晓）

师：我们已经认识了角，知道了什么叫做角，角的各部分名称以及怎样度量角。今天，我们继续学习和研究角的有关知识。

第一步：提供学习材料

师：请看，老师这儿有一张长方形的纸，能从上面找到角吗？

生：我能从这张长方形的纸上找到4个角（指出4个角），1、2、3、4，这4个角都是直角。

师：长方形有4个直角。现在，老师把这张纸先对折，沿着另一个方向再对折，折出来的这个角（指）还是直角吗？

师：大部分同学说这是一个直角，用什么方法可以准确地判断呢？

（一边操作一边叙述）

师：以后判断一个角是不是直角，既可以用三角板去比，也可以用量角器去量，如果量出来是90度，那么这个角一定是直角。

师：我们生活中，是不是所有的角都是直角呢？（不是。）这些角又有什么不同的特点，它们与直角有什么样的关系，下面我们共同研究“角的分类”。

（板书：角的分类）

第二步：开展归类活动

师：下面我们采用小组学习的方式，请听清老师的要求，看屏幕。

（请一名学生读研究提纲）

研究提纲：

每人画一个和直角不一样的角，并说一说与直角相比较有什么不同。

能将你们小组画的角进行分类吗？说说分类的理由。

请给每类角起个名字。

（小组学习，教师巡视并参与小组学习）

第三步：寻找发现规律

师：下面，我们来听取汇报。

生一：这是我画的角，这个角比直角小，还有谁画出了比直角小的角，请举起来给大家看一看。

生二：这是我画的角，它比直角大，还有谁画出了比直角大的角，举起来给大家看一看。

生三：这是我画的角，它比直角大，而且有两个90度那么大，还有谁画出了这样的角，举起来看一看。

生四：这是我画的角，它也比直角大，是四个90度的角，两个180度的角，是360度的角，还有谁画出了360度的角，举起来看一看。

（将学生画的角贴在黑板上，并将汇报进行摘录）

……

师：继续四人小组的学习，把数学书作为资料进行查阅，看看书上是怎样分类的，通过看书，你们还有什么新的发现，在小组内互相说一说，交流一下。重要的地方用你喜欢的符号标注。

（全班进行资料查阅，老师巡回指导）

第四步：交流得出结论

师：听取汇报。

生：通过查阅资料，我们知道了小于90度的角叫锐角，大于90度小于180度的角叫钝角，角的两条边成一条直线，这样的角叫平角，平角是180度，一条射线绕它的端点旋转一圈所形成的角叫周角，周角是360度。

生：我们还了解到，1平角=2直角，1周角=2平角=4直角。

生：书上告诉我们，一个直角是90度，和我们的研究是一致的。

师：书上的起名是一种约定俗成，其实同学们的研究是非常有价值的，你们的分类和命名是很有道理和意义的。通过今天的学习和研究，你们有什么收获？

生：今天我们学习了角的分类，通过学习，我们知道了角可以分为5类，一类是直角，直角是90度，小于90度的角是锐角，大于90度小于180度的角是钝角，平角是180度，周角是360度。1周角=2平角=4直角，1平角=2直角。

生：我发现，锐角的张口变大可以变成直角，钝角的张口变小也可以变成直角。我还想知道大于180度小于360度的角是什么角。

（课件演示，师总结）

师：生活中，角随处可见，我们周围哪些物体的表面上有我们今天学到的角？

生：钟面上时针、分针、秒针可以组成角，比如，6 时整时针和分针就形成一个平角，时针从 12 走一圈又回到 12，就形成了一个周角。

生：我能从课桌的表面上找到 4 个直角。

生：我能从国旗表面的五角星上找到锐角。

生：我能从红领巾的表面上找到三个角，一个是钝角，两个是锐角。

师：同学们非常善于观察，老师也找到了一些生活中的角。

（课件演示汽车图片，请学生找出车标中的各种角）

……

归类中学这一学生自主学习模式，主要是让学生通过对学习材料的归类，进行类比，并在这种学习活动中发现规律，总结规律。学生在归类操作中，通过自身的实践，能够更好地将知识进行整合，让旧知和新知很好地结合起来。

（6）做中学

教师设计并提供相关的学习材料。然后由学生完成对这些材料的操作。最后，教师在指导学生对学习材料进行操作中发现规律，达到学习新知的目的。

教学案例举例：《马铃薯的沉浮》（赖佳）

教学目标：

• 科学知识：在探究活动中初步感知物体的沉浮与液体有关，并且能够基本了解它们之间的关系。

• 过程与方法：经历一个典型的“观察—发现—推断—验证”的科学探究过程

• 情感态度价值观：体验科学探究的乐趣，保持和发展探究周围事物的兴趣和好奇心——继续对身边的有关液体的沉浮进行探究。

教学重点：

让学生了解掌握物体沉浮还与液体有关

如何引导学生能够逐渐深入地了解物体沉浮与所处的液体的轻重的关系

教学准备：

分组：一只杯子，一小袋盐，一根小木棍，一个马铃薯

演示：盐水，糖浆，水银，铜球，玻璃瓶，大小马铃薯各一个，天平，杯子若干，木棍

教学过程：

表 4－1　《马铃薯的沉浮》教学过程

教学流程	教师活动	学生活动	设计意图
一、引入	1. 复习旧知 提问：物体的沉浮与物体的什么有关系？ 2. 出示马铃薯大小各一个，让学生对它的沉浮进行猜测。 3. 教师进行演示：把马铃薯分几次放入不同的两个水杯中。 请学生说出马铃薯浮的秘密是什么？ 水里有什么秘密？	学生回答：与轻重大小有关。 学生进行思考猜测。 学生说出与水有关。 学生说出水里加了盐。	通过复习旧知，再设计这样的猜测和演示，使学生看到的事实与已有经验产生矛盾，激起新的探究兴趣。
二、马铃薯在水中的沉浮及其原因	1. 教师提问：那是不是水里加了盐，马铃薯就真的会浮起来呢？你们想不想自己兑一杯盐水来试试看？ 2. 对学生提出分组实验（兑制一杯盐水）要求，辅导学生实验。 3. 请学生汇报实验情况：在实验中有什么发现。 4. 指导学生总结“马铃薯沉浮的秘密”。 5. 请学生思考有什么问题吗？	学生回答想。 学生分组实验。 学生汇报：加一点盐不行，要加几次才能让马铃薯浮起来。 总结：马铃薯在盐水中会浮，清水中会沉。 学生提出为什么盐水会浮，清水会沉。	学生亲自动手实践，验证自己的猜想，初步感知物体的沉浮与液体轻重有关。

续表

教学流程	教师活动	学生活动	设计意图
二、马铃薯在水中的沉浮及其原因	6. 请学生思考为什么盐水会浮，清水会沉呢？ 7. 教师演示比较称量盐水与清水的重量。 8. 教师引导学生进行总结。	学生回答。 学生观察并思考问题。 总结：同体积的盐水比清水重。	
三、玻璃瓶的沉浮及其原因	1. 出示小玻璃瓶，让学生想办法怎么样让它浮起来。 2. 教师演示，让玻璃瓶在糖浆中浮起来了。请学生思考。 3. 教师请学生到讲台上来演示称重量，出现：糖浆比盐水重。	学生思考回答。 学生提出看看糖浆和盐水的重量有没有不一样。	改变学生固有的对盐水的认识，让学生看到比盐水重的糖浆能浮起盐水不能浮起的东西，进一步感受到越重的液体越容易使物体浮起来。
四、铜球的沉浮极其原因	1. 出示小铜球，让学生也想办法帮助它浮起来。 2. 教师分别实践学生想的办法。 3. 教师拿出水银，让铜球浮起来了。 4. 教师演示将水银与糖浆比一比重量，结果水银比糖浆还要重。	学生思考想办法，观察老师的演示，思考结果的原因。	水银与糖浆的比较，更加深入地让学生感受“越重的液体越容易使物体浮起来”。
五、归纳总结	教师请学生思考，通过前面的实验，你知道今天物体沉浮的秘密是什么吗？	学生讨论交流。 学生回答：物体在重的液体中容易浮，在轻的液体中容易沉。	让学生对前面所做所见的事实进行梳理归纳，思维加工，总结出物体沉浮的新的秘密。
六、扩展部分	教师以变魔术的形式，给大家展示了一杯三层液体，每层液体上分别浮着一件物体。请大家思考，这三种液体分别是什么。	学生观察，根据前面所知进行判断。	运用课堂学到的知识帮助学生判断这三种分别是什么液体。

做中学这种自主学习模式，主要目的是让学生在对老师提供的材料

进行操作中，去观察、发现、总结、体会。然后再和老师同学进行互动，通过交流、讨论得出新的知识，最终达到学习的目的。这种学生自主学习活动模式多用于科学课、数学课、美术课、体育课、计算机课等操作性较强的学科。

除了以上诸种学习方式外，还有评价中学、选择中学、读中学、欣赏中学等。随着信息技术的运用，数字化学习方式的新探索，将为我们开拓若干新的领域。

2. 六种学生自主活动模式

从学习论的角度来分析，“自主活动”是以人的内在动力为基点的学习方式，是学生学习活动的一种本质状态；从课程改革的角度来分析，“以自主活动为特征”的课堂教学模式，就是强调以给予学生自主学习时间为前提，以学生积极主动参与教学活动为基本形式，以促进学生自主发展为目的，建立在学生自主决定、自主选择、自主控制、自主评价、自主反思、自主构建等基础上的一类教学活动范例。

根据我们的研究，我们认为学生自主活动模式由以下要素组成。

一是自主发现，构建“动场”。教师的角色定位：首先，教师要将发现问题的机会和权力完全交给学生，并且不要过多地就思考方向、学习方式作硬性规定，以保证学生的思维广度和发现问题的灵活性；其次，教师要让学生自己分析发现的问题，将整节课的中心内容转化为学生自主发现基础上的学习活动；再次，教师在学生自主发现问题的同时，要为学生探究活动的有效开展，创设和提供一个良好的学习情景，为活动构建“动场”（活动情景）；引导学生发现问题要符合学生的认知基础，要重视学生的学习能力和经验储备，这样才能唤起学生积极参与探究活动的热情；同时，在构建“动场”时，作为教师还应当做到明确目标、激发兴趣、师生合作、营造情景。

二是角色确认，自主探究。学生的角色定位：以自主活动为特征的课堂教学模式突出地体现了学习者的参与性。因此学生有自主学习的学习时间，提出问题解决问题的空间，教师要尊重学生的独特理解与感悟等。同时，教师要针对不同特点的学生，适当采取有效的手段唤起学生的学习主体角色意识，使其积极地成为学习的主人，不再只是一味被动等待和依赖他人的帮扶，而是自主地进行问题的探究尝试。学生的自主探究：一是探究性活动。探究性自主活动学习的前提是给学生提供具有探究价值的问题，或者由学生自己发现问题，然后，围绕这一问题进行自行探究。二是实践性自主活动。自主活动的过程是学生全程参与的过程，也是凸显学生学习的实践性的过程。三是体验性自主活动。所谓“体验”主要包含着三个方面的含义：一是指对现实世界中直观情感的体验；二是指对教材内容的直接感受和接纳；三是指对由教学所引发的自身情感的感悟。

三是活动构建，自主评价。“活动构建”突出的是学生对“活动”的自主性选择和组织，在活动的实施中突出学生的主体性参与和体验。这个过程强调的是让学生在“做”中学，在“做”中体验与感悟，即“主体活动构建”。“主体活动构建”体现了学生的一种学习流程，即将学生“带入情景—活动体验—感悟内化—激励践行（活动升华）”。这个过程的目的就是突出学生在活动情景中去自行“体验”和自主“感悟”。“自主评价”突出的目的就是使学生真正实现自身发展。“自主评价”的内容应当包括学生学习过程中所涉及的所有反馈信息，即教学目标范畴内的规定性内容、学生个体的学习体验。

四是自主反思，活动延伸。“自主活动”是学生的一种主体行为。所以，以“自主活动”为特征的学科教学模式不同于其他教学模式，它应当有一个学生自主反思的过程，并在反思中进一步将活动进行延伸、深化。“反思”的价值一般体现在这四个层面：一是可以提升自己的认知；二是可以发现自己的不足；三是可以寻求改正的策略；四是可以实现主体内化与构建。从某种意义上说，只有当学生会反思的时候，他们才算真正会学习了。“反思”的内容主要有：学习态度、学习方法、学习过程、学习内容和学习结果等。总之，通过反思，更加强化学习者自己对所学问题的认识，并且在反思中重新构建自己的认知体系，将学科学习的自主活动进一步拓展、延伸出去，从而最终实现学科学习效果的持续提升。

学生自主活动模式类别主要有以下几种。

（1）讨论式活动模式

讨论式学生自主活动模式主要在学生的学习小组中进行（小组学习模式）。

教师一是要做好讨论小组的组织建设，包括编组（4 人小组或者 6 人小组）、主持人的培养和轮换、学生学会发言、研讨成果的展示、汇报程序等。

二是研讨内容的确定。我们指导学生确定的讨论题目，应该是牵一发而动全身的，并且很具有启发性的问题。

三是加强讨论过程的指导。

四是通过汇报交流，共享学生各小组讨论的结果。

在我们进行讨论式活动模式的探讨过程中，我们又创设了一种新的变式：大组学习活动模式。在教师带领学生完成对学习材料初学的基础上，由学生担任学习大组的学习负责人，带领自己学习大组的同学进行学习，并组织大家进行交流。

教学案例举例：《圆明园的毁灭》

教学过程简述

学习新课，组织学生自学。

师："上节课的学习，大家意犹未尽，今天我们将通过孩子们的自学进一步品读课文 2、3、4 段，感受圆明园的美。上节课，我们通过大家的推选，邀请了三位自学小组的负责人，他们在课前已经做好了准备，今天就将由他们带领大家进一步品读课文。请大家看自学提示。"

接着，请三位自学负责人到小黑板前，其他同学也早就选好了自学的段落，请他们到自学小组负责人那里，进行本课的学习。然后，分组学习。学生借助小黑板进行学习活动，并且汇报自己在自学中的收获。最后，按照学习小组的顺序进行汇报。汇报时，由学习负责人选择参加

汇报的同学，其他学生面向相关学习小组，听取其他组学习的收获。（教师对学生的发言给予点评）

讨论式活动模式是我们在教学中最为常见的一种学生活动模式。如何提高有效性：

第一，要选择好讨论的问题。

第二，要强调小组讨论的有效性，不能流于形式。

第三，尽可能培养每个孩子的能力。要组织学习小组之间进行交流、沟通、分享，让更多的孩子得到锻炼的机会，促进班级内学生整体的发展。

（2）操作式活动模式

给学生提供可供操作的学习材料，让学生在对这些学习材料进行操作的过程中学会知识。学生进行操作活动的方式多种多样，包括操作实物、教具、学具、图片、文字材料，以及多媒体电脑软件等。

教学案例举例：《分苹果》教学活动设计（李瑞华）

表 4－2　《分苹果》教学活动设计

教学流程	老师指导	学生活动	设计意图
准备活动建立“平均分”概念	1. 让学生拿出8根小棒。 2. 把它分成两堆。 3. 让学生汇报有多少种分法。 4. 把这些分法分类。 5. 把每份分得同样多叫做“平均分”。 6. 让学生作判断练习。	1. 学生独立分小棒。 2. 小组内分流是怎么分的。 3. 全班交流。 4. 提炼出平均分。 5. 学生完成练习，是不是平均分。	通过分小棒的活动让学生进一步体会平均分的含义。
活动一怎样“平均分”	1. 让学生拿出12个苹果图片与一些小棒（小棒横放当盘子）把这些苹果平均分。 2. 让学生在小组内交流，老师巡视指导。	1. 学生自己独立分苹果。 2. 小组内交流。 3. 小组内确定一种分法，分工合作准备汇报。	给学生提供观察与操作的机会和平台，让学生在“分一分”的活动中加深对“平均分”的认识与理解。

续表

教学流程	老师指导	学生活动	设计意图
活动一怎样“平均分”	3. 让学生汇报平均分的过程，老师电脑演示学生的分法。 4. 比较两种分法的异同点。 5. 按这两种平均分的方法你还可以怎样平均分，自己分一分。 6. 让学生汇报你是怎样分的。	4. 小组选代表向全班汇报本组的方法。代表分工：一人说本组是怎么分的。另一人在实物投影上演示。 5. 全班交流这两种分法的异同点。	认识平均分的两种不同分法，并会用这两种分法进行平均分。
活动二巩固“平均分”	1. 电脑显示：“小猴分桃”，小猴要把 10 个桃，每 2 个放一盘或每 3 个放一盘。 2. 电脑显示：小松鼠平均装 12 个松果。 3. 电脑显示：小兔运萝卜：12 个萝卜，每只小兔背 4 根。	1. 学生看大屏幕。 2. 用学具代替实物分一分。 3. 小组讨论：怎么分？ 4. 全班交流。 5. 把分的结果填在书上。	通过动手操作进一步感知平均分的两种分法，并会用这两种分法解决问题，促进学生思维的发展。
活动学生反思	引导学生思考，并回答今天学到了什么？还有什么疑问？	学生思考、回忆回答。	让学生回忆，在反思的过程中巩固所学知识，并养成大胆质疑的学习习惯。

（3）实验式活动模式

给学生提供做一做的学习材料，通过实验操作去学习知识的课堂教学内容。常见于科学课，但也适用于其他学科。

教学案例举例：《称象》（梁晋）

师：你能用这些表示先后顺序的词语把称象的先后顺序表示出来吗？

生：把先……然后……接着……最后与相应的步骤联系起来。

师：你能用上这些表示先后顺序的词语把称象的过程说一说吗？

生：用表示先后顺序的词语复述课文内容。

师：那用曹冲小朋友的方法称出大象的重量了吗？

生：称出了。

师：那你们认为曹冲的方法好吗？其他的官员也想出了办法，可曹冲的方法和他们的办法相比好在哪里？出示贴纸。

生：曹冲的办法好在既称出了象的重量也保全了大象。曹冲的办法吸收了其他人合理的部分要用秤来称，也要分成一块一块的称，但是把大象换成了石头。

师：曹冲小朋友太聪明了，就让我们再一次走进课文去感受称象的乐趣。

生：开火车读课文。

师：曹冲动脑筋想出了称象的好办法，今天我们的课堂上也有一只大象，我们看用曹冲的方法能不能称出我们这只大象的重量来。我要请来两位小曹冲来称象。一个孩子操作，一个孩子来说曹冲称象的过程。拿出称象的道具。

生：一个孩子复述课文内容，一个孩子进行称象的实验操作。可视情况再找一个孩子来做，全班复述。

师：当然真的大象可不是只有这么重，通过这个实验我们知道用曹冲的方法按照先后顺序的确可以称出大象的重量来，在当时的情况只有这种办法可以既保全大象又能称出大象的重量来，这个办法是最好的。

实验式学生自主活动模式，主要在于让学生参与实验过程，在多次的实验中不断发现、不断归纳、不断总结经验。借助这种在实验中学习知识的活动模式来完成学习，也让学生学会学习，掌握一种新的学习研究的方法。

（4）表演式活动模式

表演式活动模式，是一种学生非常喜欢的自主活动模式。这种学生自主活动模式的使用，主要在于教学内容中存在可用于表演的教学材料，而学生可以通过对这些学习材料的表演式再现，实现对学习材料的进一步掌握。

（表演仅是一种形式，核心在于让学生“体悟”、“感悟”……）

（5）实践式活动模式

引导学生借助实践活动将书本上学到的知识与生活实际结合起来，来达成学习目标。例如劳动课的劳作实践，数学课的室外测量实践，科学课的标本采集实践，社会生活实践等。应更多地给学生提供各种实践的机会。

（6）游戏式活动模式

由学生从游戏活动，通过观察、发现、交流，学习知识。

教学案例举例：语文课《田忌赛马》（瞿曦）

玩游戏，读懂课文

第一步，失败中发现问题

师：办法谁给的？你能像孙膑那样让田忌转败为胜吗？

师：那咱们就到赛马场上去比一比。赛马场两边分别插上了齐威王和田忌的战旗。锣鼓声声，战旗飘飘，就差六匹马了。六张扑克马，用颜色区别谁是齐威王的马谁是田忌的马，不同的点数代表马的速度的快慢。请同学们摆一摆扑克马，摆出第一轮的对阵情况，再轻轻松松地换一下顺序，看看是否能转败为胜。一边摆一边说，你还发现了什么？

师：不能成功的一组上来摆摆，让我们大家给你们出出主意。

师：只换一下顺序，就能转败为胜这句话的依据是什么？这份小报还有什么重要内容是没有画出来的？

师：这就是我们要继续研究的问题——根据是什么？

第二步，多种方式，研究问题

师：这些组的扑克马为什么不能转败为胜，是课文写得不对，还是老师准备的马有问题？读课文，找到根据。

师："快"这句话很重要吗？借扑克马说一说。

师：说说孙膑这样做的依据之一是什么？

师：我得把这句话勾上，原来如此重要，同学们在失败中发现了问题，认真读书，你们的分析能力让我佩服。使我想起了一句格言，对于失败，智慧是不怕的……

第三步，再玩扑克，理解课文

师：我也来试试……谁胜利了就用掌声给谁喝彩。

师：摆一摆，比一比，发现。

师：奇怪了，这六匹马完全是按课文要求选的，怎么还是不能转败为胜呢？

师：依据之二是什么？我不是课文里的齐威王，再读课文，你看到的齐威王是什么样的？你们看还有哪些词语写出了齐威王得意洋洋的样子。读课文，用符号标出来。（板书）

师：夸耀的近义词是什么？夸耀和夸奖有什么不同？请你给齐威王设计一句台词。

师：我不明白目瞪口呆怎么也让你体会到齐威王得意呢？

师：你说得很好，你正好说出了谁的心里话？

师：（贴图）看这幅图打一个成语。怎么会有竹子？周密的计划，怎么计划的？就是转败为胜的原因。

师：选你喜欢的角色，带着表情读读。

师：你觉得哪个词语表现得最好，哪个词语还不够？

由于这种活动模式的特点，因此，很适合低段教学中使用。

（五）活雅课堂的突破与革新

我们在实践中探索活雅课堂，主要着眼于课堂教学，试图探索与建构出适合小学一般学科教学的学生自主学习模式。落实到课堂教学中，则体现在教学目标、教育功能、教学交流等各方面的突破，使学生在课堂教学中的主体地位真正得以落实，使学生真正地投入到自主学习活动中，学生的学习品质的发展，学生的生命活力的焕发、课堂教学生命力的焕发，才得以真正体现。具体而言，表现为对传统课堂教学如下几个方面的突破与革新。

1. 设计发展的教学目标，突破课堂教学目标的单一性

课堂教学应被看做师生人生中一段重要的生命经历，是他们生命有

意义的构成部分；课堂教学的目标应全面体现培养目标，促进学生的素质全面发展，而不是只限于认识方面的发展。不是在教室里完成显在课本作业了事，更应注重为学生今后发展提供可能与帮助的方面与环节。学生的思维习惯、学生的心理感受能力、学生的意志品质、学生的情感健全、学生交流、交往能力等都是课堂教学所应追求的目标。如学校要求每位教师要注意学生平时的提问能力、回答问题能力、操作能力培养与考核（期末学生综合考核项目之一），旨在引导教师转变课堂教学观念，注重课堂教学目标的全面性。

2. 开发丰富的教学内容，突破教材对师生教育教学的禁锢

教学内容应该是学生的学习材料，是传承文化的一种载体。在传统课堂教学中，教师往往把教材当成了学习目标。用活雅的思想重新审视教材、对待教材，要求师生把教科书仅当成“活材料”，而且教师还要为学生设计教材以外的“活教材”，甚至有时还为达到目标而增加一定的教学辅助材料。

在活雅课堂中，注重通过学科融合、挖掘背景资源、有效利用学生资源来丰富教学内容。学科融合，连横课堂教学资源，让学生的知识体系得以有序建构。如在低、中段的语文、心理健康教育中引入绘本教学，美术、音乐教学中引入大量的游戏活动。体育教学中学生对运动技能和技巧体验为科学、数学等学科提供了丰富的范例。信息技术的技术手段更能使科学建模、艺术形象更加生动而形象。而将历史文化等背景知识吸纳到教学中，能使教学内容更加丰满、生动。

此外，学生的生活背景以及已有认知也是教学资源丰富的重要途径。在我校科学老师进行《食物在体内旅行》教学时，首先让学生充分呈现了关于食物消化途径的前概念，学生自主发现消化途径认识差异，从而引发自主活动动机。

3. 开拓广阔的教学时空，突破教学时空的封闭性

传统的课堂教学，学生学习的空间较为封闭、狭小眼界限于书本、限于教室：课堂上几乎没有学生自主活动时间。这种封闭的时空观使学生的童年过早地蒙上成人的“烙印”，“白云、蓝天、青草、鱼儿、山羊、风筝”的童年印象已成了遥远的过去。

活雅课堂强调学习的合作与交流，强调儿童之间的相互学习。因此课堂学习活动可以突破空间限制，以多种形式的分组学习，例如两人小组、四人组合、根据自身特质组合等多样化的生生交流合作形式来完成知识的掌握和技能的提高。

活雅课堂强调课堂的开放，拓展教学的时空。提倡学生到大自然中去、到社会实践中去、到集体活动中去学习，突破“课堂教学就是教室里上课”的传统观念。如在生活中学习语文，让学生平时观察大街上的广告牌、电视中的广告语、门柱上的楹联，摘录下来，读一读。在生活中学习科学，如在家中找找哪些现象的产生与热胀冷缩有关等。

4. 实行多维的课堂评价，突破课堂教学评价的传统导向

教师的传统教学观念一直受到传统评价观的导向。“课堂上教师要讲得生动”、“课堂上知识点要落实”、“上课的几个环节要保证”等这些指标制约了课堂教学的改革，在活动教学过程中主张由“评教师教”转变到“评学生学”、由评学生知识掌握过渡到评学生的全面发展等，在课堂评价上试着用“创设了哪些活动方式，课堂教学时间的分布与把握，学生的学习状况，教材的运用，学生喜欢该课的程度，教师的教学思想、观念是否转变”等六条指标来引导教师的课堂教学行为，甚至在课后，充分相信学生，让学生评课。这些举措重在打破传统教学留在教师观念中的禁锢，课堂更开放、更富有生机与活力。

5. 建立和谐的师生关系，突破师生交流的单一性

师生交流是否民主，其实质是教师如何走下“神圣的讲坛”，更亲近地走近学生，更亲近地走向课堂，把更多的时间与发言的权利留给学生。在现实的课堂中，很多教师居高临下的“问答式”制约着学生自由交流的权利。

突破师生关系的单一性表现在交流的多样性。不只是教师“指向”学生，也可以学生“指向”教师，还可以更广泛地让学生与学生之间交流，变单向交流为多向交流。教师要让每个学生享有“普遍交流意志”的权利。在课堂上尽可能让每个学生充分发表意见，让学生的人格发展有一个表现的机会。

突破师生关系的单一性还表现在课堂上有一个宽松的人际环境。教师在课堂上不仅是传授知识的“经师”，更应该是“人师”。教师应成为学生尊敬的引路人，而非训导者、旁观者。教师要做到常用鼓励、启发学生学习的语言，不用指令性、裁判式、批评式语言，在课堂常规方面也应取消有碍学生思维发展的一些清规戒律（诸如：要求静坐不动、不许说话等），让学生之间有更多的交流机会。让师生之间、生生之间的交流碰撞为课堂注入更多的生机和活力。

三、校本教研的具体探索

（一）特色教研分层推进，专业发展

学校特色教研包括三个层面的研究活动，通过各个层面研究的落实与具体推进，给予教师专业成长具体指导，确保教师专业能力与专业素养的不断提升。

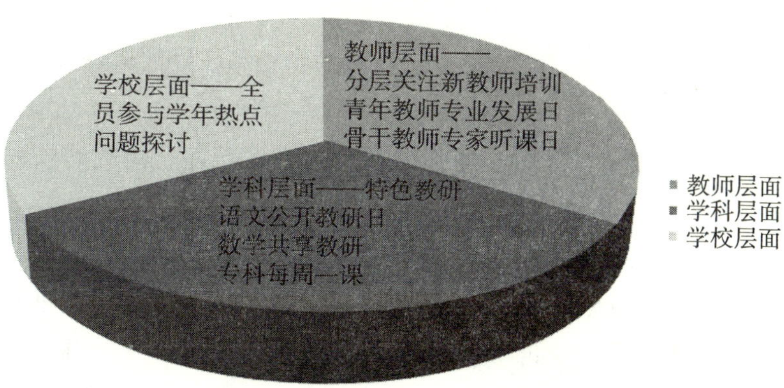

图4－2　特色校本教研分类图

1. 学校层面："学年热点问题研讨"活动，全员参与

就校本研究发挥作用的机制而言，必须是教师集体的研究，唯有教师集体参与的研究，才能形成一种研究的氛围，一种研究的文化，学校教师共同的一种生活方式，这样才能真正提升学校的教育能力，解决问题的能力。可以说，教师集体的同伴互助和合作文化，是校本研究的标志和灵魂。因此，学校每学期根据教育教学领域讨论的热点问题进行专题研究，并邀请全校教师通过多种方式参与研讨，学科互补，共同提升，形成研讨制度，在具体的教研形式上，采用现场和网络研修相结合的形式。

表 4－3 热点问题研讨活动举例

名 称	主 题	组织部门	活动分解	交流展示过程
"学年热点问题研讨"	解决教学中共性问题	魅力课堂与教导处联合	合作学习有效性研究、学生学习活动有效性研究及课堂评价有效性研究等	确定研究专题——确定研究时间——学科研究负责制——启动全员研究——网上调查研究、理论学习、交流互动——现场课题研讨——网上反思总结——提炼阶段成果——推广教学实践，实现网络研修与校本研修的完美结合

2. 学科层面：特色校本教研，凸显学科特点，寻求教研实效

学科层面的教研，以学科为单位进行主题研讨，通过与专家面对面的交流、与同事一起对教学细节的摸索，形成严谨、规范的校内教研形式。

学科特色教研，是在"本校"展开的，是围绕"本校"的事实和问题进行的，但它不完全局限于本校内的力量。恰恰相反，专业研究人员的参与是校本研究不可或缺的因素。离开了专业研究人员等"局外人"的参与，校本研究就常常会自囿于同水平反复，迈不开实质性的步

伐，甚至会停滞不前，从而导致形式化、平庸化。

表 4-4　特点校本教研安排表

名　称	时　间	主　题	参与者	流　　程
语文组“公开教研日”活动	每周四上午	语文教学热点、难点研究	语文大组全体教师及其他组自愿参与者	一个教研组集体备课——骨干教师指导——青年教师课堂展示及说课——大教研组全体观摩并评课——本教研组长介绍本组研究情况并点评——展示本组教研活动开展状况及常规交流——在互动交流中学习提高
数学组“共享教研”活动	每周三上午	数学热点问题研究	全体数学教师及自愿参与者	1. 提炼课堂关键要素，寻求有效课堂。 2. 共同整理知识要点，大组集体交流，推广成功经验。 3. 同课异构，专题研究，侧重观察，深度挖掘。 4. 牵手合作，建立学习共同体，新老教师共同成长。
专科组“每周一课”活动	每周四上午	教师组织教学方式与策略、学生学习活动有效性、合作学习等共性问题研究	全体科任教师及自愿参与者	集体备课——确定课题——共同研究——课前说课——课堂教学——课堂观察——填写“评课卡”——集中与网上交流互动——教师课后反思——反哺课堂

3. 教师层面：分层关注、分段培养，实现阶段性质的飞跃

教师分层培养主要通过教师自主发展之理念指导、规划指导、专业指导，深入有序地对不同层次不同特点的教师发展进行善意引领。各个

层次的教师在对应的指导中都得到了实际的收获，实现了自我的突破。

①新教师培训

新教师培训主要由教师发展学校雅园地平线站点和教导处协同负责。培训对象为新进校三年以内的教师。帮助新教师尽快适应学校环境，融入学校团队，了解学校历史文化、办学理念、胜任教育教学工作等。师徒结对、新教师集体培训、参与学校全员培训三种方式相结合，进行学校文化培训、教学常规培训、教学理念及技艺培训、心理培训、班级管理培训、组织教学培训、课题研究培训、自我规划培训、信息技术培训等。

新教师要在培训中认真学习研讨。不断促进自我提升，尽快适应学校的教育教学。特别是要将个人学习的过程用多种形式记录下来，更好地促进自我发展。考核方式由教师发展学校雅园地平线站点和教导处为新教师进行培训积分。积分合格者方可如期转正，积分优秀者可申报教师发展学校优秀学员。学校为其提供更广的发展平台和更多的发展机会。

②青年教师专业发展日

青年教师专业发展日活动由魅力课堂负责组织与实施。该制度针对对象为学校 40 岁以下青年教师。必须于每学期举行大型研讨活动至少一次。专业发展日活动形式以“课堂教学研究”与“专题讲座”为主。青年教师专业发展日活动有年度青年老师赛课活动、学校教学接待活动及新教师见面课等。活动参与者由教师发展学校魅力课堂站点给予相应积分。

③骨干教师专家听课日

为了进一步促进教师专业成长，提高教师课堂教学实践操作和研究反思能力，学校长期聘请学科教学专家指导教师常态课堂教学以及校本教研活动。专家听课日主要以各科专家定时进课堂听课、议课为主要活动形式，由分管学科教学教导主任和魅力课堂站点主持负责组织实施、协调安排。依据学科的不同和教研团队发展需求，专家听课日确立主题形成周期。每阶段的专家听课日做到“五定”：定主题、定目标、定人员、定时间、定形式。每阶段活动结束后，由分管学科教学教导主任收集相关资料，形成成果，集结成册，专家引领成为后一阶段教研组进行教学研究的学习资料。

（二）常规教研以展代检，重视实效

校本教研常规活动的有序开展，为学校教师进行活雅课堂探索打下坚实的基础。常规教研是提升教学质量不可或缺的因素。我们在指导中反思、在反思中成长。

1. 细节管理 常规落实——常规教学指南

常规教学指南是学校历年来教学经验的总结与传承。常规教学指南对课前准备、课堂组织、教学实施以及学业评价都有具体的行为要求。它为新教师的入职适应、日常教学活动的自省，以及教学质量的监督提供依据。以下以课前两分钟和课后两分钟、有效的课堂组织、有效练习的设计与布置为例说明指南具体内容。

①课堂教学常规指南之一——课前两分钟和课后两分钟

学校教学常规所呈现的基本面貌是以学校统一音乐信号为界，学生的学习状态和学生的休息状态交替。学生的学习状态是学生在教师的组织下生动活泼地参与学习活动，学生的休息状态是学生有序地文明休息。教师在课前两分钟和课后两分钟应严格做到以下课堂教学常规。

- 教师在上课铃响起前两分钟到教室，检查教材、教案、教具以及学具是否带齐、教学准备是否已经全部做好、学生是否做好上课准备，清点学生是否都已到上课地点。不携带手机等通信工具到教室，不携带水杯等与教学无关物品到教室。
- 上课铃响后，教师组织学生举行上课礼仪，有效地组织教学后，即开始授课。
- 上课不迟到，不早退，不无故离开教室，不提前下课，不拖堂，不擅自调课。
- 下课铃响起教师结束当堂课程，应对本课有所总结，避免草草结束课；在专用教室或操场进行教学的教师在课后两分钟内组织学生有序地回到教室。

• 学生在上课期间不得随意在校园内游玩，在专用教室或操场上课的学生不得滞留于教室，严格遵照课程安排，完成当天学业。每一位教师都应确保学校正常的教学秩序，若发现有学生在上课铃响后滞留于楼道，应主动询问，并将学生带入其上课的教室。

②教学常规指南之二——有效的课堂组织

在课堂教学过程中，教师管理学生，引起注意，调动学生的积极性，使其活泼主动地学习，建立和谐融洽的教学秩序，从而实现预定的教学目标的行为方式，称为课堂组织。课堂组织的内涵有以下几方面。

• 管理性组织。目的在于促成良好的课堂纪律与学习习惯的形成。

• 指导性组织。目的在于组织具体的教学活动。

• 诱导性组织。目的在于引导、鼓励学生参与学习活动，激发学生积极思维。

③教学常规指南之三——有效练习的设计与布置

如何提高课堂教学的效益，不断减轻学生过重的课业负担是教师追求课堂教学生命力的目标。在此目标的指引下，作为课堂教学的重要环节——练习的设计与布置成为教师进行教学有效性研究的课题之一。学校在练习的设计与布置研究中提出以下原则：

• 练习数量：适当

• 练习目标：明确

• 练习层次：梯度

• 练习内容：丰厚

• 练习形式：多样

• 练习评价：激励

• 练习布置：弹性

2. 以展代查，主题研修——主题教学月活动

为了促进校内教研活动的有效开展，学校以学月为单位，开展“主题教学月活动”。活动由固定的教师发展学校部门——魅力课堂负责。“主题教学月活动”一方面能够通过展示以交流活动激发各教研组发展的内驱力，另一方面也可增进教研组之间的工作了解和交流。

第一学月“通读教材月”

第二学月“教学设计月”

第三学月“作业批改与布置月”

第四学月“反思交流总结”

下面以专科组“通读教材月”活动进行举例说明。

主题教学月活动（一）——“重温课标　通读教材”

——专科组教育教学展示活动方案

时间：10 月 13 日上午 8：30—12：00

地点：学校阶梯教室

参加人员：学校领导　嘉宾　学校各科任学科组教师

主持：刘晓虹

活动过程：

一、介绍来宾。

二、李忠云介绍“重温课标　通读教材”的目的意义和专科组的开展情况，以及今天展示活动的形式和规则。

● 目的和意义：

1. 重读新课标，冷静分析新课改带给教师的观念冲击与思考，认清新课改推进过程中出现的问题以及亟待解决的困惑。

2. 重新认识后的深刻剖析与深度实施，以通读教材为载体，在通读、分析、处理与把握教材的过程中融入新课标的精神与理念，将课标的精神真正落到教育教学实践中。

3. 展示与交流，碰撞与提高。过程大于结果，本次重读新课标活动旨在让每位老师重新解读新课标。

●展示的内容：

1. 新课标理念及解读

2. 根据课标，分析本册教材

教材及框架

教材重、难点展示及突破

学情分析（以某年级或班级为例）

目标设定（总目标及分目标）

教材处理情况（删减、增加及与前后联系）

资源运用

教材分析举例（以某课例为主，阐明如何处理教材）

教法及学法思考等

3. 对于新课标和教材，你自己的独特观点、看法或补充。

●形式和规则：分三大板块展示：

侧重一：教师角色的转变

参与学科：英语、科学、信息技术

侧重二：以学生为主体，以活动促发展

参与学科：音乐、体育、美术

侧重三：灵活处理运用教材

参与学科：品德、健康、劳动

●展示顺序与形式：抽签决定各组的展示顺序和教师代表的产生。

1. 每个学科将由抽签决定的教师代表进行本期通读教材的展示。（时间：10—15 分钟。）

2. 每个板块的 3 位教师展示完毕后，不同组别的教研组长针对展示的内容进行现场提问并作答。

采用的方式：1、2、3 号展示——教研组提问——回答问题——嘉宾点评。

3. 每个板块的教师展示完毕和教研组长提问完毕后，请嘉宾现场对一个板块进行点评。（时间 5 分钟）

通过这次通读教材活动，各教研组分板块、不同侧重点切入，有重点、攻难点，让各组教研更具有针对性，避免流于形式。各教研组提出质疑，相互交流，推动下一阶段对教材的深度解读。

3. 深入课堂 团队提升——集体调研

集体调研是我校常规教研的必选项目，有力地促进了教师专业发展与提升。各教研组自行确定研究主题，要求主题范围小、思考有深度，将教学研究与教学实践紧密结合，下面以集体调研方案的呈现说明这一教研活动对教师提升课堂把握能力、构建活雅课堂过程中的作用。

［案例］

表 4－5 2008—2009 学年度（下）成都市实验小学教导处集体调研方案

项　　目	内　　容
集体调研的目的	● 深入课堂教学调查与了解 ● 强化教学研究意识与能力 ● 加强教研团队建设与交流 ● 促进教师专业发展与提升
集体调研的宗旨	● 以科学的精神对待工作，以严谨的态度对待教学 ● 以研究的方式对待问题，以学术的高度对待专业
集体调研的教研组及时间安排	● 第一学月：语文六年级教研组 ● 第二学月：数学五年级教研组 ● 第三学月：英语教研组
参加集体调研的人员	● 分管教学副校长 ● 教导团队成员 ● 各学科教研组长、各学科大组长、其他学科教研组长一名、特邀一线教师一至两名
集体调研内容	● 教研组教学常规工作完成情况 ● 教研组教学研究开展实施情况 ● 教研组依据主题展示课堂教学

表4-6 2008—2009学年度（下）成都市实验小学集体调研信息收集表

<table>
<tr><td>教研组</td><td></td><td>填表教师姓名</td><td></td></tr>
<tr><td colspan="4">调研情况记载</td></tr>
<tr><td rowspan="3">教学常规</td><td colspan="3">负责检查教学常规的环节：</td></tr>
<tr><td colspan="3">一个亮点：</td></tr>
<tr><td colspan="3">一点建议：</td></tr>
<tr><td rowspan="3">课堂教学</td><td colspan="3">一个亮点：</td></tr>
<tr><td colspan="3">一点建议：</td></tr>
<tr><td colspan="3">我的感受：</td></tr>
<tr><td rowspan="3">主题教学研究</td><td colspan="3">一个亮点：</td></tr>
<tr><td colspan="3">一点建议：</td></tr>
<tr><td colspan="3">我的思考：</td></tr>
<tr><td>对如何开展教研组课堂学科教学研究的想法</td><td colspan="3"></td></tr>
<tr><td>对集体调研活动的建议</td><td colspan="3"></td></tr>
</table>

（三）教学评价——重视过程，诊断为主

对于校本教研的评价方式，我们以横向考核即自我对比、纵向考核即教师间对比、教研组考核即团队对比三种方式对校本教研进行过程性评价。

1. 常规考核调控中促反思

作为对教师进行学月考核的一种常规形式，月末考核表的形式更加简洁且清晰。这种考核的目的并不是对教师日常教学工作的例行检查，而是形成提醒教师定期调控自身教学行为、进行阶段性反思的激励机制。

［案例］

表 4－7　成都市实验小学教师学月教学常规工作考评表

教师姓名：　　　　教研组：　　　　　　　　填表时间：

<table>
<tr><th></th><th>项目</th><th colspan="2">教师自评</th><th>教研组长认定</th></tr>
<tr><td rowspan="18">教师工作业绩情况统计</td><td>上课节数</td><td colspan="2"></td><td></td></tr>
<tr><td>听课节数</td><td colspan="2"></td><td></td></tr>
<tr><td>辅导学生人次</td><td colspan="2"></td><td></td></tr>
<tr><td>联系家长人次</td><td colspan="2"></td><td></td></tr>
<tr><td>学生学业检测次数</td><td colspan="2"></td><td></td></tr>
<tr><td rowspan="2">作业布置基本情况登记</td><td>常规作业</td><td></td><td rowspan="2"></td></tr>
<tr><td>分层作业</td><td></td></tr>
<tr><td rowspan="2">作业批改基本情况登记</td><td>详批详改</td><td></td><td rowspan="2"></td></tr>
<tr><td>分层批改</td><td></td></tr>
<tr><td rowspan="4">组织参与学生活动情况登记</td><td>活动名称</td><td></td><td rowspan="4"></td></tr>
<tr><td>组织单位</td><td></td></tr>
<tr><td>参加人次</td><td></td></tr>
<tr><td>活动成绩</td><td></td></tr>
<tr><td>获奖情况</td><td colspan="2"></td><td></td></tr>
<tr><td rowspan="3">参加教研活动情况登记</td><td>活动时间</td><td></td><td rowspan="3"></td></tr>
<tr><td>参与形式</td><td>培训者（　　）
参培者（　　）</td></tr>
<tr><td>活动内容</td><td></td></tr>
<tr><td>本月大事记</td><td colspan="2"></td><td></td></tr>
<tr><td rowspan="3">负业绩情况</td><td>请假情况</td><td colspan="2"></td><td></td></tr>
<tr><td>教学事故</td><td colspan="2"></td><td></td></tr>
<tr><td>家长投诉</td><td colspan="2"></td><td></td></tr>
</table>

2. **优秀学员评价促发展**

对教师的月末考核是一种横向评价方法，是教师对自身每个发展阶段的审视，优秀学员评选则是纵向比较，教师自主申报，以促进反思、引领超越。而进行优秀学员评选也是激励教师对活雅课堂的探索，有其必要性。

其一，已有评优选模制度呈现“塔尖”现象，教师发展激励不足。在已有的评选制度中针对的主体都是从横向比较中表现突出的老师，而相对名额有限，很多老师的发展没有机会得到这些显性的认定，势必会影响一些老师发展的状态。

其二，优秀学员评比提倡纵向比较，关注每一个学员的发展与成长，机会均等，给了老师们更大的激励空间。从纵向比较的角度，从自身反思的角度出发制定了“优秀学员的申报与评选”制度，目的是让老师们在每一学年结束时都有一个进行反思的载体与平台，也用优秀学员的评比来鼓励与表彰。

优秀学员评选程序：自我认定—自主申报—民主评议—公开公示—反馈意见—表彰决定。

优秀学员评选制度

一、优秀学员每学期评选一次

二、评选条件

1. 积极参加教师发展学校的活动，具有表率作用。

2. 积极为教师发展学校的建设献计献策，有主人翁责任感。

3. 自觉学习各种理论，学习目的明确，态度端正，学习过程认真，能够按要求制订科学合理的个人学习计划，学习效果良好。

4. 自觉地参加小组活动，并发挥个人在小组学习中的重要作用。

5. 掌握现代教育技术手段，能熟练利用多种媒体教学资源进行学习。

6. 能够参加学校组织的各种活动，积极配合学校完成各项任务。

7. 工作中状态良好，积极向上，成绩突出。

8. 教师个人发展积分名列前茅。

三、评选程序

自主申报

由教师发展学校组织考评团考评。

四、奖励办法

精神奖励与物质奖励相结合。

3. 优秀教研组评比促共赢

教研组是学校的基层管理单位，对优秀教研组的评选，加强了对教研组文化建设的考核与引导，重在体现出各教研组的团队特色和教师自主发展的特色，激励教研组在自主发展方面有更多突破，受到教师们的欢迎。

表 4－8　成都市实验小学“优秀教研组”评比细则

类别	项　目	内　　容	方　式	评比负责人
基础性指标	教学秩序	●组内成员严格执行“课前课后两分钟” ●组内成员无随意私下调课、代课行为 ●组内成员无违反师德师风现象	平时抽查、过程记录 问卷调查、月末统计	教导主任 年级主任

续表

类别	项　目	内　　容	方　式	评比负责人
基础性指标	教学常规	主题教学月之精品事件： ●第一学月：教学设计之精品（时间：9月底） ●第二学月：质量分析之精品（时间：11月中旬） ●第三学月：学生作业（学生活动）之精品（时间：12月底） 凡在主题教学月精品活动中，推荐成学科大组内展示的作品分别将获得一枚印章。	教研组自荐 分管教导主任推荐	教导处
	团队建设	●集体调研活动 本期集体调研活动以“教研组建设的思考与实践”为主题，开展以学科大组为单位的形式多样、各具特色的展示评比活动，在活动中分别评出一等奖、二等奖，根据等级为本教研组获得不同枚数的印章。 ●学科大组活动 本期中凡教研组或教研组成员积极主动参与学科大组的活动（如：专家听课日等），教研组将依据实际情况获得印章。	统一计划、分科开展	学科教学研究室
发展性目标	教学研究	●教研活动开展 通过教研活动的开展，促进组内教师的专业成长。教研组提供教研活动开展以及其实效性的资料。 ●小课题研究 教研组能坚持小课题研究，课题研究有一定的规范性、科学性并有较强的实践操作价值，对于学生的成长发展有实效。教研组提供相关资料，并作相应展示。	现场观摩、资料展示	教导处 教科室 学科教学研究室
	业绩统计	●教师业绩 组内教师取得的各级各类成果 ●学生成绩 在组内教师的指导下，学生取得各级各类成果（其中包括学生学业成绩）	数据统计	资源中心

四、自主学习的有益尝试

“以学生为主体，以活动促发展”是雅教育教学改革的核心。在大量自主学习的活动浸泡过程中，学生的整体素质得到了良好的发展，特别是学生的自主学习和自主活动的主体发展意识和能力得到不同程度的发展和提高。

［案例］

小学生研究大课题

时间：2000 年 12 月 24 日

地点：成都市实验小学多媒体教室

人员：四川省教科所研究员、成都中医学院教授、四川教育学院教授、学校部分教师、五（4）班全体学生及班主任周学静老师

事件：“研究我们的世界”课题成果鉴定会

过程：

下午 2 时，五（4）班的魏然从容不迫地开始了她关于“小胖子越来越多”的论文答辩。她侃侃而谈，先说现象，再分析原因，最后讲如何防治肥胖。其间穿插了很多调查数据和她的街头采访。她幽默的语言，颇为严密的推理不时赢得台下教育专家和老师的喝彩。

她的发言刚结束，全班 63 名同学便连珠炮似的发问：“是胖好还是瘦好?”“如果胖不好，那么杨贵妃为什么成了美人?”同学们的提问刁钻古怪，但魏然口若悬河回答了各方提问。成都中医学院的教授给魏然的课题作了鉴定。

接下来，该班的赵礼、赵若伊、唐立和张典等学生纷纷闪亮登台，作了题为“电脑三维游戏吸引力”、“贝多芬——给我音乐激情的人”和“成都和欧洲差距有多远”的课题演讲。赵礼用多媒体为大家演示了一段电玩，宋巍在谈到他崇拜的贝多芬时，忍不住充满激情地演奏了

一段钢琴曲《致爱丽丝》。张典则为大家展示了她在欧洲参加夏令营时所拍到的自然和人文景观照片，拿它和成都市类似的景观进行对照，以此说明两地在经济、人文和环境方面的差异。其间还播放了张典就这个问题采访成都市一位副市长的录像。

在场的教育专家纷纷对学生们的课题给予了很高的评价，他们认为同学们课题的科学性暂且不论，重要的是他们在研究课题的过程中，学会了如何查资料、如何与人打交道以及如何面对挫折等，这是在课本上学不到的。

● 选题：一波三折

当学生知道他们将要“研究”我们的世界时，高兴者有之，茫然不知所措者有之。经过一番解释，学生似乎明白了。第二天把研究课题收上来一看，绝大部分都研究的是猫、狗、蚂蚁等。学生对课题的理解还太浅。老师决定进行一下指导，在肯定每个人课题的基础上，建议他们把视野放宽一些，结合具体实际，研究自己熟悉的一些人、事、物、现象等，并列举了一些他们未涉及的领域的课题，以示启发。

第二次收上来的课题丰富多了，有研究人的生长发育的，有研究人的教育培养的，有研究动、植物的，有研究自然现象的，有研究音乐、体育、美术、文字、历史、地理和物理现象的，还有研究社会现象与生存环境及其他经济发展的。大部分的切实可行，但仍有一部分选题过大、过远，于是又作了第三次选题的指导，建议研究的题范围定小一些，尽量选择自己感兴趣而又有一定把握的课题。

经过三次指导，课题初步确定下来。每个人都认真地填写了课题登记表，现摘录部分课题：

☆园子中的小胖子为何越来越多？　魏然、陶琬、陈漪莲

☆我能行——关于自信　李恺威

☆自行车　文宇辰

☆成都离欧洲有多远？　张典

☆社会上为什么掀起英语热？　李文

☆为什么大人和小孩都喜欢《哈利·波特》？　李晶心

☆中国足球怎么了？　余超杰

☆贝多芬——给我音乐激情的人　宋巍

☆金鱼的来历和生活习惯　冉冉

☆海市蜃楼　黄磊

选题让孩子们学会了观察、选择、提问。

● 研究

随着课题的确定，老师开始指导学生查找相关资料。有现成的文字资料、图片、音像资料，有自己收集的调查访问资料。学生们在老师的鼓励下动用了可以动用的一切工具，包括书本、报纸、杂志、电脑、照相机、摄像机、录音机。他们每个人都有一个厚厚的资料袋，里面都是他们的心血。

● 写论文

接着，他们在老师的指导下选取材料，形成文章。文章分为三个部分：(1) 为什么要研究这个课题？(2) 研究了哪些方面？怎样研究的？(3) 有什么体会、发现以及对未来的展望。通过一稿、二稿、三稿，学生的论文撰写从全文照搬，到大部分照搬加少部分自己的评语，到有了自己一定的观点和看法。最多的甚至六易其稿。

● 成果鉴定

最后，就出现了开场时的那一幕“研究我们的世界成果鉴定会”。在成果鉴定会上，他们为大家展示了他们的研究过程及研究结果，并接受了来自老师和同学的提问，现场答辩，最后由专家给予评定。

● 花絮：

不合作的研究对象

我家养的小螃蟹警惕性可高了，有好几次我想看看它们吃饭时候的雄姿，可都没有成功。因为我一靠近，它们就会张起那双大钳子，好像在说：“不要靠近我！不然我就不客气了！”

——叶宇飞

● 冒牌货

有一次，我在家里发现了一条大大的“蜥蜴”，高兴得我手舞足蹈。我赶快伸手去抓，它居然把尾巴扔在我手里，身子一扭便无影无踪了。这哪是什么蜥蜴，明明就是一只大壁虎嘛，害得我空欢喜一场。唉，还是上青石桥买一只真的蜥蜴回来研究吧，那儿多着呢。

——吴飞

● 爱因斯坦盗文物

在查阅有关莫高窟的资料时，“斯坦因”这个名字让我满腹疑云，他该不会是爱因斯坦吧？外国人的名字也许译法不同呢。可是，爱因斯坦怎么会到敦煌去盗文物呢？我百思不得其解，去问爸爸。大家哈哈大笑起来，这事也成了他们拿我开心的笑柄。

——孙雯祥

表 4－9 “研究我们的世界”课题登记表

<table>
<tr><td>姓名</td><td>张典</td><td>性别：女</td><td>年龄：11 岁</td><td>班级：五（4）班</td><td></td></tr>
<tr><td>课题名称</td><td colspan="3">成都离欧洲有多远？</td><td>指导教师</td><td>周学静</td></tr>
<tr><td>我为什么喜欢这个课题</td><td colspan="5">1. 因为今年暑假我参加夏令营到了欧洲，对那里的文化和发展产生了浓厚兴趣。
2. 我爱成都，我希望成都越来越美好。我要仔细研究一下这个我生活和学习的地方。
3. 我希望成都能和发达国家越靠越近，并从各个方面赶上发达国家。但是，要想追就要找到差距。我要研究成都和欧洲的差距，看看成都怎样才能赶上发达国家。</td></tr>
<tr><td>我打算这样研究（准备查什么资料，设计什么实验，请教哪些人……）</td><td colspan="5">首先查阅资料。我准备查看《世界地图》、《成都》等书籍，寻找我需要的资料。然后请教老师、长辈。老师、长辈比我经验丰富，对成都、欧洲了解多，我要请教他们。我还要用摄像机去拍摄一些成都的景物，用其与欧洲景物作比较；去采访成都市民，去了解成都近年来的变化和发展，找出与欧洲的差异；去采访一些对成都十分了解的人，或是指导成都发展的人，请教他们一些问题。最后把这些材料合起来，再加入自己的思考，完成一篇论文。</td></tr>
<tr><td>研究结束后打算完成（任选）</td><td colspan="5">1. 写一份小论文（√）
2. 写一份实验报告（ ）
3. 制作一件科技作品（ ）
4. 其他（ ）</td></tr>
<tr><td>我还想说的话</td><td colspan="5">搞研究不是一件容易的事，需要我的努力，我一定把握住这次机会，努力使研究更完美，锻炼自己各方面的能力。</td></tr>
</table>

案例解读：

◇自主研究让学生有了前所未有的学习热情。

因为题目是自定的，是符合他们自身实际水平的，他们所熟悉的，因此他们从一开始就表现出了极大的热情。用一位家长的话来说就是：积极得像一个小疯子，一天到晚与我们议论的都是关于她的课题的事，甚至还向我们提问："你对你的身材满意吗?"而且连续多个中午不回家，告诉我们要"搞调查"，还把家里的录音机、复读机等全背到学校。回家后饭都不吃就忙着放录音磁带给我们听，更有甚者，连梦话都在叽咕："你的……身材……满意……"

没有了教室的束缚，他们可以选择他们想要的、喜欢的方式去获得他们想要的东西。那段时间，家里的书是被翻阅得最多的，光顾书店的次数是最频繁的，被学生们提及最多的词语是"我的课题……"。在学校的走廊里、操场上、办公室里都会冷不丁碰到几个向你讨教的学生，有时还拿着录音机，提着摄像机给你来上一段即兴采访，那架势还挺专业的。更有甚者，把摄像机搬进了市长的办公室。学生们脸上时常洋溢着热情的光芒。

◇自主研究让学生学会了一些独立思考问题、解决问题的学习方法。

有这样一则花絮："有一个学生在作文中这样写道：'上回我在论文中写道：全班有99%的同学喜欢《哈利·波特》这套书，0.4%的人觉得可以，0.5%的人觉得一般，0.1%的人不喜欢。'周老师看了以后问我是不是在全班作了调查，我说每个人我都问过了。她又问我这些百分数是怎么来的，我不好意思地说是瞎蒙的。她大笑着说：'照这种算法，全班只有一个指头不喜欢《哈利·波特》，因为全班的0.1%等于0.06个人，只相当于人的一个指头！'"

学生在自主学习中学到了用百分数来证明自己的观点，可她并不知道这百分比该如何得出，老师善意的批评让她很快明白：科学是来不得半点虚假的。同时百分比的计算方法也就牢牢地留在了她的记忆中。因为这能帮她解决实际困难。这远比在数学书上老师出几道题，告诉她百分率应该是……让她记忆深刻得多。

◇自主研究锻炼了学生多方面的综合能力。

情意方面：学生通过自主研究，学会了关心，他们关心他人、关心社会、关心生态环境、关心地球、关心可持续发展；他们学会了参与，主动介入，承担责任；他们还学会了合作，共同解决问题，共同进步；自我意识得到了发展与提高。

学生能力方面：从前不善观察的学会了写观察笔记；以前不会操作摄像机的现在可以独立操作了；以前不敢和人打交道的现在敢见了人就问；以前不知查资料从何查起的现在学会了查找目录；以前不会上网的现在学会了上网；连平常很少运用的计算机打字功夫，这会儿也派上了用场，越练越熟练，而且还学会了设计封面呢。

张典的家长是这样评价自己的孩子的："张典在课堂研究过程中，学会了自主构思，提出论点，并辅以丰实的资料加以论证，学会了大胆接触社会和各界各层次的人群，倾听他们的意见看法加以浓缩提高，学会了借助多种手段和表现方式去阐述和表达自己的观点，学会了通过一些表面现象去认识事物深刻的本质，提出一些深层次的问题并加以思考。"

知识获得方面：通过研究，学生获得了许多课堂上没有机会获得的知识，这些知识具有综合性、创新性和广博性，虽然不一定成熟但并不是没有价值的，尤其是与学生学会生存、学会学习、学会和谐、学会沟通、学会合作、学会创造等相关的知识，往往具有强烈的时代意义。

自主研究让学习不再是一种任务而成为一种现实需要。学生从自主研究中感受到学习的每一点乐趣，每前进一步都是自己辛苦努力换来的，自信绽放在他们快乐的小脸上。

五、教师发展的逐步显现

（一）促动教师自觉成长

1. 教师对教学生涯有了新的理解和认识

“活雅课堂”的开展所带来的课堂教学中的深刻变化，对教师产生了强大的激励作用。动态的、开放的教学过程，使教师的教学设计不再是课本剧的“角本”；每节课都要面临的新问题和新场景，使教师有新鲜感；处在自主学习和探索状态的学生，使教师时刻感到充实和有提高自己的必要。这些都使学校教师队伍具有了明显的健康向上、积极进取的特征，不断地学习和超越自己成为他们发自内心的自觉的需要。教师也越来越意识到教学是一个师生相长的过程。

2. 转变了教学观念，“活雅课堂”理念已被广大教师接受

活雅课堂“以学生为主体，以活动促发展”的理念引入标志着教师教育价值观、学生观、教材观等一系列观念发生了重大的改变：树立了“促进学生素质全面发展”的教育观，树立了“从台前到幕后”的教师观，树立了“促进学生自主学习”的教学观，树立了“用教材教”而不是“教教材”的教材观。树立了用评价促发展的“评价观”。在以下案例中，可以清楚地看到教师观念的转变。

[案例]

这样上课真好！

“这样上课真好！”这是一年级二班的学生们在上《乌鸦喝水》这一节课后，面对前来调查的校长讲的一句话。他们喜欢这堂课，而且喜欢的理由还挺多的：“我喜欢老师让我们自己讲故事。”“我喜欢，因为我发了言。”“我喜欢，因为我们进行了讨论。”那这究竟是一节怎样的

课呢。

老师教学时设计了以下三个环节。

第一个环节：教师发给每个学习小组一份学习材料，包括三幅图（与课文插图相同）及一张白纸。让学生观察每幅图后，按照自己认为的顺序把图贴在白纸上。再在每一幅图旁写一个能概括乌鸦干什么的词语，最后按照贴图的顺序在小组内讲一讲这个故事。

这个环节实际上就是过去教学中的“看图”。但是这样设计的意图在于给学生提供观察客观事物的机会，让他们得出观察的结果，并且把它表达出来。学生在表述的过程中遇到了困难，发现了许多问题，他们运用自己已有的知识，凭借已有的能力无法解决这些问题。这样就激起了学生求知的兴趣，他们怀着极大的求知欲望，希望了解课文是怎样表达的。

第二环节：学生读课文，找出课文中的故事比自己刚才讲的故事讲得好的地方，再汇报、交流，老师随机抽查朗读和对词、句的理解。

这个环节的意图是使学生从自身不同的需要出发，去发现课文中的好词、好句，好的表达方法等。这个过程其实就是读懂课文的过程，学生在这个过程中并不是被动地接受老师告诉他们的好词、好句。当老师问学生“你认为课文哪些地方讲得好”这个问题时，一个学生回答说：“我认为‘瓶口’这个词用得好。”老师接着请他说说是怎么想的。他说，在学习这篇课文以前不知道瓶子的最上边该叫什么，现在他学会了“瓶口”这个词语了。老师备课时没有想到“瓶口”这个在老师看来很简单的一个词语会让一个孩子如此重视，会对孩子有如此大的帮助。当这个孩子讲完以后，老师被深深地打动了，她由衷地赞美道：“你说得太好了，老师为你的收获而高兴！”师生情感在这一刻产生了共鸣。孩子不会忘记“瓶口”这个词语，更不会忘记老师对他的赞赏。后者甚至比前者更重要，这会成为他自信心的来源，成为他学习的动力，会为他带来创造的灵感，会成为他与老师感情的纽带。

第三环节：学完课文后，请学生说说自己如果现在再来讲这个故事，有没有比课文讲得更好的地方。

这样做的意图是给学生创造机会，让学生寻求进一步的发展，而不仅仅是学懂课文。学生在这个过程中表现出了很强的创造力。有的学生认为应该给课文加一个开头——“有一天”，有的认为在写乌鸦喝水时应加一个“终于”，表明它喝到水不容易，还有的给课文加了个结果——“乌鸦高高兴兴地飞走了”。这无疑对材料是一种丰富和完善。学生从最初看图仍讲不清楚故事，到最后表述得比课文某些地方的叙述还要精彩，学生得到的发展不言而喻。

案例解读：

这一案例中教师课堂环节设置重点折射出教师观念的转变。

● 变“教师传授为主”为“学生积极主动学习为主”的新型教学观——自主学习的前提

如何让学生成为课堂学习的主体，这个问题一直是教育界思考和研究的问题。近 20 多年来，课堂教学在以学科为中心的教育改革过程中，教学形式较过去有了很大改进，从学生完全被动接纳的“传授式”到能在一定程度上调动学生主动性的“启发式”，课堂教学改革有了很大进步。但就其实质来说，无论是“启发式”还是“传授式”，都是学生在教师带领下的一种被动学习方式。要将学习的主动权真正还给学习者本身，就应将教学过程从“老师教”变为“学生学”。教师应从设计“知识传授的方法”转变为设计“学生获取知识、求得发展的学习活动方式”。只有这样，学生的学习才能真正由被动变为主动，学生才能真正成为学习活动的主人。

《乌鸦喝水》这一课的教学设计正是从这一思想出发，把教学生看图变成学生自己需要看图排序、说话；把教学生理解字词句变为学生自己根据自己需要去发现好词好句。当被动的要求变成了学生自身的一种需要时，才能激发学生的内驱力，主动寻找解决问题的方法，学生被动地接受才能变成主动地获取。

● 变“视教材为学习目标”为“视教材为达到教学目标的中介材料”的新型教材观——自主学习的基础

学习远远不是几本教科书就可以完成的任务。一旦我们把教材当成了学习的目标，那么就会一叶障目，教材就成了一个限制老师和学生思维的笼子。

教材只是一座桥，一座把学生引向浩瀚无边知识海洋的桥。因此，我们应充分发挥教材的中介作用，让它为学生自主学习服务。所以要灵活运用教材。

《乌鸦喝水》一课并没有被教材已安排好的图所限制，也没有被教材已写好的文字所限制，它只是被用于让学生学会观察、分析、排序，用于让学生练习表达。最后，它竟被年仅 7 岁的孩子给补充得更完整，这才是真正发挥了教材为学生服务这一根本作用。

• 变“教师教，学生听”为“师生共同学习”的新型师生观——自主学习的保障

历来，教师的“主导”都胜过学生的“主体”。学生的主体作用更多地成为一个好看的摆设。师生之间的单向交流让教师的主导地位更加巩固。

要想让学生真正成为自己学习的主人，教师首先得从心理上走下讲台，与学生平起平坐。只有这样，才能真正听到来自学生的声音，明白他们的需求，教师的“导”才会一语中的，教育才会深入人心。

《乌鸦喝水》一课中，课前没有任何一个老师想到学生会以为“瓶口”用得好，这个词对于老师来说太简单了，但恰恰是这个词是某一个学生的知识空白。他根据他自己的学习需要学到了这个词，这就是他这一节课的收获。在他最需要时出现的东西总会给他深刻的记忆，更何况老师还对他的这一成果倍加赞赏呢。真正的自主学习让他学到了他自己需要的东西。

• 变重点评“老师讲得怎么样”为评“学生学得怎么样”的新型评价观——自主学习的完善

以前，我们评课时常听到这样一句话：“这个老师上得太精彩了。”无意识中，我们已经习惯了老师为主角，所以我们在评价一节课时，不自觉地主要看老师讲得精不精彩，而忽略了学生才是课堂真正的主角。

评课的权力在学生，学生喜不喜欢，学生是否主动参与学习，这才应是评价一节课成功与否的真正标准。

因此，在《乌鸦喝水》一课后，学生们用他们稚嫩的声音说出来他们的心里话：他们喜欢这样的课。因为这是他们自己的课，他们按自己的愿望看了，说了，练了，似乎一切都是他们说了算，还有比这更让这些六七岁的孩子感到自豪与满足的吗？学习所带来的快乐让他们更加积极主动地投入到了下一次学习中。

3. 教师的主体精神和创造能力得到发展

活雅课堂的教学中，教师在教育教学活动中的能动性和主动性大大提高。为了能够给学生提供适宜的活动对象和活动条件，他们收集大量的资料和设计相关的学习活动材料；为了设置适宜的活动目标和选择适宜的教学方式，他们向学生和社会作了广泛的调查并进行分析研究，锻炼了教师的独立工作能力。教师对现行教材进行了重组并提出自己的教学设计方案，大胆地对课堂教学中出现的各种情况作出及时的判断并采取积极有效的措施解决。

活雅课堂的开放性更激发了教师的创造热情。各个学科的教师对自己所任学科积极进行了探索，深入地研究新课程改革对教学各个环节的多元化处理，设计了多样的教学方式和许多好的课例，并在地区和全国产生了积极的影响。

4. 教师的教育教学方式发生了革命性的变化

在活雅课堂上，教师不仅是观念上的变革，同时还有教育教学行为方式的重大改变。这主要表现在：课堂更注重学生的学而不是教师的教，教学方式努力顺应学生的学习过程，给学生提供利用多种学习方式的机会，注重课堂上师生之间、生生之间的多向互动交流，注意促进学生更高水平思维的发展。

经过大量的课堂实践探索，老师们从被动接受，到根据新课改理念和课堂实际情况设计创新模式，从形式上的模仿到实质上的一致，经历了一个漫长的过程。课堂上老师讲得少了，学生活动多了。课堂预设少了，现场生成多了。课堂上的对错判断少了，关于“为什么”的思考和交流更多了。

5. 教师的理论素养与科研素养有较大提高

学校的教育教学改革，是一个不断探索、创造的过程，既不能靠单纯的思辨的推论，也不能靠直觉的把握、经验的感悟，关键问题取决于教师是否能主动地创造。要求新世纪的教师必须实现角色的转换，从教书匠转变为科研型教师。

活雅课堂的构建为科研型教师成长提供了一个发展平台。教师实现教育观念的转变，将学生作为学习的主体，创设利于学生主动性、创造性充分发挥的活动方式，彻底摒弃传统教学中不适应学生素质全面发展的观念，在研究中不断地探索与创造；学校教师掌握了丰富的教育理论知识，可以敏锐地捕捉教育问题，具有了迅速通过现象看本质的洞察力；教师科研能力、教育能力不断得到升华和提升。实现了积极进取、锐意改革、勇于开拓创新的新型教师群体的构建。

下面是夏英老师在活动教学研究过程中与学生心灵互动，不断改变教学观念的经典案例。

［案例］

孩子，我欣赏你，佩服你！

被自己学生的作文给难住了，这对我来说还是第一次。可是，我又不得不承认这确确实实是事实。面对着眼前翻开的这篇《观菊展》，我真有点不知该如何下笔，因为这不是一篇普通的《观菊展》。按常理，这样的作文题目不外乎就是从菊花的颜色、形状、香味等来写出菊花的美来，可陈怡笔下的菊花不仅不美，反而“因肥腴发出阵阵恶臭”。她在作文中这样写道：

“我顺着小女孩手的方向看过去，一朵朵雪白的菊花，花朵足有盆子那么大，像一个皮球似的，下面的枝干似乎已失去了它存在的意义，稀疏的菊叶衬托着沉重的花蕾，看上去很不协调，要不是人们用竹片给它托着，花蕾的重量一定会把枝干压断。

小女孩的话似乎提醒了我，我正沉浸在欣赏菊花的美丽之中时，突然，我觉得这菊花有种奇形怪状的感觉：百分之七十的菊花或是重心失衡，或是营养过剩，不是头重脚轻就是发育不全，没有了菊花应有的芬芳，反倒有一股因肥腴而变质的臭味。难道这也是美？恍然间，我看见公园池塘边长出了一株野菊花，它随风晃动，傲霜挺立，多美啊！那是一种自然协调的美，再看看公园那上千个品种的菊花，显得那样的不协调，不自然，失去了菊花应该有的光泽，也失去了菊花的真正美——自然美。难怪菊花没有引来蜜蜂和蝴蝶，反倒引来不少的苍蝇。菊花是属于大自然的，经过人为不恰当的改变，菊花不再有它的美了。你看那绿油油的小草，再看看那菊叶丛中的小野菊，多美啊！”

我真的很吃惊，平时看似乖巧的她竟然有如此的观察与思维，可我心里担心：一个十岁的女孩子怎么能有如此“叛逆”的思想呢。我要正面引导她，让孩子看到事物好的一面。于是，我思量了一下，写下了这样一段评语：

“自然固然是美的，经过科学家培育出来的菊花也是美的，它们各自有各自的美，美的内容是丰富多彩的。清新典雅是美，绚丽多姿是美，古朴自然也是美。正是科学技术的发展为我们创制了更多的美。我想只要科学不以破坏自然为代价创造美，那么它创制出来的美都是可以接受的。”

可是，写完之后，我的笔却总也放不下，总觉得有什么地方不对。我扪心自问：如果站在孩子的立场上，她看到的就是如此，我为什么要把我心目中的印象强加给她呢？

我把文章又反复读了几遍。之后，我很汗颜。我看得竟没有她深，没有她透。我心悦诚服地写下了我的第二次评语：

“本来写了上面的评语。但再看你的文章，我被你说服了。所以我决定取消我上面的评语。我真正读懂了你的文章，其实，你所欣赏的不仅仅是菊花的外表，而还触及了菊花的气质及它所蕴涵的精神。菊花一直与梅、兰、竹三者并称‘四君子’，就因为它具有傲霜挺立的英姿。而经过改良培育的菊花只见其形不见其神，所以它不美了。我惊叹你细致的观察与敏锐的思考以及不同凡响的表达。孩子，我欣赏你，佩服你！”

这时，我笑了，浑身轻松。我真为我有这样的学生骄傲，我为我有这样的转变而自豪。这篇作文评改整整花了我 30 分钟，但我知道在这 30 分钟内，我的心灵得到了一次净化，思想得到了一次质的飞跃。我的学生帮助我战胜了我自己。为了让陈怡看到她带给我的变化，我把两段评语都留在她的作业本上。

后来，陈怡受系列动画片的启发，自创了系列观察文章《我们家的猫》6 篇。再后来，她负责为我们班主编了一本 4 多万字的《浪花》。

她让我明白了一个道理：有时教还不如赞。

案例解读：

• 写作中“意外”的出现

本来家长带孩子观看菊展的目的是要让他们写菊花美，结果她却写菊花不美。本来老师要“纠正”她认为菊花不美的观点，结果她却“纠正”了老师认为菊花美的观点。似乎事事都是事与愿违，但最终的结果却出人意料。陈怡成为了一名对作文有着浓厚兴趣并以作文为特长的学生。这主要归功于学生有真正意义上的学习自主权。一、她有了写什么的自主权；二、她有了怎么写的自主权。她的这种自主权在老师的鼓励下得到了极好的保护和发挥。连老师都被她的作文改变了观点，她会是多么自豪啊！

• 对“教学生成”的巧妙处理

对于异于常人的思维，老师不是一棒子打死，也不是一味婉转地将其带回“正道”，而是循着学生的思路去理解，去感受，去包容。教师首先要尊重学生作为个体的个性才能，懂得保护学生的每一个灵感的火花，学生的个性才可能在自由的环境下充分地得到发挥。学生的创新思维才有机会发展。教师对学生的尊重和教育爱，以及给学生创造的自由学习环境是学生自主创新必不可少的外部条件。

● 现代教学观的理性支撑

很多教师常常忘不了一个“教”字。教学时常常带有一种固定模式。在提出一个问题的时候，自己心中早已有了一个标准答案。学生回答相同时即为正确，当学生回答不同时即为不正确。而真正具有责任感和使命感的教师应是一个心胸如海、具有开放思想和敏锐洞察力的人。他以培养学生全面发展的能力为目标，能从孩子富有个性的观点中找出他们合理的地方，加以扶持，来培养“全面、主动成长和发展的个体”，这比发现他们的不足加以批评要难得多，但也有效得多。

● 让学生“领会”自主创新

自主创新是不能教的，要靠老师用敏锐的洞察力去发现，用过人的勇气去保护，还要靠老师用激切的热情去鼓励，用自身优秀的素质去感染。最终实现师生素质的共同发展。“自主”已从对现有知识积极主动的追寻，上升为对未来世界孜孜不倦的探索。自主意识进一步深入老师和学生的思想深处，自主学习的形式被更为广泛地运用，自主学习的思想被进一步发展。

（二）魅力课堂——教师名片

所谓教学风格，是教师在长期教学实践中逐步形成的，富有成效的一贯的教学观点、教学技巧和教学作风的独特结合和表现，是教学工作个性化的稳定状态之标志。老师的教育哲学和教育主张深刻地影响着教师的课堂教学。不同的儿童观就决定不同的教育观。不同的教育观决定不同的课堂教学行为。

在一节节课的研究中，我们发现一批教师开始在基本的学科教学模式中巧妙地融入了自己对学科教学的独特理解，课堂教学也有明显的个性特色，学校鼓励这些教师总结、提炼学科特色，让学校教学提升到一个新的水平。

1. 周学静——诗意的课堂

什么是“诗意的课堂”？就是教师与学生和谐分享对知识、对生活的理解与感悟的课堂。老师把上课的时间、地点、方式都巧妙地集中在一起，让任何一堂课都成为师生共同生命历程的一部分。就像周学静将她喜欢的《那些花儿》作为课堂的背景音乐，把自己的旅游故事写成诗，在课堂上与学生一起分享。这种带有教师“私下”的“爱心”与“心动”，一旦进入课堂，达成的却是师生共同的体验、感悟。

[案例]

周学静的语文课《杨树之歌》

这节课很“美”，自然真挚，以情动人，就像一首抒情的散文诗。周老师非常注重气氛的营造，灵活运用多媒体手段，为学生创造出了美好的情感氛围，使他们获得了灵性的启迪、美感的享受。

“同学们，你们喜欢树吗?”“喜欢!”“你们喜欢什么树?”“桃树!”“为什么?”“因为桃树开花很好看，而且……而且桃子很好吃。”……在师生之间一段关于树的问答中，这节语文课开始了。“我也特别喜欢树，我把它们做进了一个短片子，与大家一起来欣赏。”周老师话音刚落，教室中就响起了悠扬的音乐，大屏幕上渐次出现了一张张关于“树”的图片。图片缓缓地更替着，学生们静静地看着图片，目光中逐渐充满了热切的光彩。

“看来大家都很喜欢树。今天，我们要专门认识一位树朋友，它的名字叫——‘杨树’。”周老师一边介绍，一边在黑板上写下了“杨”字，并在字的旁边简笔画出了一棵大树。接下来，周老师开始引导学生学习生字。她把生字写在一张张“树叶”上，一一贴在黑板上的树中。孩子们对这个形象的方法很感兴趣，生字学习非常顺利。

“我的名字叫大叶杨……”随着舒缓的音乐，周老师优美而恬静的声音在教室中响起。学生们被感染了，静静地听着，一双双眼睛热切地盯着讲台上的老师。范读终了，教室里情不自禁地响起了热烈的掌声。“好听吗？同学们，请打开书自己读一读，想怎么读就怎么读，请读出自己的特点。”周老师的话音刚落，孩子们就纷纷进入了自己的朗读世界，有摇头晃脑的，有深情款款的……孩子们读得旁若无人，周老师微笑地巡视着，时而对孩子们个性十足的表现颌首鼓励。

“我们都用心地读了杨树的歌，你喜欢它的歌吗？这首歌里的哪些语句让你喜欢上这个新朋友的？请分小组交流讨论。”周老师开始引导学生们分析诗歌了。她并没有按照传统的方法逐句讲解，而是让学生们自主选择：“哪些同学是因为这个小节的描写喜欢上杨树的？为什么？”周老师操作电脑，在屏幕上打出了诗歌的第一小节，让学生们讨论重点语句。这样的教法，既尊重了学生的自主性，更发挥了他们的创造性。

“在第二小节里，杨树把歌唱给了小宝宝、老奶奶、老爷爷，大家想一想，它还会唱给谁听？”周老师话音刚落，同学们纷纷发表自己的看法，有的说：“它会唱给金鱼听，陪着金鱼一起游泳。”有的说：“它会唱给小鸟听，陪它一起在天空飞翔”……每一个回答都仿佛是诗句，流露着孩子们天真的童心和真挚的情感。

“杨树是这样地爱着人们，同学们也爱上了这可爱的杨树。爱使我们彼此学会了倾听，以心换心。寒假里，我去了广西，在北海边我看到一株榕树，我靠近它，仔细听，用心听，我听到了它的歌。我把它写了下来，与大家分享。”在柔缓的音乐声中，周老师深情地朗诵起了她自己写的《榕树之歌》，她用朗诵把自己的生活感悟与教学融为一体，真诚优美。孩子们在优美的诗句中如痴如醉，诗意的课堂也达到了高潮。

最后，周老师又放起了她自己编辑的短片，在片中一幕幕地呈现着校园里的一棵棵树，樱桃树、罗汉松……“如果你用心去倾听，你也能写出它们的歌声，请把它写下来，和大家一起交流、分享，好吗？”周老师布置着作业，也放飞着同学们的思绪。

这样诚挚的老师，这样优美的教学，也许真会培养出诗人，“添得黄鹂四五声”呢！

教师在如诗如画的课堂氛围中，那么亲切自然地与孩子们分享着他们彼此的智慧与经历时，大家被深深地吸引、陶醉了。课堂如行云流水般，精心的教学设计在不知不觉中隐去了踪迹。当老师在与孩子们一起阅读、游戏、体验的时候，他们走进了彼此的世界。

我们发现，周学静老师的课堂每个环节分开来看，并无特别新颖之处，但当各个环节恰到好处地衔接在一起，展现的却是神奇的功效，那样的优美动人。我们试图给这样的课堂找一个名字。我们想到了“诗意”。“诗”，简单的三言两语间营造的是无限想象与感动的空间。单看并不成章，“拼”在一起却让人回味无穷。诗意可以是优美的、可以是婉约的、可以是豪放的、可以是幽默的——诗意的表达也并不拘泥于一定的形式。追求个性的诗意是我们的愿望。

“浑然天成”、“语短情长”、“意犹未尽”是“诗意的课堂”的三大特征。“让每一堂课都成为一首‘生命之诗’”是“诗意的课堂”的最高追求。“诗意的课堂”对老师是深广的积累，精巧的设计，游刃有余的驾驭。对学生是忘情的投入，强烈的共鸣，长久的回味。“感动”与“火花”是“诗意的课堂”的最大收获。

“诗意的课堂”需要“诗意的教师”。诗意的课堂是一种“功夫在诗外”的积累，是授课时“灵感”的集中爆发，是授课结束后的各自领悟与升华。“诗意”的教师要有着“雅”的本质与潜质：内心柔软丰富，情感细腻丰沛，人品宽厚仁慈，智慧机敏广博。“诗意的教师”创造“诗意的课堂”，带给学生“诗意的人生”。课堂，诗意地安居。

2. 瞿曦——理性的课堂

瞿曦老师相信：“童年是成人的精神故乡，是生命富有创造力的生命源泉。儿童的可能性存在于童年这一时空之中，没有属于儿童自己的时间、处于狭窄的空间、没有自由都将使儿童蓬勃而美好的可能变为不可能。这要求我们把生命的活力还给儿童，把时间还给儿童，把空间还给儿童，把自由还给儿童……”

基于这样的儿童观，瞿老师在课堂上不仅仅以教材内容来建构课堂教学，而是促进学生对语言文字的品味、感悟和运用，着眼于学生阅读能力提高。她善于调动学生的积极性，课堂生成学生关注的问题，鼓励学生自己去获取知识、发展能力。

例如，在低段教学《池塘边的叫声》中，瞿老师研究在培养语感中怎样促进学生思维发展。语感培养过程应是师生传递阅读快乐的过程，而非咀嚼压缩饼干。思维的训练点应是眼高手低，大处着眼，小处着手，一枝一叶总关情，遣词造句皆文章。而问题是最好的老师，提出一个问题比解决一个问题更为重要。学生提出问题是能够引领学生思维发展并能潜移默化影响学生对学习的终极追求。于是在教学中紧紧抓住“青蛙为什么给小鱼讲岸上的故事”，课堂生成学生自己关注的问题，并带着问题学文：课题切入文尾—读中悟读中问—读懂问梳理问—文中读文中思—写生字诵儿歌—还有问继续读。

［案例］

课堂实录片段

在小学语文二年级上期《池塘边的叫声》一课中，瞿老师引导学生初读课文，整体感知，读中质疑。

师：“读第七段，你读懂了什么？你想问什么？”

生：“青蛙为什么要给小鱼讲故事？”

师：“在这个大问题里面藏着几个小问题，你最想问什么？”

生：“青蛙为什么给小鱼讲故事，而不是给其他的小动物？”

生：“青蛙为什么是给小鱼讲岸上的故事，而不是随便讲点儿故事？”

生：“青蛙干嘛用讲故事的办法来帮小鱼，它还有其他办法吗？”

当课文学习即将结束时，瞿老师提示学生再读第七段，再次追问，进行发散思维训练。

师：“再读第七自然段，还想问什么？”

生：“我想问青蛙哥哥的故事讲完了怎么办？”

生："我想问青蛙哥哥讲的第一个故事是什么？"

生："我想问除了小鱼还有谁也来听故事？"

生："我想知道青蛙哥哥讲蟋蟀的故事。"

生："我想问青蛙哥哥为什么有讲不完的故事？"

简单的几个问句却体现了语文老师在对语感和思维能力培养的重视，在润物细无声中引领学生去感悟文字，品味文字背后的意味。在瞿老师眼中，每一堂语文都是难得的阅读课，师生在共品文字的同时去学习读书。老师在思考力的培养上潜移默化地影响着学生，学生才能透视文字，形成情感和思想。每一堂语文课也是一份耐人寻味的心灵鸡汤，哪怕是一点点的感动和美好，都不愿错过。

瞿老师注意学生发展实际，在课堂教学中充分激发学生的自主探索精神，促进学生发现问题、分析问题并主动解决问题。在小学语文教学中更多的是把学习内容以问题的形式间接地呈现出来，学生是知识的发现者。这样的学习能激发学生学习的兴趣和热情，同时解放人的思维和智力。

苏霍姆林斯基曾说："教师的语言素养在极大程度上决定着学生在课堂上脑力劳动的效率。"语文教师的课堂语言既是一种基本功，又是一门艺术。在长期教学实践中，瞿老师形成了鲜明的课堂语言特点：简洁明快、逻辑谨严，潇洒大气、文采斐然。

瞿老师的课堂张弛有度、雅趣盎然、充满智慧，常有独立创新启人思考之处。大处着眼，小处着力，审问慎思，知行合一，以语文老师独有的理性驾驭属于她和孩子们的课堂。整个课堂教学的逻辑严密，搭配合理，有条不紊。讲解、分析、论证时，思路清晰；提问、讨论、练习时，照顾到学生的心理特点和接受能力，体现出教师对学生的透彻了解及对教学方法的合理运用和对知识重点、难点的准确把握。对于学生学习而言，这是一种追求高效率的教学风格。

3. 向尧——思辨的课堂

向尧老师的课堂充满着男老师的干练和阳刚。一位学生朗读某个片段后，向老师问同学们："服气吗?"见有同学摇头，他继续煽风点火："好，就读一两句，挑战她！"立刻有学生站起来："我挑战她的第二句……"随后，他继续追问："还有没有挑战她的?""没有了？我来挑战一下行吗?"学生点头，他示范地朗诵了一段，然后问："我挑战成功了吗？能不能和我一起来挑战她?"课堂气氛顿时活跃起来了，孩子们你一句，我一句，将课文读得有声有色。

这样的向老师敢于让学生自己来上课，敢于和孩子们一起质疑教材，敢于在课堂上开辩论会，敢于用"内阁"制来管理班级。在这种氛围下培养出来的学生头脑灵活、有独立思维能力，特别具有民主和创新精神。

［案例］

原来语文课还可以这样上

"大家快来看呀，崔主编给我们回信了。"听到喊声，六（2）班的学生们全都挤到了向老师身边。只见信的封面上写着："成都市实验小学六年级二班全体同学收，人民教育出版社小学语文室寄"，看来这封信来头可不小啊。既然是写给全班的，那就得全班一起看了。

"向老师，你快念吧。""快点儿啊！"在同学们的催促声中，向老师拆开信给大家念了起来：

"六年级二班的65名可爱的孩子以及向老师：

你们好。

你们带给我们的十封信收到了。同时收到了66颗火热的心。透过一封封信，我们仿佛看到了你们围绕《那片绿绿的爬山虎》这篇课文展开激烈争论的情景。你们关心教材建设，敢于提出自己的意见，这该有多好啊！21世纪的建设者和接班人，就要有高度的责任感和自信心。

你们的所作所为，符合教学改革所提倡的自主学习、合作学习的精神，符合素质教育培养创新精神和实践能力的方向。不是吗，讨论、争论给每位同学提供了发表个人见解的机会，使每个同学看到自身的价值，增加自信，同时培养了分析问题、解决问题的能力。而同学们写给我们的代表各自辩论组的九封信，又是一次非常实用的作文训练。我们对你们正在进行的教学改革表示大力支持，对你们大胆地给教材提出意见表示真诚的欢迎。"

崔主编的话把我们又带回了那天那一堂激烈的语文课。

那一天，向老师刚和大家一起学完《那片绿绿的爬山虎》这一课。"同学们还有没有什么问题?"向老师问。"我有问题，我觉得这篇课文不该编入本单元。"王博的话真可谓是一石激起千层浪啊，同学们在下面唧唧喳喳议论开了。赞成者有之，反对者有之，还有的悄悄议论王博的胆子可真大。"这个问题提得好。大家有什么意见?"学生们各抒己见，各说各的理。一派认为把《那片绿绿的爬山虎》编入三单元符合"训练修改作文"的单元训练重点，而另一派则认为教材这样编排不合适。因为《那片绿绿的爬山虎》一课并没有反映本单元的训练重点。

见此情景，向老师干脆把学生们分成了正反两方，让大家准备准备，然后进行辩论。为了找到己方的辩词，学生们绞尽脑汁，旁征博引，联系前后，展开了层层论辩。有的从课文内容查找论据，有的从语言上下工夫，有的留心导读的提示，有的钟情中心思想的说服力，还有的连读写例话都不放过。反方同学也毫不示弱，据理力争，寸步不让。要不是向老师出面小结了这场辩论，那激烈的场面还不知要持续到什么时候呢。

"同学们刚才对课文都提出了各自的观点，非常好。那么，你们究竟喜欢什么样的文章?"向老师问。大家可一点儿都不谦虚。有的说："我喜欢有儿童情趣的文章。"有的说："我喜欢我们自己写的文章。"还有的说："我喜欢具有现代感的文章。"

"那么，如果你是主编，你会怎样编写教材呢?"听了向老师的提问，同学们腰板一挺，仿佛个个都真成了教材的主编。

“如果我是主编，我会留一个单元的空白，让学生自己编。”

“如果我是主编，我要增加教材的容量。每个单元除了必读课文，还有供学生选学、自学的阅读课文。”

“如果我是主编，我要把教材分地区、分版本。城市里的孩子用城市的教材，农村的孩子用农村的教材。这样我们就都可以学到与我们的现实生活接近的课文了。比如：城市里的教材就可以增加一些有关电脑、网络的文章。”

“要是我当了主编，我根本就不用书当教材。我全部用电子书，想学什么就调什么出来。”

瞧瞧，口气不小，是吧！不过，你可别小看我们，没准儿哪天我们的愿望还真实现了呢。信不信由你。

一位记者阿姨看了我们的课后感慨地说：“原来语文课还可以这样上。”

在向尧老师的鼓励下，他的学生们越来越大胆。从对课文的点滴补充和评价到对教材的质疑，从充当小老师到课堂辩论，他们学得潇洒。而向尧老师对学生深入的了解，对课堂娴熟的掌控以及在课堂上“煽风点火”让学生“斗”学生的本事让他成为了最受学生崇拜的酷老师。

4. 范佳——童真的课堂

一头超级短发的范佳老师看上去很普通，但一开口说话，忍不住让人喜欢。“虽然你没有发言，但你是一个有智慧的孩子，因为你会倾听。”“奖你一颗小星星，你是一个会夸奖别人也会夸自己的孩子。”“哦，你没有合作伙伴？那么，你是我们班独立思考第一人，你真棒。”范老师如同每个孩子的知音，无论他们表现得如何，在范老师那里都能得到最贴心的理解和最贴切的指引。他们在范老师自然天成般的教学带领下，学得那么开心、轻松、愉快。

午间，范老师带着孩子们在教室里做蛋花汤喝，在阳台上开秘密读书会。课下，她带着孩子们在操场上折纸飞机玩，在地上比赛谁爬得快……她知道，在学生成长的过程中，教师应该真正成为他们的陪伴者。

范佳老师说："关注课堂上的每一个孩子，关注每一个孩子真实的、迥然不同的情感体验，尊重每个生命的价值，给予最恰当的引导，是一个老师的职责所在。"

[案例]

范佳老师教学片段

范佳老师来到四川偏远山区马尔康二小送教。一（4）班并不宽敞的教室里，挨挨挤挤地坐满了来上课的孩子和来听课的老师，连走廊上、讲台侧都挤满了人。

站上讲台，范老师笑容和平常一样轻松，这节语文课就从和小朋友一起交流地方儿歌开始，孩子们极富地方特色的儿歌诵读《螃蟹歌》逗得范老师哈哈大笑。孩子们在笑声中很快认识了这位爽朗率真的老师。

愉快的交流就这样开始了。从看图填空，到完整复述，再到模仿练习，再到想象创作，孩子们在范老师的带领下一步步去发现表达的准确，积累的乐趣和想象的奇妙。孩子们有趣的发言，发自内心的笑容，范老师精到的点评，耐心的引导让课堂显得那么的自然和谐生动。教室里不时传来大家开心的笑声。

正在这时，教室门口挤进来一个小男孩，怯怯地站在门边。坐在教室里听课的班主任最先发现了他，示意他课早都已经开始了，而且他的座位早已被挤没有了，为了不影响这样一节听者甚众的公开课，就请他先回去吧。孩子执拗地站在门边不肯离去，我听见孩子的家长在轻轻地向班主任请求，这么远赶来了，就让孩子站在门边听听也好。孩子就这样静静地站在门边专心地听范老师上课。

过了一会儿，范老师发现了这个站在门边听课的孩子，她趁孩子们习作练习的间隙，轻轻地走到小男孩身边，俯下身子和他耳语了几句，将孩子带进了教室，范老师硬是在毫无空隙的教室里为孩子挤出了一个座位。小男孩很快和同学们一起开始练习起习作来。在剩下的个别指导时间里，我看见范老师几次艰难地将身子越过拥挤的课桌，给这个坐在后排的、迟到的孩子较多的特别指导。

接下来，该孩子们展示自己的作品了，不少开始还有些胆怯的孩子在范老师的热情鼓励下，都勇敢地站起来发表了自己的作品。那个迟到的小男孩在范老师期盼的目光下，仍然迟迟没有举手。范老师深情地对大家说："刚才有个同学为了不影响我们大家学习，一个人静静地站在门边听课，现在让我们大家一起来听听他的作品，好吗?"范老师拿起这个孩子的作品声情并茂地朗读了他的习作，"大家说，他写得好吗?""好!""我们可以怎样夸夸他?"教室里响起了孩子们大声夸奖这个小男孩的声音。

小男孩还是默默地坐在角落里，一声不吭，但眼神中分明多了些许不易察觉的欣喜。

接下来，范老师还带着孩子们自己评价自己在这堂课上的表现，一颗星、两颗星、三颗星……每一颗小星星就是孩子的一个优点。"我发言很积极。""我发言声音很洪亮。""我认真倾听了别人的发言。""我的字写得很漂亮。"……孩子们热烈地发掘着自己的优点，脸上洋溢着自豪的神情。范老师有意无意地看了一眼那个迟到的小男孩，说："今天虽然有的孩子没有发一次言，但是他一直专注地听大家的发言，会倾听是一个了不起的优点。有的孩子书写不漂亮，但一直在用心地写，而且写得很工整，这也是一个了不起的优点。"我注意到，小男孩悄悄地在自己唯一的一颗星后，又画上了两颗星。

下课铃声响了，他恭敬地将自己的作品交给范老师，轻轻地说了声"再见"，然后步履轻盈地走出了教室，孩子脸上闪现的光亮与进教室时判若两人。

语文的魅力理当如此，一个好的语文老师魅力也理当如此。一节真正的语文课不仅仅是让人积累了丰富的语言词汇，更能触动人的心灵深处，产生美好的情感体验，从而激发人们运用语言文字的无穷智慧。而情感的酝酿、心灵的碰撞、智慧的诞生需要贴心地理解，耐心地等待。给每个孩子一个关注的眼神，一次耐心的等待，老师会收获更多的奇迹。

5. 王婉——整合的课堂

在科学老师王婉的课堂上，孩子们都特别认真，特别忙碌，特别充实，特别积极。孩子们分成不同的小组，有的在做实验，有的在利用网络查资料，有的在观察实物，有的在制作小发明，每项活动孩子们都干得热火朝天，充满了热情。孩子们还要充分地交流，他们在有限的时间内通过多种多样的活动获得了尽量多的信息，而且在王老师的带领下，还能把很多信息有效地组合起来，梳理出新的认识和概念，多元、整合、高效成为了王老师课堂的特征，王老师的课堂教给孩子们的是能帮助他们解决问题的工具箱，而不仅仅是一筐筐的知识。用孩子们喜欢的方式带领他们去采集信息、收集信息，再把信息利用适合的工具进行加工、分类和整理，生成符合儿童认知特点的新概念，孩子们学习的过程也就成为了他们不断探索、发现的奇幻旅程。

由此，王老师从教室环境的布置到活动的设计，都坚持为学生学习服好务的理念，很多常用的工具都以自助的方式摆放，供学生需要时取用，在课堂教学设计中整合了多种学习活动，也旨在为学生的个性发展提供多种选择，而在学习活动中也多以学习卡片的形式提供支架式的辅导，帮助学生很好地完成学习任务，促进学生自主、自觉地学习，让学生在整个学习过程中都处于主动的地位。

例如在《岩石的形成》这一课中，王老师将教学活动设计分为三个维度：第一维度的探究活动就是通过观察及实验操作获得第一手信息资料，此活动中，学生直接通过感官获得了真实的证据，第二维度的探究活动是学生通过上网查询获得有利于问题研究的间接资料，学生借助阅读科学资料来理解岩石形成的过程，第三维度的探究就是通过小组成员之间的相互交流，把每个成员所获得的信息资源进行整合和重组，建构起新的认知结构，从而获得新知。也让学生在教学过程中作为学习的主体经历了一个完整而充分的科学探究过程，学习热情与兴趣不断地被激发。

由此，这堂课的活动组织方式采用了小组分工合作的方式，每组共6名成员，每位成员根据自己的学习特质以及研究意向又分为三个探究小分队，每个分队负责完成一种探究活动，这三个活动分别是：1. 寻找岩石沉积或火山喷发的证据；2. 模拟并观察火山喷发及岩浆涌动的实验；3. 上网查找相关资料，了解岩石形成的几种方式及其分类。小组成员根据各自的研究和发现进行讨论，并出示各自的证据和资料，实现资源共享，然后归纳出岩石形成的几种途径，根据岩石的形成方式给岩石分类，获得沉积岩、岩浆岩、变质岩的概念。最后再选取发言人向全班交流小组的发现。

这堂课所用的技术支持主要有：

第一，利用网络引入更多的学习资源进入课堂，采用积件类的资源，有利于学生的资源重组与信息加工。

第二，利用电子教室的方式进行交流和展示，可以帮助学生进行更大范围的交流与分享，使交流活动更有实效，更加充分。

多元整合的课堂教学与传统的课堂相比，有以下不同。

第一，组织形式：全班学生分别开展三种探究活动，三种活动整合体现出了对学生认知规律的尊重，对学生个性化学习方式的尊重。

第二，活动形式：学生以学习卡片为支架进行独立的学习活动，学生在整个活动中始终处于主动的位置。

第三，整合资源：通过学生的分工合作，可以让学生收集到更多学习资源，如来自网络的文字、动画、视频资料，来自实验操作的真实现象，来自采集标本的现实证据以及来自包括教材在内的平面资料等，为学生建构新的认知提供了有结构的资源。

第四，合作方式：小组成员的分工有利于组内的交流与讨论，教师以要求学生完成小组作业卡的方式促进学生间的交流和合作。

第五，评价方式：物化了对学生学习效果的评价，教师可通过学习卡片、小组学习卡的完成情况了解学生学习效果，并进行有针对性的指导。

“教育即生长”，即教师在尊重儿童、顺应发展规律的研究中，更加重视学生思维能力的培养，更加重视科学概念之间的联系，更加重视学科逻辑向儿童心理逻辑的转换，让课堂的内涵更加丰富，逻辑更清晰，方法更创新，概念更明确，更加符合学生的真实需要，实现了课堂由“主题——活动”向“活动——内涵”发展转换，闪耀出理性的光辉与人性的光芒。

“万物并作，复归于朴”，在追求着永恒教育之道的过程中，王老师的课堂教学呈现出科学与技术并重，人文与学术并举，传统与现代融合，思维与活动整合的多元整合的个人教学风格。

6. 李瑞华——凝练的课堂

低调的数学特级教师。没有矫揉造作，也不刻意渲染，有的是数学老师特有的简单、明确、严密。善于创造一种平等、协作、和谐的气氛，将对知识的渴求和探索融于简朴、真实的教学情境之中，她的课堂，无一分多余。即使面对的是一年级刚入学的小朋友，她的每一个教学步骤，每一句教学引导都精练准确。

[案例]

一年级《8加几》的课堂

片段一：给数学问题“化妆”

师出示植树活动的情境图。

师：从图中你观察到了哪些数学信息？

……

师：根据这两条数学信息，你能提出什么数学问题？

生：一共有几棵树？

生：第一行比第二行多几棵树？

师：这句话还可以怎么说？

生：第二行比第一行少几棵树？

师：刚才提的问题和这个问题表示的意思是一样的。

师：在解决一个数比另一个数多几的时候，我们尝试过对这句话进行“化妆”。孩子们能不能自己给这句话“化化妆”，边想边画。

生：“比”是鼻子，我画圈；左眉毛是“8”，画横线；右眉毛是“2”，画横线；把“多”字下画上“△”。

师：通过“化妆”让我们把问题看得更清楚，你能独立解答这个问题吗？

……

片段二：“以旧换新”法

师：在求 8 + 6 = ？之前，想想可以用哪些方法来计算。

生：数数法。

生：凑十法。

生：以旧换新。

师：“以旧换新”是什么意思啊？

生：就是用旧知识解决新问题。

师：谁能来讲讲你的看法。

师：我明白你们的意思了，把新问题转化成我们能解决的问题，用已学会的知识来解答，这是一个好办法。

师：孩子们，再想想我们还可以用哪些学具来帮忙？

生：小棒。

生：计数器。

生：画画。

生：圆片。

略（学生独立操作，分层交流）

师：8 + 6，还可以怎么想？有不一样想法的吗？

生：我是这样想的：因为 10 + 6 = 16，所以 8 + 6 = 14。

师：答案正确，方法是否正确，需要我们思考。孩子们，对于这种方法你有问题吗?

生：为什么算 10 +6?

生：为什么等于 14?

……

生答。

师：你来评价一下这种想法。

师：8 +6 是今天要解决的新问题，10 +6 这是同学们能解答的旧问题，把新问题转化为旧问题，问题获得解决，这是我们以后经常会用到的一种思考问题的方法。

片段三："玩卡片"

师：动手把 8 加几的小卡片填一填，再排一排，这些 8 加几的算式是否可以按照一定的顺序整理一下。

师：观察这些算式，你发现了哪些规律?

生：每个算式里都有 8。

生：算式中有个加数是 8，另一个加数是从 1 到 10，依次多 1，和也依次多 1。

生：每个算式都是和的个位数比第二个加数少 2。

师：2 到哪儿去了?

生：给 8 了。

生：支援 8 凑成 10。

……

师：你推测一下 7 加几会有什么规律呢? 6 加几呢?

李老师有一个平等的视角，聆听孩子的世界；有一双敏锐的眼睛，帮助孩子们找到错误背后的症结所在；有一个开放的头脑，鼓励孩子用多种方法解决问题；有一颗包容的心，让错误成为孩子成长过程中宝贵的财富。这正是李老师的课堂魅力所在。

7. 于露——睿智的课堂

年轻的数学特级教师于露的课堂教学思维敏捷，善于创设和谐民主的教学氛围，能根据学情创设有效的学习活动，引导学生主动地参与到活动中去探究、去发现。在课堂上，善于抓住学生的思维闪光点与不足，激发学生之间相互思维碰撞，通过学生自主地质疑、补充、提炼，一步步准确地把握相关数学内容本质，富有数学逻辑的美。于露老师的数学课堂，从来不是就知识教知识，就考试谈考试，我们能够清晰感到，于老师站得高，着力于学生数学思想的培养，增强学生对数学的兴趣，引导学生热爱数学，同时尝试用一种数学的观点看纷繁的世界。于露老师的课堂还有一种冷静睿智的幽默，“对称是一种数学的美，平衡是一种数学的美，看不懂做不来也是一种数学的美。”她特别擅长捕捉课堂上学生特别的思考，挖掘其中的数学教育价值，不露痕迹地引导学生自己去发现数学现象背后的原理。五年级任洗耳在作文中这样写道：“随着上课铃响起，教室里总是鸦雀无声。五年来，无论春夏秋冬，我们总是乖乖地期盼着于老师一堂堂精彩的数学课。即使天空时常是灰蒙蒙的，遮挡着阳光，我们的教室也总是明亮和温暖的。”

于露老师在多年潜心于“小学数学活动教学与学生素质发展”实验研究中，不断尝试小学数学活动教学新模式。她的“小学数学活动教学”在省内外已形成具有示范性的教学艺术特色。“圆的认识”、“分数的初步认识”、“面积与面积单位”、“两位数减两位数（退位减）”等教学观摩课，均采用了活动教学研究的学习方式，在全国、省、市、区活动教学成果展示活动中取得很好的示范效果。多次参加学术汇报交流活动，“小学数学教学中如何培养学生创新精神和实践能力”等讲座得到专家的好评。

[案例]

于露课堂实录片段：跳绳——两位数减两位数（退位减）

教学过程：

第一步，观察对比。

出示题组：65－14

56－21

78－32

99－35

84－42

51－38

师：这组题有什么共同之处？

生：两位数减两位数。（板书出来。）

师：再仔细观察，这些题可不可以分分类？可以分为几类，为什么？

生：前面5道题是一类，是两位数减两位数的不退位减法；后面的51－38是一类，是两位数减两位数的退位减法。

师：这就是今天要学习的数学内容。

师：写出课题——两位数减两位数（退位减）

第二步，尝试。

A：一起来试试51－38。

师：用你喜欢的方法试着算一算51－38，把你的方法记录下来。

师：开展同桌小组学习，说的同学要指着说给同学听，听的同学要听出他的算法和自己的是否一样，他的算法对不对。

B：全班交流。（一起来分享同学们思考的乐趣。）

计数器

学生在黑板上用计数器和磁碰摆出来。（能清楚地看见退一作十的过程和变化以后的十位数，为竖式的算理做准备。）

生：个位1－8不够减，从十位退1，个位上11－8＝3，十位5个十变成了4个十，再用4－3＝1，所以51－38＝13。

师：你们认为他的方法哪一点你特别喜欢？

生：一眼就能看出51－38的得数是多少，很方便。

生：个位1－8不够，我知道是从十位退一个十，到个位变成10个一，个位上就变成了11。

口算

生：我的算法是51－30＝21，

21－8＝13（实物投影仪）

师：他的算法你们读懂了什么？

生：他先减去30，是减了一个整十数，只需要算十位；再用21减8，是我们学过的两位数减一位数的退位减。

师：他把51－38变成了学过的知识来解决，会动脑筋。一起读一读计算过程。

生齐读（先算51－30＝21，再算21－8＝13。所以51－38＝13）

口算

生：我计算还要简便些。（实物投影仪展示。）

51－40＝11

11＋2　＝13

师：你们有什么不明白的问题提出来请他回答？

生：哪里来的2呢？

生：为什么要加呢，怎么不是减2呢？

师：其他的同学有没有理解到了的，你们愿意帮助解释吗？

生：把38看成40，多减了2。要还回去，所以要加上2。

师：提问的同学明白了吗？自己试着说一说。

生：只减38，减40多减了2，所以要加上2。

师：那这样计算哪一点你觉得特别好？

生：没有退位减了，计算不困难。

师：计算中没有退位减了，也没有进位加，计算简便了不少。可是思维难度却不小，要弄懂为什么这样算特别是为什么加2。这位同学善

于动脑筋，我们要向他学习。（课堂及时生成）

生：那我可以这样算吗？（实物投影仪展示）

$50-40=10$

$10+3=13$

整十数减整十数更简便。

生：那3是哪儿来的？请你解释。

生：51看做50，少减1。38看做40，多减了2，这样就少算了1+2=3。最后要加上3。

师：你是受到了同学的启发想出了好办法。全班同学一起夸夸他。

竖式计算

生：我是用竖式帮助计算的。（实物投影仪展示）

$$\begin{array}{r} \dot{5}\ 1 \\ -\ 3\ 8 \\ \hline 1\ 3 \end{array}$$

学生说出想法，老师引导学生知识落实并且全班练习笔算。

师：你喜欢哪种算法？和同桌的同学说一说。

采访：说出你的同桌喜欢那种算法，看谁听得最仔细。

师：每位孩子有自己喜欢的算法，他可以帮助我们算得又对又快。但是于老师建议孩子们在练习中可以试着变换不同的方法去计算，让自己头脑更加灵活。

师：在两位数减两位数退位减中，最需要注意的是什么？

小结：个位不够减，从十位退一是必然的。要注意的是，十位退一自然就少了一，那么现在的十位是几减几，要想清楚了再算。

于老师擅长发挥学生的集体智慧，让学生共同参与、交流信息、互相学习、相互促进、主动求知、共同提高。她充分发挥小组群体的活动能力，给学生较多的讨论分析机会，使学生在知识上互补、学习方法上互鉴、善于合作、集智取长、协作创新，努力培养学生的创新意识。

8. 李茂渊——写意的课堂

他，是实小最早被允许留长头发的男老师，似乎他的发丝间，也盈满他的才气。他的长发、他的个性及他的课堂风格是如此和谐。他的课堂，有壮士任侠的洒脱，更有书生仗剑的痛快。他的美术课不仅仅给学生讲画画的技法，更多的是给学生各种艺术和文化的熏陶。他给学生讲欧洲文化，也讲京剧艺术，他既带着孩子们画青花瓷，也和他们一起创作四格漫画。丰厚的文化素养、生动活泼的教学配以他的幽默风趣，让他成为了学生崇拜的偶像。

一节饱含中国韵味的美术课《水墨熊猫》，他从古老的宣纸、毛笔讲起，摸一摸，比一比，中国人的朴实、坚韧、纯洁、正直被他融入对悠久文化的解读。枯燥的技法被他演绎成了“武林绝招”，一招浓墨调淡，轻画线。一招浓淡各半，画出点。他再用观察、模仿、表演一点点让孩子们捕捉熊猫的神韵。在他的巧妙指点下，拥有了“武林绝技”的孩子们很快创作出了姿态各异、神韵各异的熊猫。

李老师的课堂就是如此写意，却总是“浓妆淡抹总相宜”。他将文化与技艺融合，将模仿与创作结合，让孩子们创造出他们自己的世界。

9. 雷萌——情蕴的课堂

音乐老师雷萌看上去很平凡，但是一站上讲台，顿时光芒四射、光彩照人。雷老师认为：音乐课堂的魅力在于以“情”动人。在课堂中融入“美”，在心中蕴涵“情”，让“美”的意境融入各种教学手段与环节中，突出“美”的语言、“美”的教态、“美”的示范，从而启发学生在“美”的音乐氛围中体验“情”，用声音和肢体动作抒发“情”，在心中蕴涵“情”。

雷老师的课堂就是一段奇妙的音乐之旅。课堂指令是一段段变幻的音乐，口、手、脚、椅子都可以是很棒的乐器，走路、鼓掌、拍手、跺脚都是一个音乐创作的过程，连课堂评价也是一段即兴的音乐。老师创设的情景是情感的熏陶，老师的示范是一次次赏心悦目的演出，孩子的表演是一次次自由的创作。老师巧妙的情境创设、丰富的评价语言、优雅的姿态、生动的表情无一不给孩子美的熏陶。老师的示范是美的，引导是美的、评价是美的，语言、动作、音乐之美和谐地融为一体，深深地吸引着、感染着课堂上的每一个人。让人忍不住跟着她一起唱啊、跳啊。她将对音乐、对孩子的热爱浸泡在浓浓的情感里，酿出最生动的课堂。她的课堂不仅仅是让孩子学会唱歌跳舞，你分明能从中感受到艺术的魅力、生活的美好。孩子们在她的课堂上学到的远远不只是唱歌跳舞，更多的是享受生活和创造美好的能力。

［案例］

教学片段：《甜甜的秘密》

师：同学 O们 同学 O们 早 上 好——

生：雷老 O师 雷老 O师 早 上 好——（生起立）

师：请同学们和我一起随着音乐律动起来！

生：（律动：芭蕾手位组合　音乐：《甜甜的秘密》伴奏音乐）

师：（示意学生坐下）同学们，看着你们在舞蹈中脸上洋溢的微笑，让雷老师想起一部电影，名字叫《放牛班的春天》，故事讲的是一位音乐老师来到一所私立学校任教，这所学校大多是问题儿童，常常搞出各种各样的恶作剧来捉弄老师，可是这位音乐老师却不嫌弃他们，他教他们唱歌，组建合唱团，渐渐地，在歌声中，这些调皮捣蛋的孩子像被施了魔法一样，深深地爱上了音乐，爱上了这位老师。（出示课件）可是有一天，老师要离开学校了，他提着行李，孤独地走出学校的大门，他以为孩子们会在门口送他，可是一个人也没有，他伤心极了，拖着沉重的步子，走到学校的拐角处，地上满是写着祝福的纸飞机，耳畔传来一阵阵充满深情的歌声，循着歌声望去，他看见纸飞机正从窗口飞出，一双双小手在窗口使劲地挥动。

今天，雷老师也带来了纸飞机，想让它带着你们一起走进用音乐编织的故事。

首先，请同学们闭上眼睛，如果纸飞机飞到了你的身边，请你暂时将它收藏起来，不要打开它。(师将三只纸飞机抛向学生)

现在，请拿到红色飞机的同学打开它，并将上面的话与大家一同分享。

生：(朗诵）星期一的早晨，7:30，阿痛背着书包来到了学校。

师：校园里安静极了，微风吹在脸上，心情特别的舒畅，阿痛不由得唱起了歌（出示练声曲，师范唱)。

生：(跟琴练声)

师："465"就像微风一样，轻轻地，柔柔地，注意将眉心提起来——

生：(跟琴练声，声音轻柔、连贯)

师：当旋律呈上行时，力度应该怎样变化?

生：渐强。(练声曲后半部分旋律力度渐强，并注意换气记号)

师：接下来，请拿到蓝色飞机的同学打开它，上面写的什么呢?

生：(打开飞机）7:33　阿痛背着书包爬上楼梯，"噔噔噔"地爬上楼梯。

师：(出示节奏 XX　XX　XX　XX　X　X　X　—）阿痛的教室在四楼，他"噔噔噔"地爬上楼梯（师用脚示范节奏）大家一起来。

生：(用脚打击节奏)

师：咦？前面那不是小乐吗？嗯——比我还早！我得悄悄地跟在她的后面，不要让她发现!

一　二　一起　来!

生：(轻轻地用脚打击节奏)

师：刚才的声音变得很——

生：轻。

师：力度是——

生：弱。

师：下面，雷老师将它变一下!（出示节奏 XX　OX　X X　OX　XO　XO　X —)

加上八分休止符，力度弱，听，是什么效果？（师示范）

生：（模拟节奏）

师：你们觉得八分休止符在这里有什么作用呢？

生：悄悄地。

师：哦，更能准确地表现出阿痛悄悄地、蹑手蹑脚地跟在小乐后面的形象对吗？大家一起来表现这种状态，注意声音有弹性。

（出示节奏 XX OX X X OX XO XO X —）
悄悄 地 悄悄 地 悄 悄 地

生：（朗诵节奏，第二遍师提示学生用高位置朗诵）

雷老师结合歌曲主题，运用电影《放牛班的春天》创设情境，借助片中“纸飞机”这一道具，巧妙地激发学生学习兴趣，并进行教学环节的转换。在教学过程中突出“美”的师生情谊，在“美”的情境中进行发声练习，训练“美”的声音，用肢体语言表现“美”的音乐意境。用在比较中学来发挥学生的自主能动性，激发音乐想象力，在音乐中表现“美”的节奏、“美”的旋律；在音乐中体验中感受“美”的师生情感。这样的音乐课是真正能启迪学生情感，培养学生音乐能力，养成学生音乐素养的课堂。

儒雅之师在知识文化上求渊雅、博雅，在胸襟气度上求宽雅、和雅，在言行举止上求清雅、文雅。儒雅之师的风格又各有各的不同，只要真正走进儿童的内心，读懂他们的需求，顺应他们的发展，给予他们最需要的引领，这样的教师就是儒雅的教师。

第五章　文雅学生——以雅育雅，活而有常

著名教育学家赫尔巴特说过：一切教育都首先是道德教育。道德是人生存与发展之本体，无德之人无法在社会上立足。只有对道德教育的本质有一定的了解，才能较为恰当地对学生进行道德教育。道德是对人性本质的探寻，同时受环境的影响。道德源于内发而非外铄，源于主动而非强迫，因此，道德教育的特性就在于通过引导使受教育者由内而外地产生自发的道德行为。

实小人从建校初期到现在，无论是经历战火纷飞的岁月，还是“文化大革命”的动乱年代，以及商品漫天飞舞的经济时代，道德教育始终都是实小的核心与根本。新的世纪，社会背景、教育理念、教育对象的变化，以一系列科研课题为载体的雅教育德育实践，使实小对德育之路有了新的思路和积累，如《学校文化建设的研究》让我们对德育的目标和本质更加明晰；《小学综合实践活动的实施策略与方法》、《小学生自主管理活动的设计与组织研究》、《小学生自主活动的评价研究》等课题通过大量翔实的行动研究积累了丰富的德育活动实践经验；同时，通过《民管会有效参与学校管理途径的研究》课题的实践，构建更加民主、多元的家庭、学校、社区三结合体系。这些科研课题的开展，以及伴随而来的德育研究活动，推动着学校的德育工作不断向前。

一、德育理念创新，奠文雅之基

（一）新世纪的德育之困

1. 传统德育的尴尬误区

德育为首、德育为先是德育的一贯高度，但是现实中由德育带来的各种现象却不尽如人意。

（1）德育目标大空，脱离学生实际

德育的目标应该是指向人的，是使人成为人的教育，它是人在与自身、与他人、与环境互动过程中实现和谐、建立完善的意义世界的教育。然而传统的德育目标将道德理想教育、道德原则教育作为了小学生道德教育的重心，而忽略了道德规则这一底线的培养。这样的目标，一方面，无视人的正常诉求，盲目拔高道德要求，用“圣人”标准来一刀切地教育小学生，从而压抑正常人性。另一方面，与此相反，在日常生活中，学生缺乏规则意识和参与意识，更缺少最起码的公正和民主，从而走向另一个极端。德育脱离了小学生的实际生活，让道德成为小学生可望而不可即的空中浮云。一些从小接受“高标准、严要求”道德教育的人，他们长大后，却连一些最起码的规则也做不到。在 2000 年初，学校德育处组织的一次关于“小学生日常德育行为调查”中，也突出反映了这样的趋势：如“你将垃圾随意丢在地上吗”，参与调查的低段学生有 70% 选择“从不”，而中段及高段学生这一数据则低至 46% 和 33% 。又如“如果长辈不遵守交通规则你会提醒他们吗”，这一数据选择“会”的学生从低段到高段依次递减为 68% 、59% 、57% 。

因此，“学校道德教育必须从远离学生生命世界的格局中走出来，回归学生的真实生活，关注学生的生命世界。”①此外，学校迫切需要顺应学生身心发展规律，将德育目标调整为循序渐进的序列，按照对学生不同个性的尊重，进行分层目标设定，避免让学校德育更多停留在口号和概念层面，难以实施。

（2）德育过程单调，忽视内化过程

长期以来，德育过程照搬智育过程，把德育视做道德知识的传授过程，“以道德知识的传授及其学科为载体，交给学生知识性的道德概念，受教育者把道德理论、规范、准则作为知识掌握，获得的是外在于人的‘关于道德的观念’，而非内在于人的‘道德观念’。”②

而且传统的德育普遍采用榜样示范法、说理疏导法、自我教育法和品德评价法。学校的德育活动往往从设计、组织到实施大都由教师安排。老师习惯用道理说服、榜样感召等方式来进行德育教化。而这些教

① 刘慧，朱小蔓．多元社会中学校道德教育：关注学生个体的生命世界［J］．教育研究，2001（9）．

② 吴庆华，屈林岩．德育的反思［J］．长春工业大学学报，2003（9）．

化方式较多的是灌输应该做什么，不应该做什么。而这些道理并未能通过学生自身的积极思维与情感体验使之内化，这使得学生在众多德育活动中往往注重活动的表面，并不能由活动本身，得到相应的道德观念和实践。德育的后果可想而知。

（3）德育元素单一，忽视情境共创

德育是一个多元主体的互动过程。学校德育离不开与家庭教育、社区教育、社会教育的和谐互动。但是由于校外纷繁复杂的多元价值对学校德育充满各种诱惑，增加了学校德育引导教化的难度。为了一个相对单纯的德育环境，学校德育更愿意闭门造车，为学生屏蔽一切不良信息，创造一个洁净的童话世界。

但是，远离家庭教育、社区教育的德育上演着众多“5+2=0”的徒劳无功，失去家庭教育和社区教育、社会教育的支持，学校德育只能是虚无缥缈的空中楼阁。因为学生不仅仅是学校学子，同时还是家庭成员、社会公民。这些身份价值观的和谐统一才能引导学生成为一个内外和谐的现代公民。因此，德育要充分发挥学校、家庭、社区、社会等多种元素的不同功能，为学生的德育生活创设一个和谐的环境，让道德成长成为学生终身学习的重要内容。

（4）德育评价单一，忽视过程评价

在对学生日常的德育评价中，我们通常的标准是是否听话，乖不乖。对学生的评语也是套路式的“热爱班级、关心集体”，循规蹈矩、符合老师意愿就是好孩子，否则就是差生。这样的德育评价让许多孩子成为了一方面迎合老师、迎合家长，另一方面发泄真我的双面娃娃。这样的评价也造就了一大批广受好评但缺乏创造力的学生。如在调查中，学生面对老师误会你的时候，低、中、高段只有分别有48.6%、59.3%和52.4%的学生选择“找老师解释”，也就是说，其他近半数学生选择“不放在心上”、“自己生气”和“告诉爸爸妈妈”三个选项，放弃了为自己辨明是非的权利。

德育并非要追求一个统一完美的结果，而是就在教育者与教育对象的思想、行为互动过程之中，实现各自的自主构建、品德共进，培养真正具有民主精神的现代公民。因此，德育的评价更多在于尊重学生个性基础上的过程互动。让这样的互动真正促进学生进一步的道德自我构建。

2. 学校面临的德育现状

改革开放以来，社会处于经济转型期，外来思潮不可避免地对社会传统文化、价值观产生冲击，引发信仰缺失、道德淡漠、唯金钱论等一系列社会现象。这些对学校教育产生巨大冲击。此外，信息技术的普及使得社会信息泛滥、价值多元，多渠道的信息获得冲击着传统的价值判断。社会成员处于价值迷失的迷茫之中。同时学校的教育对象、社会环境也面临着变化，德育也出现形形色色的问题。

（1）大“我”小“他”——对自我的放大，对他人的忽略

现在的学生行为处事大都以自我为中心，将“我”无限放大，置于利益的首位，凡事从“我”出发，对“我”以外的其他人的利益却视而不见。

A. “不是我的错”——同伴矛盾冲突，正确的永远是自己。

由于现在的学生多为独生子女，人际交往能力越来越差，同伴矛盾冲突越来越多，而学生处理矛盾冲突的能力越来越弱。遇到问题，学生开口的第一个句式永远是“他先……”，矛头永远指向对方，他们看不到自己在矛盾冲突中曾经做过些什么，因此他们也不会认为自己有错，更不愿为冲突承担自己的责任。这样的心理状态，与人合作、沟通交流便成了难上加难的事情了。

B. “与我无关”——公共事务，撇清与自己的关系。

在公共事务面前，学生事不关己高高挂起。地上的纸不是我扔的，所以不该我捡。教室里的灯不是我开的，所以不该我关。同学跌倒了，不是我推的，所以不该我扶……学生不知自己是“公共”的一部分，对“公共生活”有一份义不容辞的责任。

（2）内“律”外“消”——社会德育环境对学校德育的消解

德育离不开学校、家庭、社会三者的有机结合。但是在现实中，社

会环境不但没有给学生树立品德典范，营造良好的德育环境，为学生的品德生长提供优良的土壤，还通过大量途径消解学校德育的作用，形成“5 + 2 = 0”的艰难局面。

A. “照谁说的做?”——家庭教育与学校教育的观念冲突

家庭教育作为学校教育最重要的合作者，原本应该在理念上一致，但是事实上家庭教育更多站在个体的视角思考问题，而学校教育更多站在集体的视角思考问题，但当个体与集体的观念发生冲突的时候，尊重个体意愿还是尊重集体意愿成为困扰学生选择的一个重要问题。

B. “大人为什么可以不遵守?”——成人世界对言传身教的忽视

在我们对学生的很多要求中，我们大人并没有起到良好的示范作用，给学生讲大道理不如我们成人做给他们看更有说服力。教师下课压堂，家长开车打电话，带孩子闯红绿灯，这些都在告诉孩子们规则是可以不遵守的。

C. “这又不是学校”——校内校外“双面人”

我们可以看到一些学生在学校比较遵守规则，彬彬有礼。但是一走出校园就判若两人：大声喧哗，语言粗俗，行为放肆。恶劣的社会环境让学生的社会化过程就是一个道德消失的过程。学生在社会德育与学校教育的夹缝中学会了见风使舵，失去了最基本的价值判断。

（3）重“智”轻“德”——学习至上，成绩为重

虽然大多数教师和家长都认可品德比成绩重要。但是品德是难以量化的，而分数是可以量化的，因此，在实际的教育过程中，老师和家长往往还是愿意花更多时间和精力去提高学生的分数而不是品德。很多家长都更愿意送孩子去参加奥数班、作文班，而不愿把时间“浪费”在班级学校公共事务或者社会公益活动上。高智低德的学生越来越多。

这些现象似乎是这个时代背景下极为普遍的德育困惑。学校面对复杂的社会教育生态环境应该采取什么样的态度？在道德淡漠、信仰缺失的社会背景下，学校德育应该坚守的教育本真又是什么？在社会规范建立与学生个性追求的矛盾冲突中，我们的德育活动应该怎样变革才能打动他们的心灵，影响他们的行为？自 2000 年以来，学校通过一系列的

德育改革，尝试解答上述问题。在不懈的努力下，我们渐渐清晰了方向，以“以雅育雅，自主发展”作为雅教育的德育指导思想，以“活而有常”文雅学生作为培养目标，以“活动体验”作为德育路径，创新德育之路。

（二）雅教育的德育之思

1. 培养文雅学生，雅教育的德育目标

原国家教委《小学德育纲要》中明确提出了小学德育的目标：“为提高整个中华民族的思想道德素质，培养学生初步具有爱祖国、爱人民、爱劳动、爱科学、爱社会主义的思想感情和良好品德；遵守社会公德的意识和文明行为习惯；良好的意志品格和活泼开朗的性格；自己管理自己、帮助别人、为集体服务和辨别是非的能力，为使他们成为有理想、有道德、有文化、有纪律的社会主义公民，打下初步的思想品德基础。”

而实验小学的雅教育思想在国家小学德育目标的基础上融入了学校近百年的文化特色。雅教育希望在小学阶段培养具有现代公民基本素质与素养的文雅学生。让小学德育为孩子的终身幸福奠定基础。文雅学生追求：“思想活跃，身正业勤，个性活泼，活而有常”。既要有学子的规范和勤勉，又要有孩子的活泼、灵动与活力。学生的文雅不仅是一种言行礼仪的规范，更是一种正气的捍卫，一种视野的开阔，一种对责任的担当。

2. 为孩子的终身幸福奠定基础，雅教育的德育视角

“为孩子的终身幸福奠定基础”是雅教育的终极目标。而奠定终身幸福的基础即意味着学校应培养心理健康、人格完善、发展全面的社会人。因此德育过程要尊重学生的个性特征和成长规律，尊重并激励个体的个性发展。只有这样，才能让学生感受到自尊，才有了自我发展的动力。同时，也要尊重学生的主体地位，发挥学生的自主性，使他们养成

独立思考、自主选择和积极实践的德育习惯，培养他们的自主德育意识，提高他们的自主德育能力。

3. 落脚活动体验，雅教育的德育路径

实小人认为，道德的生成是人的自我建构的结果，道德教育就是通过培育学生的主动性，引导学生进行个人道德的自主建构。因此，在学校近百年的发展历程中，注重价值引领，尊重学生的道德自主性一直贯穿始终。自建校之初，胡颜立校长就十分注重培养学生的“自动、计划、研究、创造”的能力。改革开放之后，学校进行了活动教学的系列研究，为学生的自主成长提供了丰富的实践基础。“雅教育”思想的核心理念是“以雅育雅，自主发展”，这也成为了实小德育工作者提高德育实效性的重要指导思想。“自主发展”意味着承认孩子成长的主体性，尊重孩子的个性需求和心理特点，承认道德的培养是自我逐渐内化的过程。而创设体验活动，则是让孩子道德自我内化的重要途径。金盛华教授认为，体验教育的基本内容是通过开展符合未成年人成长规律的、具有未成年人情趣和时代气息的实践体验活动，帮助未成年人从家庭生活、学校生活、社会生活等各个方面寻找一个位置，扮演一个角色，获得一种感受，明白一个道理，养成一种品质，学会一种本领，从而全面提高自己的素质。

因此，实小通过变革旧的德育常规活动，成立模拟社会 A 城，形成家庭、社区、学校三结合等方式，尽可能让每一个儿童都有机会经历完整的世界。孩子在经历各种类型的体验活动后，才能在体验中感悟，继而进行自我教育——自我内省，自我觉悟，从而内化为自觉的道德行动。

二、德育实践创新，育文雅之生

（一）变革德育旧常规，传统活动课程化，活而有常，育雅言雅行

为提高常规德育的实效性，我们对其内容、形式、开展方式等方面都进行了挖掘和创新，注重常规德育活动的趣味化、生活性，从儿童的身边选择素材；对德育的形式进行创新，将经典有效的常规德育活动以课程的形式固定下来；注重德育工作的常规化，避免随意性，让传统德育在新世纪焕发出新的活力。

1. 让每个学生都成为德育主体

学生的德育主体地位实则在很多时候是单指优秀学生，为了发挥优秀学生的积极示范作用，德育舞台更多地留给了这样的孩子，对于大多数平凡的孩子来说，倾听是他们接受德育比较常规的方式。因而，真正的德育离大多数平凡的孩子来说是遥远的。为了改变这一现状，学校开始尝试改变德育观念，真正认识到每个孩子的德育主体地位。把大量的德育平台留给更大多数的孩子，让他们在其中经历各自的德育成长。因此，学校的各种个体参与的活动逐渐减少，而变成了更多群体性参与的活动。让更多孩子都有机会参与德育的体验过程。

[案例]

全班的国旗下讲话

每周一次庄严的升旗仪式是学校集体教育的大好时机。因此校长、老师以及优秀学生经常运用这一平台对学生进行各种道德教育。但是，在台上周复一周出现的老面孔、旧形式开始让台下学生听得漫不经心，很不耐烦了。这是为什么？经过深刻反思，我们发现，我们虽然把部分舞台让给了一些孩子，但是我们还是没有把学生真正当成德育的主体，

每一个学生都应该是德育主体，而并非仅仅是优秀学生。而且单一重复的讲话形式也让这一德育形式在学生心目中失去了新鲜感。我们为什么不真正地把这一方舞台还给学生呢？让他们用他们的主体智慧来创造自己喜欢的德育方式。“台下鼓掌六年，不如上台一次。”于是，新的国旗下讲话思路在讨论中诞生：任务驱动，班级承担。自主体验，亲历成长。具体实施即让全校39个班级的学生轮流全班上台担任国旗下讲话主角。讲话形式不限，鼓励各种创新形式，讲话内容则根据学校对文雅学生的定位，分板块分年级选取。一学期的国旗下讲话内容涵盖了传统文化、祖国历史、全球时事、世界文化、文明礼仪、规则与权利、感恩等内容。

我们将上述内容分为四个基本模块——“我的责任”、“牵手文明”、“童心系家国”、“外面的世界”。每个班级基于模块的框架，自主选择主题，充分发挥学生自主意识，动态生成一系列创新性强、内容丰富、风格多元的文雅学生德育资源。

在每周一次的“国旗下讲话”的实施中，主要分为两个阶段：活动准备阶段、活动实施阶段。这两个阶段分别就文雅学生的不同侧面进行德育体验、实现德育浸润。

1. 准备阶段

对象：承担国旗下讲话的班级学生

(1) 以班级为单位，根据模块，进行主题选择。在此过程中，培养孩子信息收集与处理能力。

(2) 制订活动计划：培养孩子制订计划的能力，发掘学生优势智能进行合理分工。

(3) 开发活动内容：组织能力、寻找资源及整合资源、合作能力、集体意识等。

2. 实施阶段

每周的国旗下讲话只有10分钟时间，而每个班的10分钟都是独一无二的，风格多样，带有自身独特的班级文化和个体魅力。短短的10分钟，各班采用了丰富的表现形式：朗诵、小品、情景剧、歌唱、演讲。文雅学生的核心目标被蕴涵在一个个精致有趣的活动中，以儿童喜闻乐见的形式潜移默化地浸润每一个实小学生的内心。

小小的一个变革，让全校 2000 多个学生都成为了国旗下的主人。他们利用业余时间创意、排练，在过程中经历着各自的成长。站上舞台，他们是一个个肩负班级责任的团体。每一个班的出色风貌都带给我们一串串的惊喜。而台下的学生则在台上同龄人的身上寻找自己的影子，他们听得特别投入。此时，讲话的内容与形式似乎都已变得不那么重要，更重要的是每个学生都在其中找到了自己的位置，体验到了自己的成长。

为了把这一良好的形式固化下来，形成一个优良的德育传统，学校将这样的每周一次定位为德育的每周一课。让每一次的内容在德育目标的指引下更具连续性和序列性。

2. 让校园每一次活动都成为德育过程

A 城读书节活动

长期以来，学校就主张让学生在活动中实现德育成长，因此，学校的各种德育活动众多，不少孩子也确实在活动中得到了很好的锻炼，变得更加自信和能干。但是，每一次活动的策划、组织、实施都需要学校投入相当大的人力物力，如何让这些投入更高效地为德育目标服务，成为学校新的思考。学校开始将各种比较零散的活动梳理、协调、归纳为几类活动，每一类活动侧重培养学生某一方面的德育能力。并在实践中将这些活动逐步形成传统固化下来，让其变成学校文化的重要组成部分。除了常规的传统节日，学校充分利用校本资源，选择恰当的主题，并将一些具有长期德育意义的主题固定下来，形成固定的典礼仪式、主题日或主题月，通过年复一年的持续活动促进学生的德育成长。

表5-1　成都市实验小学重要典礼及主题日、主题月一览表

类　别	形　式	德育形式	德育目标
典礼仪式	开学典礼	全校集会、唱歌、朗诵、情景剧、互动活动	明确目标，规划成长
	散学典礼	全校集会、唱歌、朗诵、情景剧、互动活动	总结成长，激励反思
	毕业典礼	成长回顾、唱校歌、呼校训、校长赠言、诵学校文章	感恩母校，心系社会
主题日	少先队建队日	少先队历史学习、入队仪式	了解历史，肩负使命
	家长开放日	家长进校参观、听课、与教师交流	家校合作，互为资源
主题月	3月运动月	趣味运动、运动比赛	锻炼意志，融入集体
	4月阅读月	流动书屋、好书共赏、儿童作家进校园	丰富视野，提升精神
	5月樱桃节	护樱桃、摘樱桃、送樱桃活动	传递美好，共建文化
	7月综合实践月	文化交流、志愿者行动、综合实践活动	走向社会，体验公民
	10月科技月	科技小论文、小发明、小制作、社会实践活动展示和评比活动	面向未来，科技创新
	12月艺术月	全校器乐比赛、班级合唱比赛、才艺展示活动	展示才能，培育自信

[案例]

感恩的心——樱桃节的诞生

1987年，学校新落成了一栋综合楼供学生开展丰富多彩的课外活动用，苏文钰校长提议在楼前新建的花园里栽一些果树，不少老师对此持反对意见。俗话说，樱桃好吃，树难栽，老师们觉得太难管理。可苏校长说，学校的每一项工作都富含教育因素，栽树、管树也是一个教育内容，也是一项教育工作。于是，樱桃树种下了，树丛中还安置了供学生休息的石桌椅。1988年，樱桃树第一次挂果，孩子们异常兴奋，课间常有孩子在树下玩耍、交谈，讲述着他们自己关于樱桃的故事。这时，学校及时组织了系列活动，从“樱桃红了，你在想什么”的思考；到“樱桃红了，我们该怎么办”的讨论；再到“樱桃红了，我们在行动”的摘樱桃、送樱桃活动，不仅让学生品到了樱桃的甜，也让他们学会了用收获的果实去感谢父母、师长。一批批学生来了又去，这一年一度的樱桃教育从未间断。

每年，当晶莹的红樱桃挂满枝头的时候，全校孩子们没有一个去私自采摘，他们不仅克制自己不摘樱桃，还教育身边的弟弟妹妹们要爱护樱桃，更要用自己的行动去保护和爱护樱桃树，因为孩子们都在等待学校“樱桃节”的到来，由全校这一年中进步最大的孩子亲自采摘，最后，把樱桃送给孩子们心中最可爱的人品尝。

每年的樱桃节隆重而热烈，有一部分孩子通过自己的努力取得进步获得亲自采摘樱桃、赠送樱桃的资格，每年都有孩子们心中最可爱的人（老师、交警、医生、工人、同学……）能够品尝到甜美的樱桃。

樱桃红了一年又一年，樱桃节过了一年又一年，樱桃已经成为了实验小学师生向往美好、呵护美好、创造美好的共同记忆，成为了根植师生心中的一种精神动力和力量源泉，也成了学校文化的一个重要组成。于是，学校校刊被命名为《樱桃红了》，以此来传承学校悠久的德育文化。

3. 让校园一景一物都变成德育资源

学校的一景一物在潜移默化中都传递着学校文化，营造着学校德育氛围。因此，学校要充分利用校园的各种文化因子，对学生进行德育宣传。校园环境的精心布置，校园文化产品的精心策划设计都承载着德育宣传的功能。但是，以往的德育宣传更多是通过模范人物、标语、口号等形式来进行宣传，离学生的生活实际比较遥远，缺乏趣味性和生动性，实验小学根据自身特色，创新了德育宣传的方式，比如演讲、讲故事、编情景剧、开辩论会等，还搭建了多个德育宣传平台，如校刊《樱桃红了》，校园广播《樱桃故事》、校园网络等，其中最受学生欢迎的是学校创新的儿童漫画德育宣传方式。

［案例］

儿童漫画，浸润文雅

儿童漫画是一种少年儿童普遍喜爱的形式。通过对在校少年儿童的观察和调查，我们不难发现一种现象，那就是少年儿童对卡通漫画、动画的喜爱和痴迷。我们学生在课间时间更喜欢模仿漫画作品中的人物进行游戏、在美术课上对漫画创造更感兴趣、漫画读物也成了许多孩子重要的阅读内容。因此，利用儿童漫画这种孩子喜闻乐见的形式作为德育载体，是进行传统德育宣传形式创新的一次探索。

在美术组的创作下，小文、小雅，两个可爱的实小四年级学生的形象诞生了。在“小文小雅校园生活——文明礼仪”四格漫画系列中，每个孩子会看到自己的影子：他们是平常的小学生，有自己的爱好与个性；他们像所有孩子一样有着许多小毛病、却积极反思和努力克服。

“我们该做什么、该怎么做？”不再是通过离孩子很远的“高、大、全”榜样来刻板说教，而是让孩子观察这两个普通同伴在面对具体问题时的思考和行动。动漫的力量，让文明无声，德育无痕！

小雅
性别：女
年龄：10
生日：10 月 8 日
爱好：弹钢琴、唱歌、跳舞、画画、读书、吃零食
性格：诚实、善良、天真、懂事、喜欢安静
最喜欢的零食：巧克力
最崇拜的明星：周杰伦

小文
性别：男
年龄：10
生日：6 月 1 日
爱好：画画、体育锻炼、科技制作、吃零食、打游戏
性格：具有正义感、善良、天真、好动、容易激动
最崇拜的明星：周杰伦

在后续的德育宣传活动中，小文小雅的系列开始在全校定期征集作品，孩子们用自己的笔，画出身边的校园故事，“我认识的第一个朋友”、“哭泣的垃圾桶”、“我是微笑天使”……有关于文明礼仪的、有关于遵守规则的、有关于与人交往的……

让孩子们喜闻乐见的德育形式就是最有效的德育形式。德育不仅仅是老师对学生的教育，孩子们也在用自己的视角和方式进行同伴教育和自我教育。

（二）开辟德育新平台，自主活动特色化，文质彬彬，培雅思雅力

1. A 城源起

与以往任何时代的小学生相比，当前的少年儿童对个体的自主性和独立性要求更高。他们多为独生子女，从小受到家庭的宠爱，认同“我

的地盘我做主”，希望自己的生活由自己来选择和决定。但另一方面，家庭溺爱，为孩子包办一切的现象极其突出，孩子缺乏独立思考和自主选择的机会。此外，“唯考论”的社会人才评价体系，导致家长过度功利，只重视学习或者与升学有关的艺术特长，对生存技能、社会技能等方面漠不关心。这些因素导致孩子在心理与行为上割裂，要求自主却缺乏自主能力。

对于学校而言，德育教育更多是依托少先队来开展。在目标上，少先队活动强调对传统道德和政治意识的传承，而忽视学生的现实需求；在开展形式上，主要采取自上而下的模式对大队部、中队、小队进行德育活动，忽略了学生的主动性，重灌输而轻体验。在内容上，少先队活动偏重常规德育的要求，且活动零散，缺乏系统性，缺乏对学生综合素质的持续培养。因此，传统的少先队活动，既无法满足儿童的自主需求，也无法满足社会对人才综合素质的全面要求。

因此，在“以雅育雅，自主发展”的办学理念指导下，学校开始着手搭建一个德育新平台。这个新平台以社会生活的各个领域为内容，以系列化的自主活动为载体，充分拓展学生的自主空间，促进学生之间、学生与社会的联系，让学生在真实的体验中自主发展，提高综合素质。

2. A 城设计

（1）理念定位

A 城是一个具有现代气息的模拟城市，实小的每个孩子都是这个城市的市民，城市由学生自治管理。“A”源于成都市实验小学的校标。“A”是 26 个英文字母的起始字母，寓示起点，“A”是等级评定中的第一等，寓示一流。因此，做最好的自己成为了 A 城全体市民共同努力和奋斗的目标。A 城作为有别于常规德育活动的新平台，具有以下特点。

A. 实体平台，模拟社会角色

通过搭建校园模拟城市，以虚拟频道来代替城市各个领域中的职能部门，以社区来代替城市各个区域划分。频道负责策划开展各类活动，社区负责组织实施在本区域内的各项活动。A 城的德育平台是实体化的，儿童在模拟城市中进行社会角色体验，从而建立个体与他人、集体、社会、国家、自然的联系，也促进了对社会的认识和各方面综合素质的提高。

B. 自主管理，培养民主意识

民主是现代城市的基本运作制度，民主可以保障每个人都拥有平等的机会与地位，保障每个人都有参与管理的机会。对于学生而言，从小的自我管理对于他们民主意识的生长具有奠基作用。因此，A 城从机构的设置、人员的诞生、活动的开展，每个环节都离不开学生的自主管理、自主参与。A 城为每一个孩子的自主发展提供舞台，让学生在各种自主体验中实现道德的自我生长。

C. 多元活动，激发自主参与

孩子的发展和成长是多元的，每个孩子的优势智能也是不同的。A 城作为一个模拟的现代城市，是我们为孩子创设的系统的体验平台，为孩子们提供了丰富的自主活动，活动主题涵盖了法律与规则、环境与环保、国家与国际社会、政治与社会公共事务、社会公德与个人美德、科学知识与技能等社会生活的主要方面。多元的活动类型，让学生有机会能够根据自己的兴趣和特点来进行选择。学生参与德育活动不再是强制、被动的，而是自发、自主的。

（2）机构设置

①A 城结构

A 城由三个部门构成：支持部门、市政府、仲裁委员会。支持部门由学科教师、大队部、班主任、社区人士构成，其主要职责是为各项自主活动提供指导与服务。A 城市政府的主要职责是对 A 城日常事务的管理，在横向上共设立了 9 个频道，模拟城市机构的职能部门。九个频道涵盖了学生实践和成长的几大方面，为 A 城市民提供活动主题和内容。在纵向上划分了 6 个社区，模拟城市行政区域，社区与社区之间的融合与竞争，构成了和谐城市的良性发展。A 城仲裁委员会是由各班民主推选的代表、教师代表以及社区代表构成的独立机构，主要负责对 A 城各个机构进行民主监督和评价，对提议进行裁决。以下为 A 城机构—功能图。

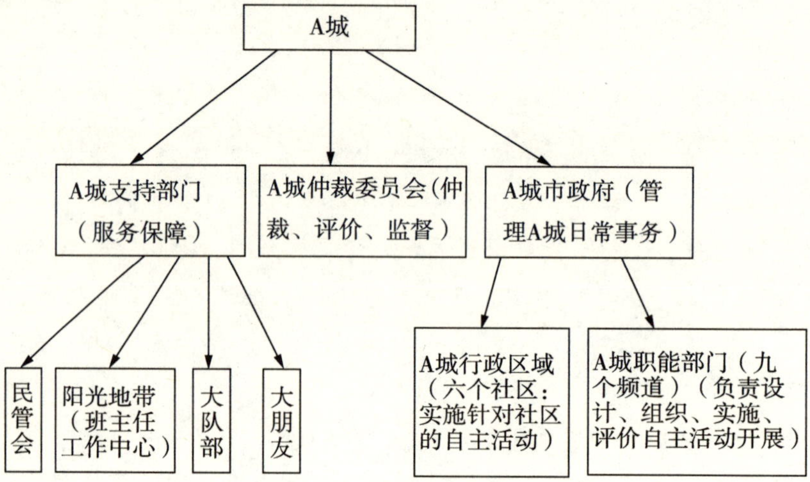

图 5－1 A 城机构—功能图

a. 九个频道——社会缩影，丰富体验

九个频道是为了模拟城市的职能部门而设立的，它涵盖社会生活的主要方面：法律与规则、环境与环保、国家与国际社会、政治与社会公共事务、社会公德与个人美德、科学知识与技能等。每一学期，频道结合自己的培养目标，筹划自主活动。以下为各频道介绍。

表 5－2 A 城频道一览表

频道名称	主题	主要活动方式	培养目标
亮眼睛	宣传	采访、宣传	旨在培养学生的观察能力、写作能力、表达能力，让学生学会关心身边的事。
红绿灯	规则	日常行为评比	旨在帮助学生形成校园规则意识和文明礼仪意识、养成良好的行为习惯，逐渐学会自律。

续表

频道名称	主题	主要活动方式	培养目标
起跑线	运动	体育俱乐部 年级或社区趣味运动会	旨在培养学生对运动的兴趣，并且通过趣味运动帮助学生发展交往能力、合作能力等社会技能。
大舞台	才艺	钢琴之星比赛 超级童星比赛 校园漫画征集活动 书法比赛等	旨在通过各类比赛平台，帮助学生发展艺术的兴趣，并学会坚持、展示自我、面对挫折、树立自信。
绿谷地	环境与环保	环保调查活动 环保服务活动 环保宣传活动 校园常规清洁等	旨在通过各类活动培养学生的环保意识、责任意识，并发展进行科学调查的能力。
科学院	科技	科学小研究 科技小发明 科技综合实践活动	旨在培养学生对科技的兴趣、创新意识，关注科技与人、与社会的关系。
万花筒	社会	小眼看世界 国际周活动 A 城庙会	旨在培养学生的国际视野、对传统文化的了解。
智慧树	学习	包括各类知识竞赛、小樱桃文学社、数算小社团等	旨在帮助学生体验学习的乐趣，收获智慧的果实。
阳光坊	心理健康	团体辅导 心理剧社 亲子活动营	旨在提高学生及家长的心理自我诊断及调节能力，发展积极心理。

b. 六个社区——异龄交往，共同成长

立足班级，A 城在纵向上设立了 6 个社区，分别是和雅、艺雅、绘雅、心雅、博雅、乐雅。社区是 A 城开展自主活动的主要空间。社区的建立，立足于不同年龄段孩子的沟通和交往，同时形成社区之间的良性竞争。它们分别由一至六年级的 6 个相同“番号”的班级学生构成。

表 5-3　A 城社区结构

班级	1.1 班	1.2 班	1.3 班	1.4 班	1.5 班	1.6 班
	2.1 班	2.2 班	2.3 班	2.4 班	2.5 班	2.6 班
	3.1 班	3.2 班	3.3 班	3.4 班	3.5 班	3.6 班
	4.1 班	4.2 班	4.3 班	4.4 班	4.5 班	4.6 班
	5.1 班	5.2 班	5.3 班	5.4 班	5.5 班	5.6 班
	6.1 班	6.2 班	6.3 班	6.4 班	6.5 班	6.6 班
社区	和雅社区	艺雅社区	绘雅社区	心雅社区	博雅社区	乐雅社区

②职责分工

A 城市政府是一个由一位市长、五位副市长、九位频道主持人（部门领导）和六位区长组成的目标一致、协调统一的机构。

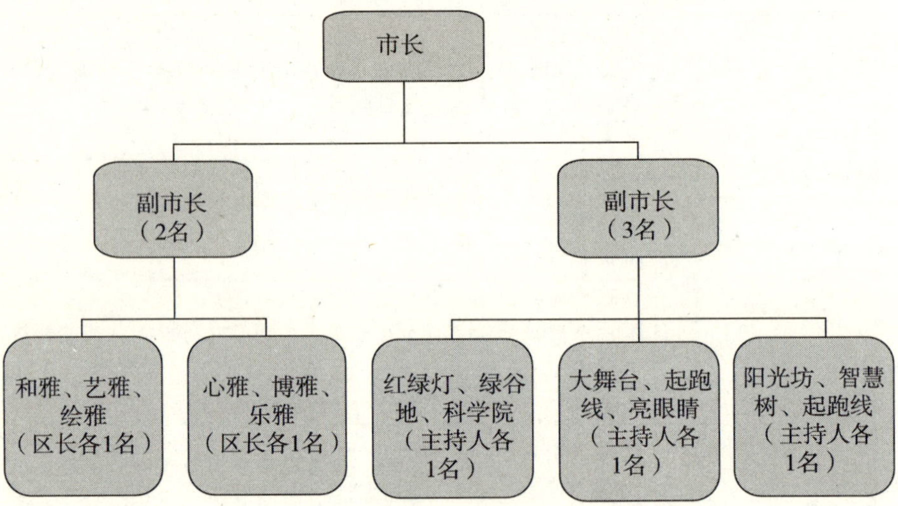

图 5-2　A 城分工图

3. A 城运行

（1）成员产生——自愿申报，民主选举

在管理层面，A 城实行自主管理、自主服务，那么权力机构的产生过程更是坚持公平、公正、民主的原则。

在这个小小的现代模拟城市中，每年 9 月总会有一次盛大的全民公选。本着“全民参与，民主选举”的原则，吸引了每一位 A 城市民的踊跃参与。市民们根据自己的兴趣，选择竞聘的岗位，进行志愿报名。

表 5－4　A 城小干部竞选条件

竞选岗位	竞选环节	参选年级	报名条件
A 城市长、副市长	笔试、面试、全校公选	五、六年级	至少有过 2 年的班队干部经历 有较强的组织能力和表达能力 善于与人合作
频道主持人、区长	笔试、面试、全校公选	四、五、六年级	至少有过一年的班队干部经历 在竞选领域有一定的特长和较强的兴趣 有一定的组织能力
频道小干事	笔试、面试	一至六年级	对竞选领域有一定的兴趣 乐于为集体或他人服务 能与人合作

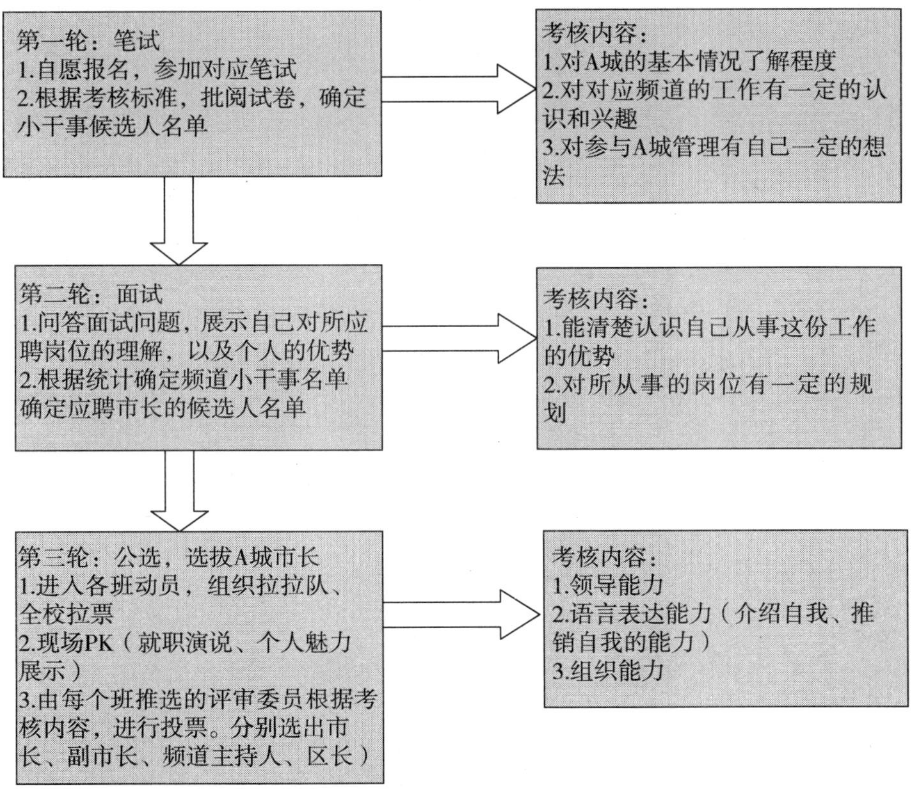

图 5－3　A 城小干部公选流程图

整个参选的过程是对孩子们各方面能力的一次大考验。他们既要用心学习与准备自己的就职演说提纲，让自己的施政纲领具有可行性；又要在市民中进行动员，拉选票，展示自己的个人魅力；同时又必须具备较强的领导能力、组织能力以及语言表达能力等。这个竞选的过程非常锻炼孩子们各方面的能力，在竞选的过程中，有的孩子为了自己的演讲提纲还专门去市政府请教了相关部门的叔叔阿姨们。

（2）主题产生——自主调查，民主协商

在实小，每学期各频道开展着丰富有趣的活动，有的是遵循惯例，更多的却是从未发掘的好点子，那么这些充满绝妙创意的主题是怎么产生的呢？

A 城活动的创意来源多样化，源于市民的学习生活实际。这些创意有的是来自于全民提议，班级小干事随时留意各班问题或提议；有的则来自个别观察，A 城各频道分设一名观察员，利用自己的课余休息时间，在所属社区中进行 A 城常规管理调查，发现城市问题。各项提议通过服务中心（A 城市长、大队辅导员、大朋友）将林林总总的创意加以整理和统计，筛选出最有价值的创意。服务中心再初步商讨创意的可行性。当达成共识之后，即邀请自主频道负责同学共同参与研究，细化方案，交由频道和社区具体实施操作。在方案的组织和实施过程中，服务中心依据方案要求，提供相应服务，确保活动顺利实施，同时，跟进整个活动的进程，对组织和参与的学生进行适时的指导、反馈和调整。

[案例]

A 城故事的来源

A 城故事的源起就是我们亮眼睛频道观察员的发现和调查，他在调查中发现校园里同学们有许多美丽文雅的行为值得推广宣传，于是建议学校开展“A 城故事”这一活动——在同学中收集稿件，每天进行播报，每天及时地展现校园美丽的瞬间，让美丽文雅时时在我们心中流淌。他的这一建议经 A 城服务中心讨论一致通过，确定每天下午的放学时段就是我们每天 A 城故事播报时间。可是怎样能够及时收集全校同学的稿件，及时整理审定呢？于是同样是在我们 A 城观察员的建议下，我们全校选拔有写作才能的同学，成立了我们的 A 城小编辑部，从总编到通讯员一应俱全，各司其职，发挥才能，展示锻炼。就这样，在我们的 A 城里，不仅仅是活动，还有我们的各项机构，因为需要所以建立，保障学校常规管理，更支持提供学生成长展示平台。

A 城活动与传统意义的德育活动有很大区别，在传统意义的德育活动中，总是自上而下贯彻活动思想目标、既设活动方案、活动参与人员等诸多要求，学生和老师在被动参与的过程中完成要求和任务。而 A 城活动是学生作为“城市”小主人在自主调研“城市”的管理中，自主发现、思考、策划而产生的，因而反映了学生真实的需求，调动了学生参与的热情，促进了学生在活动中自主的感受、体验、思考、成长，也促进了学校常规德育管理，达成了活动的双向价值目标。这样的管理流程既确保了市民作为建设和活动的主体地位，也实现了主体亲身体验、亲身实践的完整过程。

（3）运行模式——三级指导，以点带面

A 城的建立是为了让每一个孩子都能有自主发展的平台。丰富多彩的自主活动，为每一个学生提供自主选择的机会。然而，自主并不代表放任，有针对性的指导和支持能保障参与其中的学生更有效地活动。A 城采用三级指导的方式来保证活动有序、有效地开展。

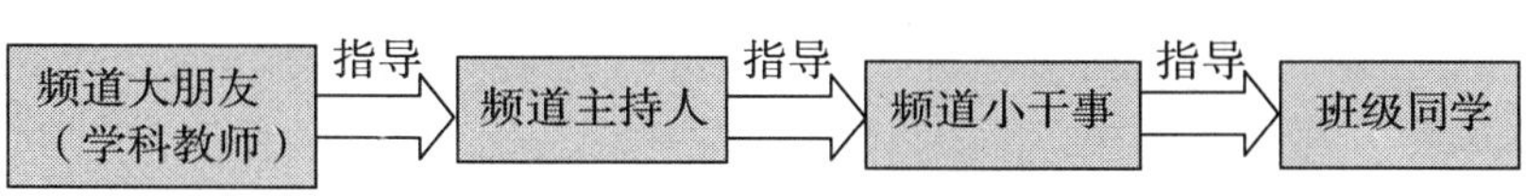

图 5-4 A 城三级指导方式

三级指导模式，根据不同孩子的水平，提供分层活动任务，满足学生的需求差异。教师负责培训主持人、把握方向和完善细节；频道主持人一方面需要在教师指导下进一步提升组织和管理的能力，另一方面也将担任起培训小干事的职责。来自于各个班级的小干事是自主活动在全校范围内有效开展的重要保障。他们有效的宣传和指导，不仅能最大限度地调动各班参与的积极性，也能发挥及时指导、以点带面的作用。

（4）A 城活动——角色体验，自主成长

①频道活动，深刻体验

频道活动，以许多社会校园热点现象和问题为载体，以生动有趣的开展形式，引发儿童去自主体验和感受。在体验中，儿童逐步提高其社会化认知水平，形成积极的社会态度和行为习惯，发展人际交往能力，掌握社会生活的基本技能，逐渐促进其认知发展。

[案例]

减塑行动，绿色选择

在 2008 年国家限塑令颁布后，绿谷地联合 A 城其他频道开展“保护我们的家园，减少塑料袋大行动”的实践活动。

（1）教师指导，引发思考

在活动筹备会中，成员们提出用海报、广播、校园剧等各种形式来进行“塑料袋的危害”的宣传，号召人们不用塑料袋。频道大朋友提了一个问题：“这样的宣传活动每年都搞，你们觉得会对旁人有多大的影响？”并建议通过实地调查校园和社会中的塑料袋使用情况，收集相关数据，考虑考虑这些行为背后的原因，下个月会议再来谈谈自己的想法。

（2）实地调查，真实感受

在第二月的会议中，社会调查组和家庭调查组的成员综合调查信息，发现很多市民在口头上能够理解“减塑”的必要性，但一旦这个措施与自身利益冲突，便成了减塑行动的反对者。怎样才能让 A 城市民成为行动上的环保者呢？怎样才能更好地落实限塑令呢？绿谷地成员开始思考一系列深层次的问题：“限塑令出台后，哪些人可能会受到影响？”“哪些人可能反对或者不支持这项措施？”“他们反对的原因又是怎么样的？”“如果要说服他们加入到减塑活动中，我们应该采取哪些措施？”成员们联系到大队部，希望把这些问题布置成暑期实践作业，让全校同学通过角色体验，换位思考，能够发自内心地坚持减塑行为。

（3）角色扮演，换位思考

暑期中，小市民们选择不同的方式去体验各种角色的减塑行为。有的孩子像小记者一样去采访超市经理在限塑令之后面临的尴尬，有的孩子则代替妈妈走进菜市场，有的孩子通过实地走访环保局去了解成都在推行限塑令后所采取的措施。短短的假期后，我们看到了许多同学对实践作业的解答，他们不仅对于限塑令能够发自内心地赞同，也能够充分认识到限塑令推行过程中所遭遇的阻力。对于限塑令所遭遇的阻力，在角色体验中，小市民们有了更多建设性的提议：如宣传塑料袋的危害不仅仅是针对环境，也要让人们了解滥用塑料袋对自身的危害；建议商家多开发一些塑料袋的环保替代品；政府能加强塑料袋的分类回收再利用，等等。

角色体验是 A 城自主活动的典型特征。在真实或模拟的场景中，学生通过角色扮演、实地感受、换位思考等形式，去感受不同社会角色所担负的责任和存在的意义、学习面临群体利益和个人私利两难时如何遵守道义的抉择、模仿习得社会技能……在《减塑行动，绿色选择》案例中，指导教师有意识地鼓励学生在实践调查的基础上，反思减塑难行的深层次原因，让孩子在体验中学习以多元的视角去看待问题，独立思考而不盲从，以积极的社会态度解决问题，脚踏实地而不流于形式。

②社区活动，促进交往

A 城有六个社区，分别是博雅、乐雅、心雅、艺雅、和雅、绘雅。它们分别由一至六年级的 6 个相同“番号”的班级学生构成。立足不同年龄孩子的沟通与交往，有侧重地开展活动。并让每个社区的孩子都能在不同年龄的同伴交往中学习成长。每个社区在每月会组织一次特色活动。如和雅社区开展“快乐 130”活动，艺雅社区组织雅园钢琴之星音乐会，心雅社区开展趣味交流活动等。

这种低年级和高年级的组合，就好像是小鱼拴在大鱼串上，大鱼游多快，小鱼也要游多快。低年级会不自觉地以高年级为榜样，模仿高年级，向大孩子学习，也跟大孩子比试，自然而然他就成长了。而高年级在这样的活动中，关爱弱小的天性自然唤起，学会包容、学会谅解、学会关爱，也有更多的机会去展示自己的能力。以社区为单位的特色活动，成为了A城一道亮丽的风景线。

[案例]

记一次特殊的六一儿童节

六一，总是在全世界孩子们的欢声笑语中年复一年地循环。这个日子，循环到了今天。心雅社区六年级的孩子行将离开学习生活了六载的雅园——成都市实验小学。一群一年级的孩子将在雅园度过小学阶段的第一个“六一”。12岁的孩子长大许多，懂事了许多，眼见小学阶段最后一个“六一”渐近，满心寻思着留给母校美丽的笑意，留给自己永恒的记忆。于是，老师建议孩子们在“服务”二字上做点文章。三番五次讨论之后，孩子们将“六”和“一”紧紧联系在了一起：最大的小学生为最小的小学生组织一次隆重有趣的游园活动。

21个小组，63位同学，都有一个共识，要想让游园活动顺利开展，标志牌首先要立起来。一时间，教室变为了现成的美术室，擅长美术的不擅长美术的，都兴致勃勃地涂鸦起来。伴着辛劳的汗水，“潘朵拉的气球”、“母鸡下皮蛋”、“翻翻卡”、“寻宝大冒险”……这些五花八门的游戏新鲜出炉，那些醒目大方的标志牌粉墨登场，直让我们眼花缭乱。

初夏的阳光，温柔地洒下来，顺着脸颊流下的汗珠，霎时也那么澄澈，明晃晃地闪动着。办公室里，一张张奖票经过一双双手欢跃地躺在盒子里，一团团五彩的气球点燃了快乐的气氛，那是“潘朵拉的气球”。带着神秘的色彩，他们用自己的诚意换来了这让人眼前为之一亮的倾心。忘了饥肠辘辘，忘了酸疼难耐，再累也只眯一下眼，默契得都没有怨言。

六一那天，全班21个组都分到了属于自己的“地盘”。分好“地盘”后，组长们、组员们忙得不亦乐乎，眨眼间，整个操场被布置得焕然一新。小朋友们奔跑着靠近，大家忙着招揽小顾客们，忙着收小朋友手中的游园票，忙着给小朋友们教游戏规则，忙着陪小朋友们一起玩游戏，忙着给小朋友们发奖票……

点评：如果不是亲眼所见，可能很多人都难以相信：仅仅是63个12岁小学生就在偌大的操场里成功地组织起了300余个7岁孩童参加的游园活动；也就是这63个小学生让每一个参加游戏的小朋友都是高高兴兴地来，又欢呼雀跃地去。那天下午的两个半小时，所有的老师显得有些多余，成为了旁观者，欣赏者。

那天的两个半小时里，我们看到的是有条不紊的忙碌和井然有序的参与；我们听见的是不厌其烦的解说和兴高采烈的欢呼。12岁的学生虽大汗淋漓也没有停歇，虽嗓子冒烟也没有叫苦。活动要结束了，12岁的组织者意犹未尽，7岁的参与者恋恋不舍，异口同声问道：“可不可以再玩会儿?”活动的圆满成功超出了我们的预料，12岁大的少年对7岁孩童的关照，耐心和爱心超乎了我们的想象，颠覆了我们的认识。

社区的意义正在于此，让高年级的孩子学会洞察别人的需要，体会那一份责任。在活动中学会爱的技巧，在小朋友的尊重和成长中体验自己那一份心灵的满足。而低年级的孩子在活动中则感受到来自大孩子的关爱。当小朋友逐渐成长为大朋友，同样的爱的行为也会由他们延续下去。教育无痕，在孩子们的爱与被爱，责任与担当的体验中已经悄无声息地发生了。

（三）创新班级管理模式，民主自治，平等参与，育雅品雅性

有了雅文化的引领和浸润，“正”逐渐成为了班集体建设的根基，在此基础上，各具特色的“雅”成为了各个班集体建设的方向。

学校希望“正”的班级文化底色能像“场”一样牢牢地吸引着每个孩子，亦如涓涓细流，滋养和浸润每一个孩子心田，让他们在集体中，有正气，有正言，有正行，有正品。

“雅”是一种气度，它包含平等与尊重。“雅”的班集体应有海纳百川的胸襟，能兼容并包每一个学生的个性，并历练和点亮他们个性中最闪光的部分，让他们手脑灵活、思想活跃、个性活泼、充满活力，同时形成高雅的班风，实现活而有常的学风。

要实现此，唯有用民主的方式管理班级，为学生创造更大的自主的空间，让班级中的每个成员都成为班级真正的主人，班级才可能有雅品雅性。

1. 自选目标，自主发展

班级管理的创新需要制度的保障和指引。因此，学校从德育管理入手，摒弃以往事无巨细的量化考核管理模式，代之以目标引领的方式对各个班集体的建设进行指导。

（1）制定目标指南，引领发展方向

学校德育管理以发展的视角看待每个班级，注重管理导向。学校德育处广泛征集老师和学生意见，从班级文化建设、制度建设、班级活动等几个方面入手，梳理出宏观、梯级化的班级建设目标指南，将不同班级的发展目标分为：活而有常（基本型）、活而有型（发展型）以及活而有新（创造型）三级。这样的指南让各个班级明确可以从哪些方面进行班级建设，并可以预期自己的班级建设目标。

第三级目标：活而有常（基本型）

• 班集体有凝聚力，有积极向上的舆论导向，班集体文化建设有正气。

• 班集体成员能够主动参与班集体建设，班集体管理措施得当，班级常规呈现秩序化的常态。

• 班集体有定期的针对性的主题活动，主题活动尊重成员个性特点，发展学生特长。

●班集体能通过活动、家校联系等方式，与家长开展积极有效的沟通和协作，实现家校共育。

第二级目标：活而有型（发展型）

●班集体凝聚力强，有积极向上的舆论导向，主动发展，班集体文化建设有正气，且特色明显。

●班集体有一套完善有效的管理机制，能促进班集体成员民主参与，自主管理。

●班集体的活动呈现序列化，主题丰富，全体成员能够积极有效地参与体验。

●班集体有一套家校沟通合作的机制，家校资源能优化整合，高效发挥教育合力。

第一级目标：活而有新（创造型）

●班集体凝聚力强，有积极向上的舆论导向，主动发展，班集体文化建设有正气，班级文化特征突出，情趣高雅。

●班集体建设制度完善，全体成员参与班集体建设，人尽其才，实现民主自治。

●班集体序列化的活动能够充分激发每个成员的参与热情和创造才能，班集体活动不断创新，效果显著。

●班集体建设能够充分挖掘家校资源，创新家校合作模式，不断推动家校深度合作，实现家长、学生和老师的共同发展。

（2）班级民主决策，自主选择目标

一个班集体的建设，首先要有共同的目标，而这个目标要成为集体每个成员的努力方向，才能激发每个成员的内在动机，什么样的目标能激发成员的内在动机呢，只有是反映每个成员心声的，大家自主选择，民主确定的目标。

每个学年的第一个学月，都是各班班主任与全体学生民主决议本学年班集体发展目标的时间。各班商定目标的时间和具体方式有所不同，但流程大体相似：

第一步：由全体班干部与班主任老师一起，把上学年班集体建设的各项成绩与上学年的班集体目标一一对照，核查达成情况，形成班级总结。

第二步：召开主题班会，发布上期班级总结，全班同学共同分析得失成败，对下一阶段的班集体发展做出合理预期。

第三步：比照学校“班集体建设目标指南”的三级目标体系，班集体成员民主商议，民主投票，选择一个多数同学认同的目标作为班集体本学年的梯级建设目标。

三个步骤，遵循的是民主原则，每个孩子就班集体建设的得失和未来的发展发表意见，最后民主投票，选定目标。

这是个集体民主决策的过程，选定的目标也是为大多数同学认同的，因此，目标会自然地从外在要求变成内在动机，班集体建设因此充满动力和生机。

（3）合力制定公约，实现民主自治

目标的实现需要齐心合力，也需要人人自律，做到这点，就要有“法”可依。这里的“法”就是指“班级民主公约”。

这份公约，由班主任与孩子们一起围绕目标，逐条分析，商议达成的办法和途径，提出相应的要求和约定，最后，民主形成“班级公约”，它成为班集体管理的约定，也成为全体成员人人自律的规则。

“班级公约”是指向班级建设目标的实现而制定的，一方面，它使班集体中多数人的愿望和需求的实现得到了保障。另一方面，因其本身的制定过程是人人参与的过程，是个性与班集体共同目标磨合的过程，因此，它本身就是一次难得的自我教育过程。

2. 因人设岗，共同参与

立足于雅教育理念，我们对班集体的管理，秉承“以事育人”的管理理念，赋权于人，充分自主，尊重和张扬每个集体以及集体中每个个体的个性，也通过因人设岗、以事育人等方式来有效指导班级管理。

（1）低年级——自主申报，人人都是志愿者

人人都是班级志愿者，简而言之，就是让每个孩子都加入班级的管

理中。低年级的学生年龄小，有参与的热情，但自觉性较差，同时学生参与班级事务的能力有限。因此，老师需要对烦琐的班级事务进行分解，梳理出班级管理的职务。按班级人数和工作的难度、需求，由班主任老师设定出每个职务申报的具体要求。

职务申报要求通过宣讲，班级博客公示等方式，让每个孩子了解了各项职务的工作内容后，在家长的指导下，根据自己的爱好或特长自行选择。参选学生，通过民主竞选，由全班同学投票表决，选出每一项职务的工作人员和组长。以下为我校一年级周会老师班级的“职务申报要求”。

职务申报要求

● 黑板管理员（2人）

职责：每节课后负责擦黑板、收拾黑板下方的粉笔灰。将散落在地上、黑板台或讲台上的零碎粉笔收拾好，放在电视机的右下方；对课间在黑板上胡乱涂画的小朋友进行劝阻。

申报条件：个子比较高，讲究卫生，知道收拾完后主动洗手，不贪玩，能在下一节课的老师进教室前完成该项任务。有较强的语言表达能力，能说服小朋友。

● 护书小天使（2人）

职责：在每天中午午休结束后，将同学借阅的图书回收、整理好。平时，随时观察图书角，保持整齐美观。

申报条件：不贪玩，能静下心来整理图书，中等个子。

● 讲台管理员（1人）

职责：收拾好讲台上的杂物，使讲桌看起来干净、整齐。

申报条件：有较强的自理能力。

● 椅子管理员（1人）

职责：负责后黑板旁边三把待客椅子的整齐和干净。

申报条件：有较强的自理能力。

● 杂物间保洁员（2人）

职责：保持卫生用具摆放整齐，地面无垃圾。

要求：能吃苦耐劳，劳动能力和责任心强。

● 早读领读员（5人，每天一人）

职责：每天早晨，当上学的小朋友超过10人后，组织早读。

申报条件：能在每天8:20前到学校，识字量较大（有时读教材，有时读《日有所诵》），声音洪亮，读书有感情。

● 早读劝导员（5人，每天一人）

职责：在早读的过程中，负责纠正同学不准确的读书方式，提醒同学认真读书。

申报条件：愿意帮助同学，态度友好，自己朗读习惯良好。

● 领队（2人，前后各一人）

职责：负责升旗仪式、课间操、放学和重大活动集会的整队和队伍纪律的维护。

申报条件：声音洪亮、有穿透力，对各项整队口令熟悉，对同学态度友好。

● 午餐管理员（6人，3人还餐车，2人还牛奶箱子，1人管理餐车卫生）

职责：在大家午餐完毕之后将所有应该归还食堂的物品送到电梯口。

申报条件：力气较大，细心（不漏还东西，推餐车过程中不乱撞），愿意为同学服务。

● 收纳箱管理员（5人，每人管10个）

职责：定期检查同学的收纳箱是否整齐有序，给予必要帮助和提醒。

申报条件：严格自律，不乱拿别人的东西，爱惜别人的收纳箱。

● 桌子管理员（4人，每人一个大组）

职责：负责检查每个大组的桌子是否对齐，给予帮助和提醒。

申报条件：清楚哪个大组该靠哪条线，对待同学友好、热情。自理能力强，放学时能很快收拾好自己的东西。

● 小助手（5 人，每天一人）

职责：每节课上、下课主动帮助老师拿东西，随时到老师办公室来了解是否需要帮忙。

申报条件：不因为贪玩而忘记自己的职责，头脑清醒，表达能力较强，声音洪亮，能准确地向全班传达各种临时通知。

● 安全管理员（关灯、关门，共 2 人）

职责：每到教室外上课，关好班级的前后门和关灯。

申报条件：不贪玩，有责任心。动作麻利，不趁机逃课。（因为每逢教室外上课，安全管理员都要最后离开教室。）

● 文明休息监督员（2 人）

职责：课间负责观察同伴休息的方式，发现玩不安全游戏的同学，对其进行劝阻。如果遇到同伴意外受伤，先送医务室再报告老师，使伤者得到及时、有效的帮助。

申报条件：善于观察，善于与同伴相处，知道医务室的方位，对同学有关爱之心。

● 泡菜管理员（5 人）

职责：在每天中午吃饭时给同学分发泡菜。

申报条件：个人卫生情况好，对待同学公平公正。

● 牛奶派发员（8 人，每个小组一人）

职责：每天饭后为同学分发牛奶。

申报条件：吃饭较快，能在本组成员吃完前吃完饭；头脑清醒，知道自己所在的小组有几个人。

● 清洁检查员（4 人，每人负责一个大组）

职责：于每天中午吃饭前后，放学前对每个大组的清洁卫生进行检查，发现谁的座位周围有垃圾就给予提醒和帮助。

申报条件：善于观察，自理能力强，乐于帮助别人。

● 班级小法官（3 人）

职责：负责处理同学间的小矛盾，将不能处理的矛盾报告给老师。

申报条件：对待同学公平公正，有较强的语言表达能力和清晰的思维能力。文明自律，处理矛盾时不动手，不骂人。

附加说明：创设以上服务岗位，是希望这些岗位能在培养孩子的自信心、责任心、集体意识、班级小主人意识等方面起到积极作用。本服务岗位无高低贵贱之分，请家长协助老师正确引导孩子，鼓励孩子结合自己的实际情况积极申报，不好高骛远，不妄自菲薄，希望每个人都积极申报。我们尊重每个人填写的志愿，如果出现冲突，民主投票解决。望理解！

表5-5　一年级三班级服务岗位申报表

姓　名		申报方式	自愿（　）　经家长劝说（　）
第一志愿		第二志愿	
是否愿意接受调配：　是（　）　否（　）			
申报宣言			
家长意见			

由于一、二年级的孩子个人能力和自觉性都较弱，对当选志愿者的岗位培训就显得特别重要。在第一个学期里，班主任老师需要对职务技能进行示范，对某些如打饭、扫地等生活技能培训，还需要学生在家中进行练习。此外，每天必须对职务完成情况进行考核和反馈。

如果说，在成人的世界里，工作意味着饭碗，意味着生存与生活的保障，意味着个人价值。同样，在孩子的世界里，能够承担一份力所能及的工作，不仅能让孩子感受到被人需要的快乐，也能够感受到自我价值的存在。自主申报班级志愿者，让刚入小学的每一个孩子都有展示自我、提升自我的机会，也促进了我为人人，人人为我的健康班级氛围。

（2）中段——组建团队，成立班级工作室

中段的孩子，在个人能力发展上开始出现较大差异，但总体水平比低段有了较大的提高，同时，在与人交流和沟通上，方法更为灵活和多样，对班级事务也有了一定的自主性。这时候，单兵作战的“志愿者班级管理”开始变成了团队合作的“班级工作室”。

工作室的组建采用的是“招聘”形式。招聘前，解释每个工作室是干什么的，让每个孩子清楚工作室的职能，再思考哪个工作室最适合自己，自己有能力做好的，回家和父母商量后做出决定。同学们在日常学习生活中，如果觉得有必要设立工作室，就可以向老师申请。

缘起：“扫尾工作室”的诞生

一天，班里三个女孩儿主动找到三年级三班的钟健老师，告诉老师说，她们发现下午放学前的集体收拾（即“书本文具回书包，桌椅板凳放整齐，地面垃圾捡干净，收拾完毕就静息”）总会有些细节上的遗漏，所以她们三个想留下来，在每天集体放学前把教室里再清理一遍。钟老师担心这样太辛苦，三个女孩子却说：“没关系，我们已经习惯了，我们一定做得好！而且会在集体放学前完成。请老师相信我们！”对于这么重视班级工作的学生，老师还能说什么呢？于是，钟老师微笑着同意了她们的申请，“扫尾工作室”就这样诞生了。

“扫尾工作室”的诞生，启发了钟老师，更启发了全班其他的同学，他们发现，原来可以选择志同道合的伙伴，组成自己喜欢的工作室，为班集体服务，参与班集体管理，自此以后，钟老师班级的孩子们纷纷开始三五成群的集结，他们一起寻找，共同策划，向钟老师提出了申请。

于是，“书香工作室”、“摄影工作室”、“美食工作室”、“130 工作室（体育锻炼）”、“小管家工作室”……如雨后春笋般纷纷成立，工作室的成员，有主动参与的，也有公开“招聘”的。

进程：工作室成立发布会

每一个工作室组建，都要召开一个新闻发布会，向全班同学发布：工作室是干什么的，对班集体管理有什么作用；工作室的工作流程和人员分工等。发布会现场，全班同学和班主任老师要对工作室的相关事宜自主提问，最后，由全班投票决定这个工作室有没有成立的必要，并提出可行性的建议和意见。这个过程，既是工作室成员关注集体发展，主动寻找班集体中自己的合适位置的过程，也是全班同学关注他人，对团队成员进行合理评价，同时为班集体建设群策群力的过程。这能够让学生在团队合作的基础上，在顾全大局，自主取舍的基础上，释放个性，张扬个性。

后续：工作室的运行和反馈

在工作室成立之后，班级管理细化到了各个工作室，班主任老师扮演“点拨者”和“调解员”的角色。工作室的工作范围和职责，由工作室成员和老师一起确定。但是每个工作室的具体分工和做法由工作室内部商量着办，孩子们逐渐学会了思考，个性可以张扬，但在团队合作中，需懂得退让和宽容。弹性的管理模式，使孩子们的个性得到了健康的发展。

在工作室开展工作的过程当中，全班其他的孩子都可以适时地提出自己的意见和建议，工作室成员可以对反馈信息进行集体的分析和梳理，并对工作作出相应的调整，每个学期末，班级都要民主评选出本期的明星工作室，对工作室的努力付出予以肯定和嘉奖。

(3) 高年级——人人参与，班级“内阁式”管理

到了五、六年级，学生有了一定的民主基础，也有了一定自主管理的能力，他们对民主、平等、尊重有了更深的理解和更多的期待，他们希望老师能下放更多的权力，让他们实现自治。于是，在一些班级中出现了一些新的探索。

在向尧老师班上，就出现了两套干部队伍轮流管理班级的模式。由于这种管理模式类似国外的内阁管理，因此被戏称为“内阁式”班级管理模式。

• 班级管理中，班级“内阁”的组建

进行“内阁式”班级管理首先是组建班级“内阁”，即在班级中建立两套参与管理的小干部队伍，组建两个班级管理团队。在组建两个班级管理团队的时候，在中队干部的正常编制上，每一个职务都增设了一

名小干部的名额，再通过学生的自荐和同学的选举，确定出两个管理团队的负责人。他们分别由两名中队长来担任。这两名中队长在每个职务上的两名小干部中自由选择并组合一名小干部，组合成各自的管理团队。每一个管理团队的管理任期一般为两周，每两周就换另一个管理团队来管理班级，如果在一个管理周期里，一个管理团队能够赢得同学们90%的满意度，可以连任一个管理周期。如果同学满意率低于50%，则这一管理团队会被停任一个周期，反思调整之后方可继续管理班级。

这种两支管理队伍的管理模式，让参与班级管理的学生人数比原来多出一倍。随着每学期班级小干部的轮换选举，更给全班更多的学生提供了参与班级管理和锻炼自己能力的机会。在这样的班级参与中，学生热心班级事务，主动参与班级管理，民主选举等的意识都有了很大的提高。

- 班级管理中，实行竞争与合作的工作方式

如何引导两支班级管理队伍既有良性竞争，又有合作，这是“内阁式”班级管理的一大难题。老师做了以下尝试：首先，两支管理队伍在老师的指导下，分工合作，共同拟出班级本学期总的学习和工作计划，交由全班同学和老师讨论通过，作为本学期班级建设的总计划。这一时期，两支管理队伍更多的是合作。然后，两支管理队伍分别在此基础上制订出各自的管理计划，在各自的任期内对班级进行管理。这一时期，两支队伍更多的是竞争，各自尽最大努力展示团队的能力，为班级服务，争取获得同学和老师的认可，实现连任。当班级遇到大型活动或重要事件时，两支队伍会抛开平时管理观念和方式的不同，共同为班级出谋划策，分担责任。全班同学和老师的民主监督也让两个管理团队明白，无论是竞争还是合作，核心都是为了班级的利益。

实行“内阁式”班级管理模式，利于营造公平民主的班级氛围，充分激发学生参与班级管理的积极性，发挥学生自主管理班级的巨大潜力，培养学生发现问题、创造性解决问题的能力，树立为班级服务的意识。

3. 轮值主持，家家出力

班集体由一个个学生组成，在他们背后，是一个个家庭，孩子成长的点点滴滴都凝结着一个个家庭的期望。因此，充分整合家长资源，把不同家庭的力量集合起来，为班级中更多孩子提供适合的有价值的班级活动，促进每个孩子的健康成长和个性发展，这也成为了学校班级建设中的重要思考。

为了给更多家庭提供民主参与班级建设的机会，发挥不同家庭的智慧，给孩子提供多元多特色的班级活动，在一些班级的家校合作模式中，开始探索班级家庭轮值主持这样的模式。

产生："轮值主持"的诞生

班级活动是孩子展现才能，自我发展的平台，家长们都高度重视，什么样的活动最能让孩子得到锻炼和成长，家长们各持己见。为了让自己的孩子有更多的展示机会，为了让班级活动更适合自己的孩子，每个家庭都积极地出谋划策，并跃跃欲试。我们为什么不借用家长的这种积极性，让家长更深入地介入班级活动的策划实施，让班级活动更加多元，更适合不同孩子的发展呢？于是，家庭轮值主持的想法应运而生，也就是每个学期的班级重大活动，都由当届的"轮值主持"家庭一手策划，组织实施。

运作："轮值主持"机构的工作流程

"轮值主持"不是单一的个体，而是一个机构，由 5 个家庭组成，其中，一个家庭作为总负责，他们作为班级活动的幕后策划，而他们的孩子则成为本期班集体活动的前台导演和主持。在每个学期开始，邀请班主任参加他们的工作会议，老师会对前期班级活动的开展情况和班集体成员的发展状况提供一个全面而细致的陈述，针对班集体成员的情况，提出亟待解决的问题。

在问题指引下，轮值主持机构开始商讨，因为他们自己的孩子要担任活动的导演和主持，他们最清楚，自己的孩子擅长什么，哪方面的能力最需要开发，因此，轮值主持机构的家长们，就会结合班集体的问题，和自己孩子的特点来商议：本期开展什么样的活动来针对性地解决班集体发展的问题，促进孩子们个性的发展，形成活动草案。待草案确定，立即发至班级博客，请全班孩子和家长仔细阅读，提出合理化建议和意见，最后，由轮值主持机构进行梳理和调整，形成最后的班集体活动方案，公布于博客之上。

接下来，轮值主持机构就严格按照方案，开展活动的筹备、组织和实施，每次活动的具体要求和信息，均通过班级博客公布，活动结束之后，全班家长和学生通过博客反馈活动心得和意见。由轮值主持机构进行整理，形成反馈意见成文，发于班级博客。

调整：班级活动“顾问团”

全班56个家庭，不是每个家庭的家长都擅长组织活动，也不是每个家庭都有足够的时间和精力来开展组织工作，相对地，有一些家长则非常善于创意和策划，对学生活动和教育很有心得，他们不可能每一届都入选“轮值主持”机构，因此，班级活动顾问团就成了他们发挥才能的有效平台，他们可以被邀请到每期的轮值主持工作会，大家集思广益，群策群力，让每一个孩子都能在活动中得到发展和成长。

班集体活动“轮值主持”的尝试，让家校合作不再停留在表面的联系和沟通，而是让家庭深度地融入到班集体建设中来。每一个家庭，每一位家长，每一个孩子，都成为了班集体建设的真正一员。这既开发了班级丰富的家庭资源，也成全了孩子的不同个性发展。而且，这样开放、民主的班级生活也让这个集体中的每个成员都有了更多的雅性雅品。

（四）重建德育和谐氛围，家校社区三结合，内外齐修，塑雅风雅尚

德育离不开学校、家庭、社会三者的有机结合。但是在现实中，家

长往往缺乏教育理念、家教经验等，导致家庭教育与学校德育脱节；此外，现实社会环境不但没有给学生树立品德典范，营造良好的德育环境，为学生的品德生长提供优良的土壤，还通过大量途径消解学校德育的作用。因此，在雅教育的背景下，学校通过改革家长学校、成立民主管理委员会，让家庭、社区和学校教育理念、教育行为得到统一，相互配合、协调一致，共同营造良好的德育氛围。

1. 家长学校——在共同的关爱中携手同行

早在20世纪80年代，成都市实验小学根据“实验研究，辅导地方”的办学宗旨，创立了社会、家庭、学校三结合的办学特色，成立了四川省首个家长学校。近30年过去了，学校教育顺应时代发展先后经历了学校整体改革、活动教学改革以及教师自主发展改革等几次大的改革。每一次改革都是一种新观念的冲击和洗礼。每一次改革也就是一次新的自我超越。学校的家长学校也被全国妇联评为了全国优秀家长学校。家长学校作为学校德育的另一条途径，更是在学校雅教育背景下发生着巨大的变化。

（1）家长学校主体从学校主体变为家长主体

在家长学校成立之初，家长学校的主要原则是“指导家庭教育，以求配合学校教育”。当时家长普遍受教育程度不够，大家都认为学校在教育问题上更加专业，因此希望借用学校的培训影响家庭教育，更好地完成学校的教育教学任务。因此，这一时期，学校是家长学校的绝对主体，学校根据学校教育的需要设计、组织各种家长培训。家长主要通过学习了解学校教育的相关理念，在家庭教育中更有效地配合学校完成育人目标。

随着社会的发展，信息渠道的增多，家长普遍受教育程度增高，家长在家长学校中已经不仅仅是被动地接受学校的教育观念，而逐渐有了自己对家庭教育和学校教育的独特认识。他们开始逐渐成为了家长学校的主体，积极主动地去发现、探讨、解决家庭教育乃至学校教育的各种问题。如家长学校通过调查历年来的新生家长，了解到他们面临的最大困惑是“新生适应的常见问题及处理方法、如何培养良好的生活学习习惯”，对于中段家长，家长最想了解的问题是“行为纠正、如何处理孩子压力和情绪”方面的内容，而高段的家长则最想了解“青春期儿童心理、沟通与关系”方面的内容。通过家长学校的调查，学校可以对家长培训进行调整，让其更有实效性。学校的“幼小衔接”系列活动方案便是在调查的基础上设置的。

［案例］

成都市实验小学“幼小衔接”系列活动

活动主旨：幼儿园小学亲密协作，家长老师孩子共同参与，关注幼小衔接话题，关心孩子入学与成长，用心托起明天的太阳。

活动一：牵手幼儿园，走进孩童世界——幼小衔接活动前序篇

活动内容：成都市实验小学一年级教师走进幼儿园观摩教学，与幼儿园师生及家长对接，亲密交流，就“幼小衔接”活动开展研讨。

活动目的：了解幼儿园在幼小衔接方面已做的工作和家长需要小学提供的相关帮助与咨询。

活动二：与您相约，亲子学堂——幼小衔接活动开篇

活动内容：幼儿园家长参加学校的“亲子学堂”相关活动，走进小学，真切了解学校办学理念，感受孩子的小学生活。

活动目的：让幼儿园家长了解小学生活，提前做好准备，让孩子能顺利度过幼小衔接阶段。

活动三：童心相撞，体验小学——幼小衔接活动体验篇

活动内容：让幼儿园小朋友真实走进小学，与一年级小朋友一同上课、游戏、参加升旗仪式、参观校园等。

活动目的：提前走进小学，体验快乐的小学生活。

活动四：关注教学，共话成长——幼小衔接活动深入篇

活动内容：观摩中段教师教学，新生家长交流：“分享与分担——

儿子小学生活纪实”，学校骨干教师现场答疑。

活动目的：让幼儿园家长能更深刻地认识小学教育，为孩子入学做好充足准备。

活动五：心灵氧吧，激发期盼——幼小衔接活动心理辅导篇

活动内容：幼儿入学前心理健康辅导。

活动目的：关注孩子心理健康，帮助家长孩子顺利入学。

（2）家长学校目标从培训家长变为家校共育

因为家长学校主体的变化，家长学校的目标就不再是以前的学校培训家长，而是更好地促进家校合作和交流，实现和谐共育。家庭教育也从学校教育的从属地位变成了和学校教育同等重要的地位。学校教育是学校的专业领域，而家庭教育更应该是家长的专业领域，虽然二者之间有很多相同之处，学校教育的经验也确实能给家庭教育带来不少指导，但是学校教育的集体性与家庭教育的个体性的不同使得两种教育各有侧重，家校的合力作用才能更利于学生和谐成长环境的形成。如学生在学校表现出的很多行为问题，往往是涉及学校和家庭多方面的因素造成的，因此仅凭学校的力量无法根本解决。学校的心理健康教育教师便针对此类学生，向学生和家长开展个体辅导，让家长的改变与孩子同时进行，让孩子在学校和家庭能够同时发展。

［案例］

新生入学适应焦虑

症状：因孩子分到一年级一班，班主任是新老师，家长很担心孩子的发展因新教师的无经验而受到影响。孩子感觉上学后压力大，开学以来，每天早上 6 点就自觉起床听英语、弹钢琴。家长对此感到非常担忧。

诊断：入学适应引起的孩子和家长焦虑。

咨询过程：

a）详细了解孩子的家庭生活以及时间安排。知道了孩子除学校学习外，每天还要弹钢琴，每周学习两次两小时的书法。由此，看得出，孩子每天的学习压力比较大，在学校要适应与幼儿园截然不同的学习生活。而在家要花费比较多的时间学习兴趣班，这些自然让一个6岁的孩子无法应对，出现焦虑也属正常。

b）了解家长对孩子的教育过程，家长在孩子的教育过程中投入很多的心血和精力，期望值很高。对于孩子现在的分班状况不太能接受。对老师不太信任。请他为班主任打分，打不出，说明并非对班主任不满意，而是因为不了解，产生了很多猜测，因此焦虑。

指导意见：建议家长暂时为孩子减掉家庭部分的学业负担，等入学适应过后，再学习兴趣班。并详细告知教师的基本情况以及学校的培养计划，了解学校在新教师培养过程中的一些具体做法，加强对新教师的信心。请家长用信任与智慧和教师一起陪伴孩子成长。

心理老师同时建议该班班主任关注该生的平时表现，及时肯定孩子的优点，帮助其树立自信，减轻其焦虑情绪，多与该家长进行沟通交流，消除家长的疑虑。通过一个月的个体辅导、班主任老师的协助，家长看待孩子的心态趋于平和，孩子的焦虑症状也自然消除了。

（3）家长学校形式从单向传授变为多向互动

基于不同的理念就有不同的形式。以前的家长学校更多是让家长从专家讲座中更新教育理念，从家长开放日中了解学校教育教学，从家校联系本中了解学生基本表现，家长更多是一种单向的接受、被动的参与。随着认识的转变，家长学校的形式也在家长们的智慧中逐渐丰富起来。专家、老师讲，家长听的家长学校变成了家长与老师之间、家长与家长之间的教育交流会，教育问题的研讨会、家长沙龙、亲子体验等，家长学校的内容也从学校教育拓展到了家庭教育乃至广阔的社会教育。另外，网络的开放性、共享性、跨时空性等优势也给家校之间的沟通提供了便捷。学校利用校园网开设博客，建立班级主页，通过博客、主页与家长进行交流与沟通。如2012届一班的“琴之在音”博客，开设了丰富多彩的栏目，有“班级动态”——介绍班级大大小小的活动，有“各抒己见”——孩子对校园生活事件、社会新闻发表看法，有每一位孩子成长过程中的“宝贝习作”，有家长组织的话题讨论或者活动通知的“家长交流”板块，也有写给孩子和家长的每月一信。班级博客清晰地记录了孩子们成长的足迹及家长们参与班级活动感受的点点滴滴，让沟通延展了时间和空间的限制，让家校协作实现多向交互。

2. 民管会——新兴的民主管理

民管会即民主管理委员会的简称。它由家长、教师、社区、学生代表组成，对学校的重大事务进行民主决策、民主管理和民主监督的自治组织。它的主要职能是通过对学校重大事务的参与、决策，帮助学校提高决策的科学性，同时对校长的办学自主权进行有效的协助、监督和制约。实验小学的民管会于2005年6月正式成立，开始参与学校管理，在几年多的运行中，对学校民主开放的德育氛围的营造起到了很好的促进作用。

（1）碰撞智慧，丰富学校文化建设

参与学校文化建设，为学校发展建言献策是民管会的基本职能之一，在民管会的基本职责、权利中明确规定：“根据教育法规、本校的文化特色和发展需要，审议、通过校长办公会议起草的学校办学理念、教育目标和中长期发展目标，或向校长办公会议提出修改建议。”因此，民管会定期参与学校管理：讨论学校发展规划、参与学校文化建设、民主评议学校办学、提供教育服务等。

如学校雅文化的提出就是在与民管会成员进行多次研究碰撞之后，逐步确立丰富完成的。开始学校方案是将儒雅教师成长目标确立为“立人立己，达人达己”，出发点是认为教师职业的特殊性应该把成就学生放在首位，在成就学生的同时才能成就自己。但是此定位在提交民管会民主讨论时，就有民管会委员提出质疑，教师自己首先应该是一个人格完善的人，能成就自己的教师才能真正在人格上成就学生。因此，儒雅教师目标应改为“立己立人，达己达人”，民管会委员充满说服力的主张最后通过民主程序成为了实验小学雅文化的目标。这样的民主本身也在不知不觉中成为了实验小学雅文化的一部分，深深地影响着这一文化中的人和事。

（2）调动社会资源，建立教育志愿者资源库

民管会的主要职能之一就是架起学校与社会之间沟通的桥梁，更好地推进学校、家庭、社会三结合的模式，实现家校共育目标。因此，民管会充分挖掘社会资源优势，成立教育志愿者资源库，为学校储备各种教育资源和力量，为孩子们接触更广泛、更生动的德育铺设了一条宽广的大路。

家长学校成立以来，都有很多家长和社会人士主动成为教育志愿者，利用自己的职业资源及社会资源走进校园，义务为学生们提供各种服务，如画家给孩子们启蒙美术书法鉴赏，警察给孩子们讲法制，企业家带孩子们去奶牛场参观，懂财经的家长给孩子们讲理财，全职家长组织孩子外出旅行。每个班的家长轮流当班级的故事爸爸、故事妈妈等。经过民管会对家长志愿者们的组织，为学校储备了更多可利用的资源和力量，拓展了学校可利用的教育资源，为孩子们接触更多、更新、更广泛的知识铺设了一条宽广的大路。

（3）协调家校社会关系，发挥桥梁作用

民管会委员由学校师生、家长、社区人士共同构成，因此，它能比较好地协调学校教育、家庭教育和社区教育的关系。我校民管会积极发挥了学校与家庭之间的桥梁作用，加强了家校联系，民管会委员都来自各班家委会，与家长们之间的交流很充分，再把家长们的意见和意愿通过民管会传递给学校，让学校更多更好地了解了家长们的需求和愿望，及时帮助家长们解决问题。比如许多家长希望能了解学生午餐的情况，民管会将家长的意见传达给学校后勤中心，后勤中心立刻在校园网上设置了一个每周午餐搭配表。许多家长提出接送孩子停车难的问题，学校和民管会成员则与辖区分管交通负责人协商，为家长们提供了专用停车牌，在校门口可临时停车，解决了家长的每日之忧。

此外，民管会还可以更好地整合各方资源，更好地促进教育发展。民管会经常和学校共同组织各种学生活动、家长辅导活动、教师专业发展活动以及各种社区活动等，各种教育力量在民管会的协调过程中积极互动，形成了很好的教育合力。学校管理、家庭教育和社区教育都在其中受益匪浅。如：春秋游活动的策划与开展，各年级特色活动的策划与组织，少先队A城活动的策划、组织与支援等。如，2007年11月，民管会组织了一次有意义的社会实践活动“关爱环境，保护我们自己”，为了更好地帮助孩子们走向社会，向社会宣传环保知识，引导人们减少对塑料袋的使用，为保护环境作一些力所能及的贡献，在2007年9月召开了民管会的会议以后，将“保护环境、减少白色污染”作为活动的主题，接下来就通过与学校的协调，确定了五年级一班作为主要的活动对象，在五年级年级主任、五（1）班班主任的大力配合下，组织孩子们做了一些相应的准备工作，而学校的A城各个频道也行动起来，积极参与，民管会委员出面为学生联系活动的场地、超市，还在活动当天为学生们提供了良好的后勤保障，整个活动在学校大队部、民管会、家委会、A城的共同组织下获得了赞誉，形成了很好的社会影响，学生们也从中学到了不少在课堂上学不到的知识，参与了活动的孩子们还积极地把这个活动推广到全校，向全校的同学发出倡议，带动每个孩子的家庭都能形成良好的环保意识。

通过这些活动的成功组织，民管会的职能得到了更好的发挥，使民管会成为了学校不可缺少的部门，让民管会的委员们真正成为了老师们的同事，大大增强了民管会委员的工作信心和热情，在“一切为了孩子”这样的宗旨指引下，把学校、社区、家长的力量都调动起来，才能为孩子们创造出更多锻炼的机会，让孩子们的成长更加健康、快乐。

三、德育评价创新，引文雅之风

（一）德育创新引发评价之变

德育评价是德育工作的重要组成部分，它对德育工作有着导向性作用。德育评价是否合理，将影响学校德育工作的成效。随着德育活动创新实践的进行，我们发现评价已经成为德育活动继续深入的瓶颈。

1. 新课程评价理念改变评价观念

新课程倡导发展性评价，即通过多种渠道，对个体的能力和表现在特定的环境和背景下发展的状态作出系统鉴定的过程。它有以下五个方面的特征：一是评价的功能侧重发展而非甄别。二是评价强调真实性、情景性。三是既重视评价学生解决问题的结论，更重视学生解决问题的过程。四是将质性评价方式与量化评价方式恰当结合。五是重视学生在评价中的合作与合作中的评价。

新课程评价的五个特征能在功能上很好地满足我们对德育活动评价的要求。然而，由于国内外可直接借鉴的实践经验不多，学校还需要根据自身特点不断探索。而且德育是一个复杂的互动过程，它的评价主体多元，评价范围广，标准不一，操作复杂，费时费力。因此，如何既能保障评价功能，又能提高评价实效性，是学校德育评价中迫切需要解决的问题。

2. 学生的德育自主促进评价变革

随着德育创新实践的深入，学校搭建了以促进小学生自主发展为特色的 A 城自主平台，开展了大量学生自主设计、自主组织的活动。随着这些自主活动的开展，对学生这些非常规德育的评价成为了一个新的问题。学生自主活动在时间和空间上具有较大的不确定性和开放性，如何创新评价方式，发挥评价对于学生成长过程的指导作用，成为了实验小学文雅学生评价的探索重点。

3. 学生的自主发展需要评价激励

小学生毕竟还处在身心发育都还不成熟的阶段，因此，他们还没有能力完全自主。在这一阶段，学生好奇心强，但是往往注意力集中时间比较短暂，对事物的兴趣难以持久。但是德育品性的养成需要学生长时间的累积。如何持续调动学生参与各种德育活动的积极性成为德育评价研究的一个难点。

小学生的自主还处于一个需要引导，需要促进和激励的阶段。自主方向的确立、自主内容的选择、自主过程的坚持、自主评价的激励都离不开指导。这些都需要新的评价方式和内容来承担这一功能。如何通过德育评价帮助学生在活动中获得成长，找到持续的成就感和价值感是德育亟待解决的问题。

（二）创新分类评价，关注过程引导

学校的德育活动类型众多，活动目标又各有偏重，逐一去探讨每一种具体的德育活动的评价方案是不现实的，也不利于迁移应用。因此，我们按照归纳自主活动的共同特点，将活动分类。一类是对学生常规活动的常规评价，即如何通过对学生日常行为规范的评价来保障学生的道德记录底线，成为一个遵守规则、有规范的学生。另一类是对学生自主活动的创新评价，这一类评价就是要通过对新型的学生自主活动的评价来挖掘学生自信、培养学生个性以及创新精神。这一类评价更注重评价的引导性和发展性功能。两类评价的综合运用才能培养出“活而有常”的文雅学生。

1. 德育常规，信用管理，及时评价

养成良好的日常行为习惯是培养学生自主管理能力的重要内容。英国斯宾赛在《教育论》中指出：“记住你的教育目的应该是培养成一个能够自制的人，而不是一个要别人来管的人。”实小的校园文化主张以雅育雅，以环境和氛围的浸润来促进习惯的养成，但行为常规具有严肃性、制约性等特点，对其的评价形式，需要更注重以儿童能够接受和亲近的方式进行，才能达到润物细无声的效果。在课题研究中，我们尝试利用校园文化形象——笑脸樱桃作为及时评价的强化替代物；并采用A城信用卡进行积分认定和管理。这样的方式容易被孩子接受，由他律变为自律，将良好的习惯内化。

（1）笑脸樱桃卡，点面结合，及时强化

笑脸樱桃卡：樱桃娃娃是学校的校园形象标志，可爱的卡通造型具有亲和力。笑脸樱桃分为大、中、小三种型号，其中中号笑脸樱桃是A城公民推选出的各班校园观察员所佩戴的标志，而大号笑脸樱桃主要用于班级集体活动时大队干部对班级的考核评价。小号樱桃主要用于大队干部、校值日生、教师、校工在平时的德育活动中对学生个体的评价。笑脸代表优秀，哭脸代表尚需努力。累积到一定程度的个人笑脸可以增加班级笑脸。

A. 多元主体，共同评价

学校的每一位班主任老师、学科教师和职工每周一都会得到常规评比的五种“樱桃宝贝”各十枚，他们根据自己的观察和评比，对每天在“文明礼仪”、“环保卫生”、“文明休息”和“集会放学”当中有突出表现和进步的孩子进行评价。

“樱桃宝贝”的出现，取消了班主任的评价绝对主体地位，那么，以成绩定品行，以班级中的个别优秀学生作为统一的高标杆而漠视个体差异的现象失去了生存的土壤，取而代之的是囊括了学科教师、学校职工和学生代表的多元的评价主体，他们依据自身工作的重心，从自己的视角出发，只针对学生的道德认知和道德行为表现进行适时的评价，这让每一个孩子都有了积极表现并获得认同和鼓励的机会，所以，大大激发了孩子们的积极性和热情，促进了他们良好道德行为的产生和良好道德品质的形成。

B. 关注生活、过程评价

道德来源于生活，对于孩子来说，他们的道德品质的形成和发展源自他们对生活的认识、体验和感受，源自他们在生活中处理个体与他人、个体与社会关系的活动过程。因此，德育评价要想真实而准确地反映孩子的道德状况，就必须在实际生活或类似实际生活的情境中进行，实现评价途径的生活化。

“樱桃宝贝”作为德育评价的一种方式，它来源于孩子们认同的道德追求，根植于孩子们的日常学习生活之中。它的出现，打破了成绩好就什么都好的“一白遮百丑”的局面，让学校的每一位老师和职工们都欣喜地发现，围绕在他们身边的孩子们，他们虽然学业成绩有差异，但他们都有不同的优秀品质，他们都会在我们不经意间，以行动闪现出心灵中真、善、美的动人一面。

在从早到晚的学习生活和活动中，每一个孩子的道德认知、道德情感、道德意志和道德行为都会表现得淋漓尽致，这是他们道德品质发展状况的最真实反映，评价主体们在具体的生活情境中把握住机会，就可以轻松而自然准确地评价出儿童的道德发展状况。

这样真实而及时的评价，对其他学生产生了积极有效的德育影响，形成了有效的德育导向，孩子们通过观察和学习，发现良好的道德和行为离自己并不遥远，它们和自己的实际生活紧密相连，而且，榜样就在身边，自己也可能成为别人的榜样，良好的道德行为变得触手可及，这样的进步让他们充满兴趣，激发出他们内心深处的动力，使他们主动地克服困难，锻炼自己，逐步形成良好的道德品质。

C. 强化替代，及时评价

樱桃宝贝卡作为及时评价的强化替代物，设定的评价起点低，评价目标小、具有反馈快和评价面广的优点。大量的实践证明，樱桃宝贝卡能够及时对孩子的良好行为进行肯定，树立榜样作用，潜移默化地形成良好的校园文明氛围。对于孩子们来说，他们惊喜地发现，成为老师、同学心目中的好孩子并不难，不需要他们做什么惊天动地的事情，只需要从身边的小事做起，真诚待人、关心他人、有爱心、能宽容……他们有了争当好孩子的信心和热情；他们发现，学习成绩的好坏不会影响他在老师心目中“好孩子”的地位，他再也不必因为一次考试的落后而受到同学们的冷落，因为，他的善良、他的爱心、他的真诚、他的勇敢、他的宽容……已经赢得了全班同学的认同，他感到快乐；他逐渐发现，自己身上原来有其他孩子所没有的优点，老师和同学经常会向他投来赞许的目光，这让他时常为自己而感到骄傲；他们发现，自己正在不断地进步，他的努力，老师、家长和同学们都能看到，他也在心中暗暗地下定决心，要不断地努力，成为一个更加优秀的孩子；他们感到自己正在成长，因为他们正慢慢地懂得什么样的言行和表现才是真正的美，他们渐渐学会怎样规范自己的言行，让自己成为大家都喜爱的人，他们从心底深处感到：成长真是一件幸福的事！

（2）A 城信用卡，长短结合，长效强化

A. 代表个人形象的 A 城身份证

作为社会公民重要标志的身份证在现代化的 A 城诞生之初就出现了，每一位市民都持有一张绿色的身份证，被市民们称为“绿卡”，象征着自主、和谐、文明的 A 城城市精神和奋发向上、朝气蓬勃的市民气质。A 城的“绿卡”有正、反两面，均由市民们自己填写。正面是自己的姓名、年龄、性别、所在的“社区”（即班级）和自己的格言并贴上自己的靓照。绿卡背面就是“文明积分栏”。这张绿卡就相当于市民的名片。孩子们通过自己的一言一行向家长学校社会展示着自己的形象。

市民们通过自己的文明言行和举止以及主动地为他人服务来换取积分，积分以樱桃宝贝卡为准，每张卡积一分。每一位 A 城市民手持一张绿卡，每一个市民都主动地规范自己的言行和举止，主动地为他人服务，不断增加的积分展示着孩子们的进步与变化。这种进步与变化推动着孩子们自觉地要求自己。

当市民们通过自己的文明行动在“绿卡”上积满了三十分以后，就可以向“A 城办公室”郑重地提出书面申请，领取一张自己最需要的信用卡，接下来，市民们就可以根据信用卡适用的范围和自己的实际情况使用信用卡。

> A城市民积分原则：
>
> 1. 持有绿卡的市民均可以参加积分活动。
>
> 2. 积分的范围：家庭、学校、社会等孩子们生活学习的一切场所。
>
> 3. 积分的条件：
>
> 学校，做一个文雅的好学生。
>
> 社会，做一个优雅的小公民。
>
> 家庭，做一个和雅的乖孩子。
>
> 凡在关心、帮助、服务同学；尊敬、协助老师工作；为班集体和A城建设服务，以自己的实际行动为集体荣誉争光的行为，在获得相关老师和同学认可的情况下，均可请相关同学、老师证明，获得樱桃宝贝一枚，积信用积分一分。

B. 具有真实权利的A城信用卡

A城信用卡一共有十种，“一日市长卡”、“一日教师卡”、“免于批评卡”和“合理要求卡”……每种信用卡的适用范围不同，但使用的步骤大致一样，即领取信用卡——向“A城服务中心”提出使用的书面申请——征得“A城服务中心”的同意后与相关老师和同学联系，讨论研究具体使用程序——申请人正式使用。

一日市长卡	得到此卡可以担任A城市长一天
一日干部卡	得到此卡可以在A城担任一天的A城小干部
一周校值日卡	得到此卡可以选择一周的校值日机会
一日班主任卡	得到此卡可以尝试担任一天班主任的工作
自我批评卡	得到此卡可以在某次处罚中选择自我批评一次
自主作业卡	得到此卡可以自主完成当天的作业
轻松自习卡	得到此卡可以自由申请一节自习课
惊喜礼物卡	得到此卡可以获得一份学校颁发的精美礼物
绿色环保卡	得到此卡可在学校参与认养一棵小树
活动参与卡	得到此卡可以参与一次校级活动，展示个人才艺

C. 积分评价认定，学生自主管理

A 城服务中心全面管理和全程参与信用积分的审核、信用卡的发放和监督使用，同时，对信用卡的领取和使用，做相应的周、月和学期的统计，评选出 A 城优秀的频道、班级和社区，进而参与“感动 A 城年度集体”的评选。

各班在周五将本周得到的“宝贝”统计数量交到学校大队部，再由大队委统计，评选和公布当周宝贝总数最多的“宝贝冠亚季军”班级和单项宝贝评比的前十名作为本周的“单项星级班级”。所有获得殊荣的班级都将得到相应的奖章，张贴在班级教室“樱桃宝贝到我家”的荣誉栏里，成为孩子们一周的骄傲和快乐，更是他们加倍努力的动力。

在每一学月、每一季度和每一学期、每一学年结束的时候，班级和学校先后举行隆重的颁奖典礼，奖励各学月、各季度、各学期和各学年的优秀个人和优秀班级。

当一位市民集齐四张信用卡后，就可以向“A 城办公室”志愿申请成为“A 城明星”，荣登“A 城明星榜”，A 城将给予隆重的表彰，同时他将有机会参与“感动 A 城年度人物”的评选。

市民虽然都持有“绿卡”，但是，为了获得自己需要的信用卡，他们必须在日常的学习生活中严格地要求自己，以良好的行为习惯去获取积分，这时孩子们自然而然地从他律转变成自律，变“老师、家长要求我这么做”为“我需要这样做”，当他们通过自己的努力换得了期盼已久的信用卡时，实现目标的成功感又会激励他更加高标准地要求自己，更加严格地管束自己，这样，良好的文明习惯和精神品质便在不断的自我管理中逐步形成。

信用卡的使用过程更是体现了孩子们的自我管理和自我教育。有了 A 城“信用管理系统”，使 A 城的管理实现了评价的自主，市民可以根据自己的需求、兴趣和爱好，拟定自己的努力和发展目标，付诸行动，通过积分进行基础的自我评价，借由 A 城信用系统来兑现评价。在评价中，由学生构成的 A 城服务中心全面管理和全程参与信用积分的审核、信用卡的发放和监督，使学生真正成为评价的主体。

评价的作用在于引导事物的发展方向。A 城的评价体系既有及时评价，又突出强调学生的信用、学生的主动性。A 城通过建立樱桃宝贝及时评价卡、具有等级差异的信用卡、A 城明星榜等激励措施，由学生自主管理积分认定过程。这样的操作模式兼顾评价的公平和效率、过程与结果的联系，极大地促进学生形成良好习惯的积极性和自主性。鼓励学生随时随处都在努力，每一个生活空间的点点滴滴都在积累自己的文明行为，朝向文雅学生的目标而努力。长年累月积累下来，这些行为都逐渐内化为学生的行为习惯和自觉要求。

2. 自主活动，分类评价，要素分析

随着 A 城大量学生自主活动的开展，为了更好地促进学生的自主兴趣和能力发展，对学生自主活动的评价也被提上了重要的议事日程。自主活动范围广，内容多，学生的活动过程涵盖了知识学习、技能锻炼、能力培养、情感熏陶等多方面的内容。如何通过有效评价来促进自主活动的开展，保障自主活动的有效性成为了我们主要思考的问题。

为了适应自主活动的内容、形式的广泛性和多样性，根据大量的行动研究，我们决定采用分类评价、要素分析的方法来对学生的自主活动进行引导。即根据自主活动的不同类型，评价主体的不同以及侧重评价的不同内容和视角，拟定不同的评价要素，进行多种形式的评价。

（1）自主活动分类评价要素

表 5－6 自主活动评价方案设计参考表

活动类型	评价要素	主要评价方式及操作
社会实践类	1. 参与意识 2. 社会研究能力 3. 合作能力 4. 人际交往能力 5. 服务意识	方式：轶事记录、问卷调查（封闭性与开放性问题结合） 操作： 教师观察并记录自主活动过程中的典型行为，并引导。 家长和学生以问卷调查为主。

续表

活动类型	评价要素	主要评价方式及操作
研究性学习类	1. 参与意识 2. 科学探究技能 3. 合作意识及能力	方式：表现性评价 操作： 活动之前，为学生提供具体清晰的评价要素，让学生了解自主活动所期望培养的具体目标，以便学生自我调控。 活动之后，学生通过要素的对照（核查表或者等级量表）进行自评或互评。
表演展示类	1. 参与意识 2. 自信心 3. 人际沟通能力 4. 组织能力 5. 表演能力	方式：展示性评价 操作：指导教师和合作同学评价过程。大众评审评价展示结果。
自我体验类	1. 自信心 2. 换位思考能力 3. 适应能力 4. 坚持度 5. 合作能力	方式：反思性评价 操作： 自己根据体验前、体验中、体验后的反思来评价自我成长。

（2）自主活动的评价操作流程

在自主活动评价的操作中，学生始终是重要的主体之一，他们通过对自主活动的了解、参与来共同设定评价标准，选择评价方式，参与自主评价，最终通过评价引发的反思来促进自己下一次的行动。具体操作步骤如图 5 –5。

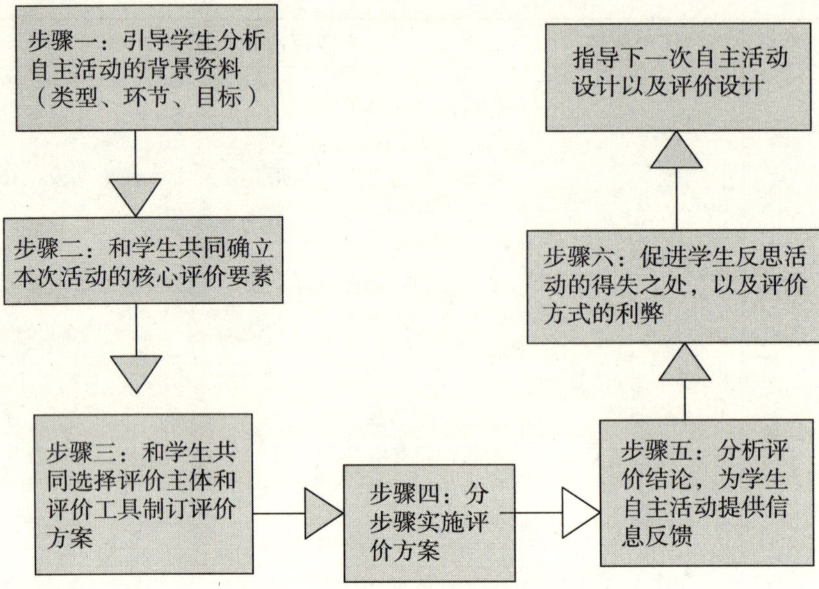

图 5-5 自主活动评价操作流程图

通过德育评价改革，学生参与学校公共事务的意识、参与各项自主活动的积极性和能力都得到明显的提高，学生的自主管理能力也大大增强了。老师也在其中改变了对德育的许多认识和实践，在更广阔的创新中与学生更好地互动相长。

四、德育效果创新，成文雅之果

成都市实验小学以家、校、社区三结合为基础，将旧的德育常规活动内容和形式进行变革，同时在校内成立模拟社会 A 城，为每一个学生都能体验大量丰富有趣的体验性活动创造了条件。这些体验性活动既涵盖了社会的各个领域，同时兼顾孩子的心理特点和兴趣。多彩的体验性活动让孩子们有自主选择的机会、自主参与的平台，这大大激发了学生参与德育活动的主动性。据学校德育处统计，仅每年参与 A 城体验性活动的学生的人次就将近万次。

表 5-7　A 城学生活动参与人次统计表

频道名称	参与人次（人次/年）	频道名称	参与人次（人次/年）
亮眼睛	218	绿谷地	3028
红绿灯	2009	科学院	325
起跑线	876	万花筒	1582
大舞台	523	智慧树	853
阳光坊	218		

学生在大量的德育活动中体验自己与他人、学校、家庭、社会的关系，责任意识、道德意识、规则意识等公民意识在不断内化。越来越多的学生把自己当做 A 城必不可少的一员，他们积极主动地参与到了学校公共事务的管理中。

[案例]

我是文雅小公民，学校规划齐出力

2010 年，学校向全体老师、家长以及学生征集“十二五”规划的意见。为了让每一位 A 城小公民都能表达自己的建议，A 城的小干部们在老师的协助下，设计了一份调查问卷来了解学生的愿望和需求。问卷针对学校、老师、活动、课程、家庭、社区六个方面进行提问，如“你不喜欢学校的什么？老师怎么做你不喜欢？教室的什么地方你不喜欢？哪些活动你不愿意参加？”“你认为好男孩是什么样的？好女孩是什么样的？”等。各班的调查活动由各班 A 城干事主持，调查不记名，要求反映自己内心最真实的想法。

A 城市政府组织同学对各年级的调查进行统计分析，了解各年级学生对六个方面的看法，最后形成调查报告。在问卷中，孩子们用他们的视角切实地反映了他们喜欢的学校是什么样的，哪些是他们不喜欢的。这些回答正是学校未来五年规划中急需解决的问题，如部分老师喜欢拖堂、下课缺乏玩耍的场地、休息时间被兴趣班挤占、在家孤独缺乏交流等。在每个年级的意见稿中，我们能看出孩子的思维逐渐趋于理性和客观，他们提出自己的需求，也考虑学校的实际，他们反映学校现在的问题，也分析背后的原因；他们真正地把自己作为这个学校的一分子，共同担当荣辱责任。

在学校召开的有民管会、家长、教师、学生代表参与的“十二五”规划征集意见会议上，一至六年级学生代表的精彩发言得到了大家的高度评价，实验小学的孩子们正是在这样的活动中不断地成长为一名文雅的公民。

从最初的主动参与学校德育活动，到后来能自己提出意见参与设计、组织活动，再到现在能够全员参与学校管理和决策，参与学校公共事务的孩子越来越多，参与学校公共事务管理的范围越来越大，学校的公共卫生、公共纪律、公共文明、公共设施、课程设置等都成为了学生们自主管理的领地。在参与学校公共事务中，学生的公民素养不断提高，观察能力、解决问题能力、协调能力也同时得到锻炼。因此，实验小学的学生在进入中学以后，大部分在学校或班级的学生干部岗位上做得非常出色，用中学老师的话来评价实验小学的学生就是“大气”、“活跃”、“能力强”……

近年来，学生素质全面发展，获得了很高的社会赞誉。此外，丰富的体验性活动让学生的个性得到了充分的尊重和发展。四川省十佳少年叶子，四川省道德建设小公民陈立人等就是一大批自主发展、快乐成长的学生的代表，现在，这样的学生还在不断涌现。实验小学的学生在各级各类评选中的获奖人数达到 1800 多人次，几乎达到了学生总人数的 80% 以上，发表在各级刊物上的文章五百多篇，受到了各界的好评，还有孩子独立出版了自己的作文集；电脑机器人代表队连续两年取得国际比赛金牌，国家级、省级奖牌多项，田径队、女子排球队、男子篮球队、轮滑队、合唱队、舞蹈队都多次获得省级比赛一等奖，展示出了实验小学学生多才多艺、不断创新的良好素质，多个学生社团获得全国少工委的表彰，学校还培养出了多名小主持、小记者等，在多类竞赛中都有突出的表现，尽显实验小学孩子自主发展、生机勃勃、群星闪耀的局面。

第六章 清雅管理——以人为本，以事育人

学校管理是指学校的管理者通过组织协调全体师生员工充分发挥人力、物力和财力的作用，充分利用各种资源和校内外的有利条件高效地实现学校办学目标的活动过程。学校管理直接决定着学校的发展。学校管理的理论与实践受多种因素影响：学校的管理传统，对现实社会的适应，学校对未来的展望，当时时兴的管理理念的影响等。

实验小学的学校管理传统中一直兼具人文性与科学性。从首任校长胡颜立的实验定位，重视教师研习，关注教师生活，到苏文钰校长的活管理，实验小学一直将人的发展置于首位。在不同的历史时期，学校不断顺应时代的变化，吸收最新的管理理念，改革学校教育管理。

一、现代管理理念冲击

（一）古典教育组织理论奠定现代教育管理之基础

19 世纪末 20 世纪初，社会进入工业革命高潮时期，新技术的兴起迅速冲击着原有的经验管理模式。以韦伯的科层组织理论和美国泰罗的科学管理理论为代表的古典教育组织理论提出建构等级明显、分工明确的科层组织，用标准化的管理来提高劳动生产率。这些研究和探索很快影响到当时的学校管理，从而促成了现代教育管理理论的创立。

这些管理理论虽有局限性，但为现代教育管理搭建了基本的理论框架，并为解决现代教育管理中的组织行政管理提供了许多积极的参考。

（二）行为科学理论丰富现代教育管理之内涵

20 世纪 30 年代出现的行为科学理论关注企业职工在生产中的行为以及这些行为产生的原因，还关注人与人之间的相互关系。它特别关注人的需要与人的行为动机的关系。这一理论更好地缓解了企业劳资矛盾，提高了劳动生产率。

它带给教育管理的意义是让这一时期的教育管理不仅把员工当成单位人更当成社会人，更加集中于激励和满足教职工的需要，改变领导行为，营造学校组织氛围。马斯洛需要层次理论的随后出现让大家更加意识到教育管理就是要最大限度地满足教职工职业上自我实现的需要。这极大地丰富了现代教育管理的内涵。

（三）社会系统学派搭建现代教育管理之组织

20 世纪 60 年代，巴纳德提出的用社会学和系统论的观点和方法来分析管理问题的管理思想日益受到重视。人们开始认识到，管理不仅与企业内部发生联系，还与当时的社会、经济、政治、文化发生着必然的联系。这一认识对后来教育管理如何处理教育内部与教育外部多重关系，从中寻找教育管理规律的认识产生了积极的影响。这一学派认为组织是一个协作的系统，它包含协作的意愿、共同的目标、信息沟通三个要素。它也积极主张非正式组织在管理中的作用。这为教育管理中发挥教师和学生的主体作用，构建新型的管理组织，在正式组织与非正式组织的均衡之间创造性地提高教育管理效益提供了新的思路。

（四）决策理论影响现代教育管理之决策

美国西蒙创建的决策理论学派认为决策贯穿于管理的全过程，决策分为程序性决策和非程序性决策。决策理论对教育发展战略的建立以及教育系统内部问题的民主决策有很大的促进作用。

（五）开放系统理论突破现代教育管理之思路

科学的飞速发展让新兴的系统理论发展起来。这一理论很快渗透到教育管理领域，为教育管理研究带来了一个广阔的前景。教育被看做是一个开放的系统，属于社会系统中的一个子系统，与外部环境相互依存，相互交换物质、能量和信息。

教育管理就是要在各系统的关系以及系统内部诸要素之间的关系中找到规律，实现教育管理的最优化。开放系统理论为现代教育管理提供了宽广的视野和思路。

以上各派管理理论都对教育管理有深远的影响，但各派管理理念的实践偏差也在现实中暴露无遗。管理中效率与创造的矛盾、共性与个性的矛盾、制度的约束与人文关怀的矛盾等让学校开始思考最适合新时期实验小学的管理理念和方式。实验小学必须了解时代对教育的需求，面对学校管理中的真实困境，才能找到适应时代、适应学校发展的最适合的管理理念和方式。

二、学校管理真实困境

对已有教育理论的学习与了解为学校反思学校的教育管理提供了理论参考和研究方向，也让学校更清晰地看到了学校管理在学校快速发展过程中所遇到的问题。

1. 学校管理背景：素质教育与应试教育的博弈

早在 1999 年，国务院批转教育部制定的《面向 21 世纪教育振兴行动计划》，明确提出，实施“跨世纪素质教育工程”，整体推进素质教育，拉开了素质教育整体推进和制度创新的序幕。同年，中共中央、国务院作出了《关于深化教育改革全面推进素质教育的决定》，并召开了以素质教育为主题的全国教育工作会议，进一步强调了实施素质教育的重要性和必要性，明确了素质教育的内涵，以及实施素质教育的具体举措。由此，素质教育开始作为党和国家的战略决策，进入国家推进、重点突破、全面实施的新阶段。

但是在应试教育的长期惯性下，人们的教育观念以及教育行为都不会因为素质教育的整体推进而自然改变。再有改革意识的学校都不得不应对社会对学校升学率高低的传统评价，即使在素质教育大背景下，应试教育也是一个不能回避的问题。素质教育是家长的理想，但在应试教育的现实潮流中，很难有家长能招架得住。一旦在改革实验中成长起来的学生考试成绩比不过普通学校的孩子，家长和社会就都会质疑改革实验的效果。当学生在面对升学的难关时，家长宁愿先放弃对素质的追求，而先让孩子上一所好的中学。

素质教育的改革势必要让学校承担很多的风险。因此，在素质教育与应试教育的博弈中，学校只有一手扎扎实实抓应试，一手轰轰烈烈抓素质。学校在这样迫不得已的兼顾中身心疲惫。而这样模糊的价值取向给学校管理带来了很多矛盾和挣扎：我们究竟要教育出怎样的孩子？新时代的学校发展举步维艰。

2. 学校管理目标：基础目标与发展目标的兼顾

为了对现代学校进行更加科学的考核，政府对学校实行目标考核。分为基础性目标考核和发展性目标考核两大板块。这对促进学校下要保底，上要发展起到了一定的推动作用。对学校而言，就是要在做好常规工作的同时还要有自己的特色，要做到一校一品。但是常规工作的规范性、约束性与学校发展性工作的创新性、独特性常常形成矛盾。学校的发展性工作往往就是在对学校常规工作反思基础上的自我否定和创新。另外，常规考核往往是可以量化的考核，而发展性的考核往往难以量化而容易被人们忽视。而这些，让学校在每一次创新过程中都不得不仔细衡量基础性目标与发展性目标的分量。这在一定程度上制约了学校的发展。在基础目标与发展目标二者之间如何选择平衡点是学校管理的难点之一。

3. 学校管理途径：民主权利与法制建设的失衡

随着社会的进步，民主平等的思想越来越多地出现在人们的头脑中，也出现在了教育管理中。学校明确教育管理民主化是现代教育发展的必然趋势。学校管理要通过在学校管理活动中实行民主参与，促进教育民主决策，从而提高教育决策的质量和水平，发挥广大民众和学校教职工的积极性和创造性，推动教育事业的健康发展。但是民主与法制是密不可分的。民主需要法制来促进和保障。但目前学校还缺乏相应的制度来保障民众及师生的民主权利。因此，民众及师生对学校管理的民主参与就只能局限于比较狭小的范围内，师生的民主意识也不能实现真正意义上的觉醒。如何在法制的范围内推行民主，用民主来促进法制的进一步完善成为现代学校管理的新思考。

4. 学校管理形式：尊重个性与团队发展的两难

人本主义思潮的兴起，让现代社会越来越关注“人”，越来越关注“人的发展”，开放的社会让人的个性也日益得到尊重。在现代管理理念中，人的发展也被提到了显著的位置。学校管理中既涉及个性化的个体也有共性化的团队。现代管理更重视团队发展，那么在共性化的团队建设中如何尊重每个人的个性，并让每个人的个性在团队利益下都得到最大限度的发挥，最终实现个性与共性的双重收获，这是现代学校管理不得不面对的一道难题。

5. 学校管理方式：制度管理与情感管理的对立

传统的制度管理属于刚性管理，它通过制度的约束作用保障管理效益。但是严格的制度有时会因为过于生硬而打击被管理者的积极性、创造性，甚或造成人际间的生疏。学校管理需要制度管理来保障高效，但同时又想改变制度的冰冷面貌，让制度能更好地为学校管理服务。于是学校想到了柔性的情感管理。情感管理，以尊重理解师生的需要作为管理基础，以满足师生的情感需要为出发点，运用与师生的情感作为纽带进行管理。这样的管理很容易获得师生的情感认同，形成共同的目标，发挥团队力量，实现发展。但是情感管理比较依赖管理者的个人魅力以及人际关系，而且情感管理的随意无序比较容易造成管理低效。学校既想拥有制度管理的高效又想拥有情感管理的和谐，两者之间如何取舍变革是学校管理遇到的新问题。

6. 学校管理策略：开放办学与自主办学的矛盾

学校管理具有社会性和开放性。随着社会发展，教育作为社会的一个重要子系统，它与社会各方面的关系越来越紧密，学校、家庭、社会三位一体的现代教育结构逐渐取代了传统的学校教育核心式结构。现代社会中，学校教育逐步走向社会化和开放化是现代教育发展的趋势。在此认识的影响下，学校早就在学校管理过程中向家长开放、向社区开放、向社会开放。但是这样的开放层次停留在一定限度之下。因为，学校办学需要自主权，自主办学才能引导学校找到自己的发展目标，拥有自己的办学特色。但是开放办学所带来的大众参与一方面为学校带来了新鲜活力，完善了学校作为社会子系统的功能，让学校发展与社会发展紧密联系。但是另一方面，开放办学带来的社会参与、民主管理也让学校的办学自主权不得不重新界定。学校管理中哪些范畴属于开放办学范畴，哪些范畴属于自主办学范畴，需要学校在教育管理过程中不断去研究探索。

基于对以上问题的思考，实验小学也开始全面梳理并反思学校管理，发现在时代快速发展下，实验小学的学校管理背景已经悄然发生变化。

三、清雅管理背景

（一）社会发展带来的人性复苏

随着时代进入 21 世纪，社会经济飞速发展，世界变得更加复杂多元，信息极大丰富，在此变幻莫测的世界里，人要生存和发展随时都面临着各种各样的选择。而要作出正确的选择，就离不开人的主体精神。因此，21 世纪，人的主体精神成了时代的一种迫切呼唤。教师的主体意识也在这种时代的呼唤中逐渐觉醒。教师不仅仅满足于对学校管理的顺从和执行，而有更多个人的意愿希望得到满足，有更多的个人选择希望得到尊重，有更多的个人创造希望得以发挥。显然，学校原有的规范式层级管理方式已难以适应学校的发展。

（二）新课程带来的全新挑战

随着 2001 年新课程的提出，对教育目标、教育教学方式的全面变革给学校管理带来了全新的挑战。新课程要求教师成为学生学习的促进者、合作者、引导者，成为“平等中的首席”，还要求教师成为课程的开发者、教育教学的研究者、自身专业成长的建构者……这些众多的角色很多都需要在学校管理中一步步去锤炼，但是原有的学校管理不具备承载这样大面积快速提高教师素质的功能。原有的学校管理重点在如何让教师“教”得好，而现在的新课程重点是需要教师让学生“学”得好，改革思路的调整让学校管理改革成为了新课程改革中首当其冲的要点。

（三）学校发展带来高原突围

实验小学作为区域内的一所名校，长期以来以优质的师资而著称。但是随着教育的区域均衡发展，学校培养的许多优秀教师都被提拔到外单位担任管理职务。在过去的七八年时间内，实验小学先后为区域的发展输送了30多位骨干教师。大量的向外输送让学校的师资队伍开始出现断层。也增强了区域内其他学校的竞争力，实验小学想要秉持“实验研究，辅导地方”的一贯领先优势，就需要在学校管理上重新调整思路，着力培养出大批量的适应时代发展和适应新课程改革的新型教师。

在继承基础上创新，学校在雅文化的大背景下将学校管理定位于清雅管理，即以清新雅致和谐的管理促进儒雅教师、文雅学生的发展，最终成就高雅学校。

四、清雅管理内涵

（一）以人为本

雅教育的目标始终是以人的发展作为核心。因此，清雅管理是以人为本的管理，即管理是从学校师生员工的发展需要出发，为师生员工的发展服务。但基于学校特殊的教育功能，清雅的学校管理不仅仅停留在服务层面，还包含对师生员工发展善意的引领。

（二）崇尚尊重

清雅管理是建立在民主平等基础上的学校管理，它充分尊重学校中每个人的独立人格，尊重师生员工的劳动、智慧与选择。在尊重的基础上民主交流、民主参与、民主决策，实现共同的价值追求。

（三）主张自主

自主是清雅管理最大的特色。清雅管理充分尊重师生员工的主体性，通过理念引领、平台搭建、机制创设、制度建设等来全面促进和保障师生员工的自主性。师生员工在自主过程中逐渐将个人愿景与团队愿景融合，最终实现个人与团队发展的双赢。

（四）开放民主

清雅的管理不是孤芳自赏的管理，也不是闭门造车的管理，清雅的管理以对外开放、民主自治来丰富雅的内涵。这主要体现在学校管理对师生开放，对社区社会开放，师生、社区社会人士对学校管理的民主参与。这样的开放不仅是信息的分享，活动的参与，更是权利与职责的共同担当。

（五）追求发展

清雅管理的目标是追求管理中人的发展。对事和物的管理最终目标都是为了人的发展服务的。学校管理追求教师员工发展，教育教学管理追求学生发展。清雅管理通过优化整合学校内外的人、事、物来实现学校师生员工的共同发展。

（六）达成和谐

清雅管理一直致力于实现校长负责与师生、社区民主管理和谐发展。一直致力于利用制度管理、情感管理、文化管理不同的优势，充分发挥制度的保障与促进作用、情感的凝聚作用以及文化的引领作用，共同和谐地融为一个清雅管理“场”，不露痕迹，又无所不在。波澜不惊，然而深入人心。在此过程中调动大家的积极性，开发大家的创造力，最终实现个性与共性的和谐发展。

五、清雅管理探索

（一）清雅管理机制：理念先行、活动促进、体制探路、文化浸润

1. 理念先行

转变理念，先从问题出发。在梳理学校管理中的问题时，学校发现原来颇有成效的学校管理而今却遇到了困难。学校管理层发现“老师管起来没有那么听话了”，“奉献精神好像越来越少了”，“现在的老师更个性了”，“老师开始对有些制度有抵触了”。而教师们开始议论：“什么样的制度能培养创新精神？”“燃烧自己照亮别人真的是完美的教师形象吗？”“我难道没有选择发展的权利吗？”反思这些现象的背后，我们发现，是时代发展给学校管理带来了巨大冲击，在新的时代背景下，人们对教育、对学习、对成功的理解都已经发生了巨大的变化，如果我们仍然一成不变地沿用原有的学校管理方式，势必要经历失败。

于是，学校管理层重新调整管理理念：学习就是一个作为人动态的发展过程。学校教育是师生共同经历的一段生命历程。学校主张师生自主发展。学校管理就是为师生自主发展提供服务和善意引领。学校管理的最高境界就是师生自主管理。学校管理的最高目标就是实现教师和学生的共同发展，实现学习、工作、生活的多维度品质提升。

2. 活动促进

变革中的学校管理要将管理理念与师生员工达成共识，这需要在活动中将内隐的管理理念外化为外显的管理活动，这样，身处管理中的人才能真正感受到管理对人发展的影响，从而对学校管理产生进一步的认同。因此，学校借助各种各样的创新性活动来推进师生的自主管理。

平常的教案作业检查变成了各个教研组的精品教案交流，常规的教

学研究变成了各个教师团队的学科特色展示，日常的课堂教学研究变成了一次次主题鲜明、方法科学的课堂观察与研讨，大量专家报告式的培训学习变成了参与互动式的体验式学习。学生队干部的教师任命变成了轰轰烈烈的民众公选。学生活动的开展变成了学生自主策划、自主组织、自主实施，自上而下的评优选模变成了自下而上的自主申报。一次次活动的开展，让全校师生真切地意识到学校管理确实是把全校师生当成学校的主体，要让全校师生在自主管理的过程中实现自主发展。

3. 体制探路

点状的活动带给师生观念的转变，但是如何把这些活动的精髓固化下来，成为新的引领学校发展的指南，这就需要创新的管理体制。学校的管理不再是管理层需要做什么就做什么，而是学校的师生发展需要什么，学校管理就做什么。对学校的大小事务不再是管理层怎么安排就怎么做，被管理对象有了充分的选择权、参与权，往往是被管理对象自己先提思路和方案，然后申请管理审批，管理层提供相应的管理服务，在管理层与被管理层的通力合作下完成工作。这样的管理体制将管理者的引导与服务，与被管理者的自主充分结合起来。将个体的个性智慧与集体的共性需求完美地结合，形成了和谐的清雅管理。

学校从大量活动经验中总结提升了民管会民主管理学校的制度体系，有促进教师自主发展的教师发展学校自主发展制度体系，有促进学生自主发展的 A 城自主管理制度体系。这些制度体系从自主参与、自主管理、自主评价等多方面保障和促进师生的自主发展。

4. 文化浸润

当活动和制度完整地统一在自主发展的理念下，当自主管理机制自发地运行的时候，学校就形成了一个自主有弹性的校园管理文化。学校管理目标从常规管理移向发展管理，学校管理对象从个体管理移向团队管理，学校管理策略从标准管理移向创新管理，学校管理模式从物本管理移向人本管理，学校管理方式从刚性管理移向柔性管理。身处这种管理文化中的人和事都要不自觉地受到这一文化的影响。最终实现学校的雅教育目标，涵养儒雅教师，培养文雅学生，成就高雅学校。

（二）清雅管理策略：因人设岗，以事育人

1. 因人设岗

过去的管理目标是指向事情的，管理的目的是为了高效地完成事。而现代学校管理目标是指向人，管理的目的是为了人的发展。因此，学校的常规岗位设置通常都是因事而定。如行政管理、班主任、学科教师等。这样的岗位设置以完成岗位目标为终极目的，这样的岗位设置保证了学校管理机构完整，分工明确。但是这样的岗位设置忽视了岗位中人的发展，难以兼顾挖掘不同人的个性特长，容易让岗位中的人沦为完成事的工具，最终失去自我成长的价值。

因此，学校的清雅管理从尊重人的发展出发，提出因人设岗的特殊策略。因人设岗就是指基于对个人的发展需要以及个性特长的全面分析基础之上，为其设置最能开发其潜力，发挥其才能的岗位。

比如学校的周学静老师，曾经是一名出色的班主任，所带班级深得家长和学生的喜爱。但是工作十多年在人才济济的实验小学一直默默无闻。周老师素质全面，有梦想，有追求，善学习，吹拉弹唱、画画、写作、摄影样样都行，是学生崇拜的偶像。她带给学生的影响远远不止学业上的影响。如何为这样优秀的老师找到一个更合适的平台来展现她的才华呢。学校决定让周老师为学校创办一本校刊。于是校刊主编一职专为周老师而设。谁也不曾想到这样一个兼职不兼薪的岗位为周老师的个人发展开辟了一个全新的领地。在这个岗位上，她的综合素质得到极好的发挥，个人潜力得到很好的开发。她组织一批志同道合的老师一起将校刊《樱桃红了》办成了全国特级校刊，让校刊成为了实验小学最重要的一张文化名片。她用自己的才能成就了校刊，同时也成就了她自己。很多人通过校刊认识了周老师，她成为了一名“著名”教师，她的个人专著由教育科学出版社出版了，她也被评为了全国优秀班主任，

全国优秀教师。再后来，她担任了实验小学红碾分校的执行校长，在更广的范围内实践自己的教育梦想。

在实验小学，这样的例子还很多。特别是对有相当教学经验和特长的老师而言，自主发展愿望强烈，职业生涯进入一个平稳期，日常教育教学工作游刃有余，此时就需要学校因人设岗来为老师开辟新的发展平台，助推老师的自主发展，让教师在开发自身潜力，成就自我的同时成就学校。

2. 以事育人

“以事育人”，指在管理中通过做事来培育人。它与“用人做事”相对。“用人做事”关注的是事情的结果。虽然两种管理策略中都有人和事，但是由于人和事在管理中的地位不同，就会导致不同的管理结果。用人做事，追求事件完成的高效，人是工具。以事育人，追求在事件完成过程中人的发展，事件是载体。在学校的清雅管理中，始终贯穿着以事育人的管理策略。

比如实小一直以科研引领学校发展，在每一次的研究中，学校的出发点都是为了让教师在科研中能切切实实学会反思问题，寻找解决问题的办法，而并非追求发表了几篇文章，课题获了几次奖。因此，从学校的“整体改革”课题到“活动教学与小学生素质发展”，到“教师自主发展的实践研究”，到“教师自主发展制度建设的实践研究”，学校的每一个科研课题都源自学校对自身真实问题的叩问与反思，每一次研究都在探索如何解决这些不得不面对的问题，我们可以在这样的课题研究中有怎样的收获。正是这样的管理策略，让学校把每一件事都当成培育人的机会，以积极的心态去寻找事件中对于人发展的积极价值。也正因为此，学校的工作总是被老师们自觉地做到了极致，因为他们要在其中追求自己的最大发展。也正因为此，学校老师在承担大量超负荷工作的同时，仍然感觉“累并快乐着”。也正因为此，实验小学成了培育大量人才的摇篮。

（三）清雅管理模式：自主＋团队

1. 自主

清雅管理是一种看似无为而治，实则井然有序的管理。要实现这点，自主是核心。首先，学校管理者要有意识地放权，为师生预留自主空间，这基于对教师主体的信任。管理者管得过多过细会让师生的自主性无处生长。其次，管理者要有意识地培养师生足够的自主意识和自主能力。师生在长期的传统管理中，可能已经习惯了“听话”，当突然之间要让师生来自主，这需要一个过程。管理者要经历一个从“扶”到“放”的过程，让教师在以事育人的活动中慢慢学会自主管理，即自主设计方案、自主组织团队、自主实施、自主评价。最后，管理者要用服务和引导帮助教师成就自主的快乐。自主管理并不意味着放任式的管理，它需要管理者的配合，需要管理者善意的引领为自主管理提供更多的视角。教师在自主管理过程中积累的经验和愉悦体验将驱动教师进一步的自主探索。

2. 团队

团队管理是清雅管理的重要形式。团队是指人们为了共同的目标，而形成相互依赖、相互联系而又相互作用的共同体。学校通常由各种团队组成。如教研组、年级组、课题研究团体、校本教材开发团队等，人们在团队中分享智慧、得到归属、获得认同、寻找支持。这些一方面大大提高了团队的效益，促进了团队的发展，另一方面也最大限度地促进了团队中个体的发展。

学校在管理过程中往往把一项项的具体工作交给学校的一个个团队来完成，对于团队内如何分工合作，以何种形式完成工作，学校管理层并不干涉，而是由团队根据自身运行机制发挥团队智慧制订工作方案并实施完成。在此过程中，团队通过与学校管理层定期的沟通提出需要的帮助和支持，实现团队目标与学校目标的一致，同时也在工作完成过程中实现团队的和谐发展。

（四）清雅管理进程

学校在管理创新过程中，以点带面，经历了一个艰难的渐变过程。

1. 情感管理，减轻压力，预留自主空间

在自主意识的启蒙下，教师们心中开始萌生越来越多的美好自主愿望，可是现实中诸多繁杂的事务，使时间与压力成为阻碍教师自主发展的突出问题。要想帮助教师真正实现自主发展，首先要了解教师现有的处境。关于教师日常生活与教师专业发展的调查、关于教师自主发展现状及愿望的调查、教师沙龙中与教师的深度会谈等让管理层更好地了解了教师的处境，站在教师的立场设身处地理解教师，更好地化解了管理中的矛盾，也找到了教师自主发展的突破口。

[案例]

温馨早餐

随着年轻老师的增加，迟到的人次也在不断地增加。无奈之下，学校选择了上下班打卡的方式进行管理。教师迟到的人数明显减少了。但是，打卡上下班也给老师带来了很多的不方便。有的老师中午下班不回家，却要为了打卡专门下六楼，下午上班前还要再次下楼打上班卡。有时教师因为解决学生问题而忘记了打卡等。而且，真要为了迟到处罚老师，对老师的工作积极性也是一种挫伤。

于是，学校管理层思考：约束毕竟不是办法，只有疏导。如何疏导呢？学校首先深入调查了年轻教师迟到的原因。学校地处闹市中心的黄金地段，学校又不能为年轻教师提供集体宿舍，因经济原因限制，年轻教师大多只能在离学校较远的地方租房子。因独自在外居住，生活起居缺乏规律，早上容易迟到。而且，在调查中发现，不少年轻教师都没有时间吃早饭就开始了一天的工作。

了解了这些情况后，学校推出了“温馨早餐”。学校每天早上在上班前半小时起为教师提供免费的早餐，教师吃完早餐上班，时间刚好合适。

刚开始，到校吃早餐的老师还不是很多，随着时间的推移，老师们慢慢发现了到学校吃早餐的好处：卫生、好吃而且节约时间。于是，越来越多的年轻老师养成了到学校吃早餐的习惯，迟到问题也就自然而然地解决了，打卡机也就自然地退出了历史舞台。学校这样体贴的管理得到了老师们由衷的肯定。

解读：教师是一个期望情感需求得到高度认同的群体。贴心的管理行为背后是充满理解的管理视角，这让老师感受到被关怀的温暖。管理者与管理对象之间的距离一下就拉近了。管理对象由此产生的对管理的认同是难以言传的。情感的润滑让管理效益事半功倍。

2. 弹性管理释放教师压力

社会的关注、领导的期望、同事的竞争、家长的期待、学生的喜爱无一不是一种压力。当这些压力齐齐压在老师们的肩上时，老师们已是应接不暇，哪里还有心情和时间来顾及自我发展？教育要抓安全，教学要抓质量，科研要抓创新，还有学校各种各样的临时任务让每一个教师在工作时间内几乎都是疲于奔命。教师的自主发展确实是心有余而力不足。教师发展需要相对自由的心理空间，因此，对教师的管理要有适当的弹性，给教师在闲暇之中留出思考的空间。

[案例]

温暖生日假

“生日”是属于每个人的节日，对辛苦忙碌惯了的老师们来说，却总难给自己一个休息的理由。于是，生日假在老师们的热烈掌声中诞生。老师可以选择在自己感觉想要放松的任何一天休生日假。让这一天完完全全属于自己。

在实验小学，还有读书假、学术假等。学校的管理尽量考虑教师的需求，为教师服务。教师的身体需要锻炼，就有了每天清晨的教师晨练制度；教师的精神需要滋养，就有了丰富的读书活动；教师的心理需要支持，就有了心理沙龙；教师的专业需要引领，就有了固定的专家听课制度和同伴教研制度，等等。

解读：其实老师在乎的不是短短一天的假期，而是那种在忙碌中片刻的小憩，满负荷中些许的自由，感觉尤其珍贵。它传递给老师的信息是管理者对教师无限的理解、尊重。教师们在这样真诚的关怀中可以感受到心灵的放松与自由。这样，雅就有了生长空间。

3. 制度创新，转换视角，保障自主方向

（1）转变对制度的认识

在原有制度管理的基础上，学校首先改变了对制度的固有认识，我们认为制度并不全是制约人的。根据功能的不同，可以分为约束性制度、保障性制度和促进性制度。约束性制度是保底的规范性制度，保障性制度和促进性制度是创新的发展性制度。要想让管理促进发展，就应该精简规范性制度，减少约束，大力建设发展性制度，提升发展。

（2）精简常规性制度

在此认识下，学校对已有的常规制度进行了梳理，找出那些与现有管理理念相违背的，对教师发展无意义的制度，进行了删减，为教师自主预留空间。学校重点改革了以往烦琐的教师考评制度，取消了学校沿用多年的教师考核制度，把老师从许多毫无意义的文字填写中解放出来关注自身的发展。

（3）建设发展性制度

学校大力创设发展性制度，为教师自主发展服务。比如用制度设定教师自主发展的边界，建议自主发展的方式等。比如最具代表性的《教师自主成长记录册登记制度》，明确地从自主规划、自主发展、自主记录、自主反思、自主评价等几个板块对教师的自主发展进行了方向性的引导。这一制度鼓励教师多元个性发展，让教师更多关注自身发展的过程，在反思中极力提升自我发展。学校为每一位教师设立了成长记录袋，并在校园网上设立了每一位教师的成长主页。教师评价逐步从对教师发展结果的评价过渡到对教师发展过程的评价。对教师的评价也从学科教学转向了综合素质的评价。教师逐步走向自主。

特别是学校个性化的教师发展学校制度建设为教师的自主发展提供了宽广的空间。在教师发展学校这一自主平台上，一系列指向教师自主发展的制度相继出台。心斋读书制度、专业发展日研讨制度、自主发展规划制度、学习积分制度、自主发展记录册登记制度、优秀学员申报制度、自主发展交流制度、反馈制度等。这些制度引领着更多的教师走上自主发展的道路。

（4）重建激励性制度

此外，学校还针对教师渴望得到高认同的这一群体特点，设立了精神与物质双激励的激励制度。当教师取得成绩时，学校不仅给予充分的认同和赞赏，同时通过全校教师会议通报表扬以获得老师们的认同，让老师在更高的平台上展示自我，在精神上给予教师极大的成功感和满足感。同时学校在物质上对教师的点滴进步以奖励性绩效的形式或外出学习、参观等形式予以体现。让教师充分感受到自身的价值所在，感受到学校的关爱，更加激发出他们工作的热情和发展的动力。

4. 文化管理，共筑愿景，引领师生自主

（1）愿景引领

管理的核心是要有共同的核心价值。学校管理层和全校老师一起梳理学校发展的90多年历史，将教师的个人发展愿景与学校发展愿景结合起来，把“小学校，大雅堂”定位为新时期的共同追求：学生有学子的勤勉，教师有学者的风范，学校有学府的博大。小学校涵养儒雅教师，培养文雅学生，润养高雅学校。儒雅教师要在知识文化上求“渊雅、博雅”；在胸襟气度上，求“宽雅、和雅”；在言行举止上，求

“清雅、文雅”。文雅学生要品正业勤，文质彬彬。从内在修养的博大、宽厚，到外在气质的赏心悦目，从历史沿革中的一脉相承到现代教育中的返璞归真，“雅教育”成为了学校、教师、学生的共同向往与追求。“雅”是至上的品位，至尊的气度，至高的境界。夫唯大雅，卓尔不群。

（2）氛围营造

学校从营造学校高雅的校园文化入手，开始对雅教育脚踏实地的追求。从校园环境的布置到文化氛围的营造，从教师的言谈举止到教师的思维方式，男教师儒雅，女教师优雅成为了清雅文化管理的第一步。

[案例]

清新办公室

看着教师办公室桌上一大堆似乎永远也改不完的作业本给忙碌的教师生活平添了许多的杂乱，学校决定拨出专门的经费让教师装扮自己的办公室。老师们利用自己的课余时间，运用集体的智慧，各展所长，布置出了一个个清新雅致的办公室。有包围在浓浓艺术氛围中的艺术办公室，有洋溢着青春气息的英语办公室，有现代感十足的电教办公室，有飘散着淡淡书香的图书室。各个年级组也是各有特色，有温馨浪漫的，有整齐简洁的，有新颖别致的……

走进教师的办公室，你会听到悠扬的音乐，你会闻到淡淡的茶香或咖啡香，你还会看到温馨的全家福，精美的小家具，美丽的鲜花，自在的金鱼……在宽敞明亮的阅览室里，书香就着音乐四处弥漫。在设备先进的e书房里，教师们熟练地在校园网上浏览、写作。有老师说：“一切都源于一份创造的激情。我们原本只想送给自己一份惊喜，却在构建这一砖一瓦、一草一木的朝夕中，给自己营造了一个家……”当阳光斜斜地透过窗户，洒在每一个潜心工作的教师脸上，那是一种幸福的光芒。实验小学不仅仅是一个教师工作的地方，更是老师创造智慧，品味生活的地方。优美的环境让老师的内心宁静而柔软。宁静让人思考，让人深邃，柔软让人感动，让人丰富。教师们许多有创意的活动就在这一间间美丽的办公室里产生了。

解读：表面上改变的是一间间办公室，但实际上改变的是一种心境。从烦乱到优雅并没有太长的距离。它只需要管理者时刻记得为教师自主发展营造一种宽松的氛围，那雅就无处不在。

5. 和谐管理，和而不同，实现共同发展

不论是情感管理、制度管理还是文化管理，最终都是要在学校的核心价值观下实现学校的和谐管理。只有情感管理，管理过于随性无序；只有制度管理，管理过于刚性，缺乏人文气息；只有文化管理，管理过于虚无，难以传递。只有情感管理、制度管理、文化管理三者的和谐融合，才能在管理中以制度保障和促进，以情感润滑，以文化导向，共同实现教师的自主发展。这样的和谐还是雅教育背景下个性“和而不同”的和谐。“和而不同”的个性和谐是和谐管理最丰富的资源，也是和谐管理最多姿的表现形式。学校用公平公正的民主管理来保障这样的和谐管理，最终实现师生和学校的共同发展。

六、清雅管理效果

（一）自觉认同的文化追求

随着学校清雅管理的发展，学校教师无论从外在的穿着打扮、行为举止，还是内在的个人修养、专业素质、与人交往、团队合作等方面，都越来越自觉地以“雅”为标准来衡量。教师群体和而不同的教风，学生活而有常的学风得到了社会的广泛认可。长期的文化浸润让这些雅的基因已经慢慢渗透到实验小学每个人、每件事的发展中，并成为其中最精髓的一部分。因此，很多时候，走进实验小学的人都能很明显地感受到实验小学的人、事、物的与众不同，这种与众不同就来自学校长期对雅的自觉追求与实践。

（二）日益增强的发展愿望

随着以人的发展为目标的管理的不断推进，越来越多的教师在教师发展学校丰富多彩的自主发展活动中找到了自己新的目标。老教师一方面活到老，学到老，一方面以自己宝贵的经验无私地帮助年轻人成长。骨干教师一方面努力追求着自己的教学风格，另一方面带领着各个团队的发展。年轻教师一方面在学习中积累，一方面在实践中磨砺。正如有些老师所说："实小最让人动心之处就在于它能让每一个身处其中的老师都能情不自禁地想要发展，并能得到最好的发展。"

（三）各得其所的发展成果

当老师们拥有了广阔的自主发展空间，拥有了众多的自主发展平台，老师们的自主发展能力日益得到显现，自主发展成果众多。一大批各具魅力的儒雅教师迅速成长起来，拥有了自己的教学名片。一大批实小学子从四川走向了全国，走向了世界。学校的各项研究成果也多次在全国及省市评奖中脱颖而出，并见诸《人民教育》、《中国教育报》等各级专业报刊。全国各地几百个学校的校长慕名前来学校考察，赞叹不已："这就是心目中梦想的学校。"实验小学的雅教育就这样慢慢收获自己的果实，并不断散发出优雅的芬芳。

（四）良性循环的发展机制

在长期对教师自主发展的研究和实践中，学校逐渐形成了一套促进学校发展和教师个人自主发展的良性运行机制。对团队而言，形成了学校行政理念导向与教师发展学校平台搭建相结合的团队和谐发展的运行机制。就个人而言，形成了教师自主规划、自主发展、自主记录、自主反思、再次自主规划，这样的良性发展机制。

（五）百花争艳的发展状态

教师发展学校为教师创造了各种自主发展的路径，不同年龄、不同学科、不同个性的教师发展呈现出百花争艳的态势。教师发展学校各个站点活动的组织与开展让更多的骨干教师找到了发展的位置。学校的琴、棋、书、画、国际理解、运动技能、科技创新等校本课程的开发让不少年轻教师找到了发展的路径，学校各项科研课题的深入开展激发了许多教师创造的热情。学校因人设岗的特殊管理策略为越来越多的个性教师找到了最合适的发展机会。众多教师形态各异的发展又为团队的发展提供了很多优厚的资源，从而更好地促进团队发展。

（六）多元和谐的团队文化

在自主发展的背景下，学校的各个小团队有自己的发展定位，自己的发展计划，也有自己的发展特色。无论是在年级组、教研组、课题组、各站点的团队建设中，我们都追求和谐背景下的个性创造，教师们用自己丰富的创新能力从不同的角度去诠释雅、注解雅。无论是语文组的诗情画意、数学组的逻辑推理、科学组的创新发明，还是音乐组的余音绕梁、美术组的形色张扬，甚至是后勤组的朴实芳香——这些都构成了实小“雅”的丰厚与博大。

总之，在雅文化的引领下，实验小学的管理越来越关注人的发展，越来越多地关注对教师的价值引导和实践服务。因此，越来越多的教师自主地用实践注解雅，这许多的注解就形成了学校浓厚的自主发展氛围，这种氛围又慢慢沉淀为学校雅文化重要的一部分。在学校管理的促进下，学校的雅文化也愈加具有了深刻的内在和优美的外在，越来越成为实验小学每个人血脉中流淌的不可替代的、独特的遗传基因，这样的基因将不断进化，并传承下去。

第七章 儒雅教师——立己达人，自主发展

成都市实验小学作为一所历史悠久的名校，无论是在教育管理、教育教学实践以及教师培养上都有着丰厚的积淀，这里培养出了数以万计的优秀毕业生，也造就了一批优秀教师。教师是学校的第一资源，教师的发展是学校发展的核心和动力。研究解决不同时期教师队伍面临的新情况、新问题，不仅是成都市实验小学 90 多年办学历史中总结而来的"立校之本"，也是推动学校不断超越自我，确保在省内外小学教育发展中赢得先机的"强校之路"。在学校发展进程中，历任学校领导班子都把教师队伍建设摆在学校办学重中之重的位置。早在 1984 年开始的学校教育整体结构改革实验中就提出了"严格挑选新教师"、"根据教师成长规律来培养教师"、"在教改研究中提高教师素质"等主张，将包括教师队伍建设在内的"学校发展"纳入管理范畴，并将其作为重要的管理内容。通过引进优秀人才、加强教师培训、促进教师发展等多种措施，培养了一批又一批的优秀教师，使学校发展，赢得了群众的良好口碑和社会的广泛赞誉。

但是，在新时代的发展中，社会背景变了，教育理念变了，社会对教育的需求也变了。在这些急剧的变化中，教师如何应对直接关系到他们培养出来的学生怎样适应未来社会的发展，因此，教师队伍的发展成为了新时期教育亟待解决的问题。

一、新世纪教师发展遭遇困境

（一）观念变化带来的教师发展意识变化

随着新课程改革的推进，学校明显感觉到：教学观、教师观、学生观、评价观等正在发生新的变化。

1. 价值观变了

在当代崇尚个性与自由的社会，人们的价值观正发生着巨大的变化，老师们有着多元的价值取向，他们的价值取向越来越人性化，越来越精致化，他们对自己的发展有不同的认识和愿景。以人为本，尊重每一位教师的发展愿望被提到了首要位置。

2. 教师观变了

新课程改革的核心理念就是关注教育中的“人”。它包括学生和教师两部分。教师并不只是成就学生的工具。所谓燃烧自己，照亮别人那样蜡烛式的奉献精神已经不能适应日新月异的社会发展。教师很多时候和学生一起站在了同一起跑线上。教师在发展学生的同时自身必须有智慧奉献，必须有真情出演，必须有魅力展现，他们也需要自主地发展。

3. 发展观变了

以前教师对自己发展的评价形式较单一，往往是以几节课或几篇文章获奖的等级为标准，以头顶的几项荣誉为形式的。但是，现在的教师更加关心自己整个教师生涯的职业品质和校园生活质量。他们追求成就学生和成就自己的双重幸福。

4. 自主观变了

长期以来，教师的自主更多的是一种行动上的自觉，是在任务驱动下的自主。而今，自主包含了情感的自愿、行动的自发、意识的主动。它完全发自教师内心。

（二）传统培养模式下的教师发展面临的困境

1. 教师培养方式自上而下，缺乏自主空间

传统的教师培养方式更多的是将教师作为学校发展的工具，采用自上而下的定位发展培养，教师按照学校愿望进行发展，发展对象相对集中，发展机会不均等，发展状态较为被动。也正是因为传统教师培养方式与教师自身发展需求的冲突，因此，才有部分教师的不合作与不快乐。而自主观念的转变导致教师对自身发展定位产生变化，教师期望学校能更多地倾听自己内心的发展愿景，培养方式立足于教师自我发展需

要的满足。要想真正实现教师发展，需要在“自主”二字上下工夫。

2. 教师培养内容片面，忽视综合素养的提高

传统教师培养内容一般关注教师专业素养的培养。而新课程改革的推进，对教师的综合素养提出了更高的要求。一方面，在专业技能上，要求教师既有精深的学科知识，又有其他相关学科的知识，并能综合运用相关学科知识分析、解决问题，开展教学活动，促进学生全面发展。另外，教师的人格魅力和人文素养也是教师自我持续发展的重要基础。

因此，学校对教师的培养内容应该关注教师的全面发展，除了专业成长，作为社会人的基本需求如个人情感、世界观、人生观、身体等也必须纳入其中。

3. 教师评价方式陈旧，难以激发积极性

传统教师评价以奖惩性教师评价为主，以奖励和惩处为最终目的，通过对教师工作表现的评价，作出解聘、晋升、调动、降级、加薪、减薪、增加奖金等决定。①然而，奖惩性的评价对教师发展的促进是有局限的，教师发展的动力是自上而下的，常常只能短时激励部分人，难以长久激励大多数。比如，由于经济制约只能有少数优秀教师获得奖励，学校也不可能提供足够的职位让所有的教师得到晋升。

4. 内外工作压力剧增，教师发展环境恶化

在对老师们的调查中，学校发现现在的学校教师在发展的道路上面临的两个最大难题是：压力大，时间少。

压力一方面来自外界，比如社会对教师行业的高要求，社会对名校教师的高期待，学校发展对教师发展的高标准等。另一方面来自自身，比如教师自身对个人价值的追求等。高压力导致教师几乎将全部的时间都用于应付这种压力，教师的时间被占得满满的，没有一丝空隙。一个

---

① 刘尧．发展性教师评价的理论与模式［J］．教育理论与实践，2001（12）．

小学班主任从早上 7:50 到校，到下午 5:10 放学，可以说是马不停蹄地运转着。朝会、晨读、午会、代管、上课、批改作业、备课、教研、处理突发事件……一个普通科任老师，一周 18 节课，还不包括学校的教研活动、兴趣小组的训练以及其他事情。老师们想学习和发展，可是确实没有多少时间可以利用。外界的压力明显地高于自身压力，这使得教师发展受到太多的功利约束，教师发展很难自主，很难与快乐挂钩。

（三）学校的教师发展现状

1. 学校因人才大量输出而青黄不接

2002 年，由于历史的原因，学校的老教师大批集中退休，年轻教师越来越多。学校当时共有教师 109 名，30 岁以下的 72 人，占教师总人数的 66%；31—40 岁的 25 人，占教师总人数的 23%；41—50 岁的 6 人，占教师总人数的 5.5%；51—60 岁的 6 人，占教师总人数的 5.5%。全部教师的平均年龄不到 31 岁。

另外，长期以来学校就很重视对教师的培养，因此，在多年的教育教学改革实践中，学校培养了一大批优秀教师，而这一批优秀教师大部分先后被调到上级部门或兄弟学校担任管理工作。据不完全统计，学校先后为青羊区输送了近 20 名优秀教师担任管理工作。而且，学校从 1998 年开始，陆续办了 4 所分校，又有近 20 名优秀师资被抽调到了分校担任骨干教师或管理工作。

这些都使得学校本来已经很“缺血”的教师队伍，更加“贫血”。学校的教师队伍出现了严重的青黄不接现象。学校急需年轻教师的成长来弥补这一空缺。

但是，在年轻教师培养过程中，管理层感觉到老教师身上甘于吃苦、乐于奉献的精神在年轻教师身上明显地减少了。换句话说，现在的年轻人没有老教师那样听话，好管教。现在的年轻教师更追求个性的张扬与思想的自由。原有的按照管理者意愿栽培式的教师培养体制很难适应新时期学校管理的需要。学校要发展，教师发展是关键。因此，教师培养问题被迫切地提到了议事日程上。

2. 老教师因不适应教育变革而彷徨

作为一所老牌名校，学校曾经培养了一批优秀的老教师，这些老教师都有着辉煌的过去，但是，在学校新的发展时期，学校将关注的目光更多地投向了年轻教师，老教师心中多少有些被冷落的感觉。有的老教师直接跟学校提意见，希望多关心老教师。

另一方面，随着时代的进步，老教师自身的发展面临着观念和技术的双重挑战。新课程的理念、信息技术的手段都是他们必须去适应的。如何将自己多年积累的丰富的教育教学经验与新的时代背景接轨，是摆在他们面前的一个大问题。

此外，老教师们在与学校共同经历的几十年风雨中，与学校建立了深厚的感情，宝贵的实验小学精神在他们心中沉淀下来。他们一方面希望学校能将他们几十年积累下来的丰富的教育教学经验以及多年沉淀下的实小精神传承下来，另一方面又希望学校能在创新中不断发展。老教师们在传承与创新之间进退维谷。

3. 明星教师因任务繁重而困惑

实验小学培养了一批明星教师，但是我们不难看到，倦容常常写在他们脸上。繁重的教育教学任务，频繁的观摩展示课，以及各种研究和社会活动让他们疲于奔命。虽然他们头上有美丽的光环，但是外人眼中的成功无法替代内心的疲惫，光环并没有带给他们快乐。相反，光环越大，他们的压力越大。名校，名师，太沉重的期待让他们对自己不敢有些许的懈怠与放松。

“累，真的累，累得我都想生病了，可是我连生病的时间都没有。”“这种成功是以牺牲我所有的个人生活为代价的，我都不知道值不值得？”这是明星教师的心声。那么，此时的他们路在何方？

4. 骨干教师因压力巨大而回避发展

学校领导在布置工作中不止一次地发现，学校部分很有潜力的骨干教师发展愿望不强烈。面对学校好不容易争取来的赛课机会，老师要么消极逃避，要么干脆直接说“不”。这在以前是从来没有遇到过的，为什么骨干教师对学校的器重会如此不领情呢？部分教师的发展明显偏离了管理者预设的轨道，究竟是学校对教师的预设出了问题还是我们的教师出了问题？

5. 青年教师因缺少发展机会而失望

与骨干教师相反的是学校的大批年轻教师，他们有学历、有激情、有创新，他们渴望有机会展示自己。而机会的有限，资历的短浅让他们不得不经历漫长的等待。在这漫长的等待中，有的人等不及跳槽了，有的人的激情被烦琐一点点消磨，有的在暗中积蓄力量。留住年轻教师，让年轻教师的激情与智慧在教育生涯中得到充分的发挥，让每一位年轻教师在这个行业中都能有所收获、有所成长是学校面临的又一大问题。

二、雅教育理念下的教师发展思考

（一）雅教育的教师发展目标：儒雅教师，和而不同

雅教育要涵养儒雅的教师。实小的儒雅教师应该是：“身正学高，举止优雅，善良包容，专业敬业”，他们有智者的明察、仁者的宽阔、勇者的意志，相伴学生，其身正堪楷模；专业学养，其广博可润心；服务社会，其良知亲孤贫。这意味着实验小学所提倡的“儒雅教师”不仅要拥有精湛的专业技能，还要有独特的人格魅力和优秀的人文素养。因此，教师首先得是一个优秀出色的人，才有可能是一个优秀的教师。

儒雅教师又应该是追求“和而不同”的。“和”是集体愿景的一致，是情感的认同与和谐，“不同”是表现形式的多样，是个性的彰显与包容。这样的“雅师”不仅仅是“经师”，更是“人师”。这样的

"雅师"不仅仅是"适应生活"，更是"品味生活"、"享受生活"、"创造生活"。因此，实小的"儒雅教师"既追求成就学生的快乐也追求成就自己的幸福。这样的"雅师"才能将教育视为幸福人生的一个重要组成部分。

（二）教师发展思路：赋权增能，自主发展

儒雅教师的提出，对教师发展思路奠定了基础。教师发展首先应该面向全体教师，既要基本保底，又要彰显个性。其次，教师发展必须源于教师的个人意愿与学校价值的和谐，学校既要帮助教师群体形成正向、积极的教育价值，又要兼顾教师的自主选择。最后，教师发展必须以人的全面发展为本，既要关注教师专业素养的提升，又要关注教师作为"人"的精神需求和价值追求。以下为雅教育思想指导下的教师发展思路。

1. 管理赋权，形成自主氛围

通过管理赋权，学校逐渐形成自主的发展氛围，提升教师的主观能动性和自我效能感。管理层将权力下放，组建教师自主管理机构，使教师可以自下而上地对学校的教师发展事务进行管理。在自主管理机构中，教师能自主表达发展意愿和需求，自主设计、组织和实施计划，学校行政主要是起导向和服务的作用。

2. 教师增能，搭建自主平台

教师的成长不是靠各个教师独善其身即可达成，如同完美的乐团不是靠完美的演奏者组成即可，个体的努力与集体的努力之间有着重大的差别。因此在教师自主管理机构下成立不同主题的专业共同体，为教师搭建资源分享、合作互助的平台，使教师互为教练，获得"互动生成"的学习机会，丰富知识和提升素养。另外，专业共同体注重主题的多元化，不仅仅关注教师专业素养的发展，也注重教师作为人在精神和健康等多方面的需求。通过专业共同体这个自主平台的搭建，不同教师群体

需求的差异化得以满足，教师的综合素养也同时得以提升。

3. 制度引领，保障自主发展

学校的自主氛围需要制度进行引领，教师的自主发展过程需要制度给予保障，教师自主发展动机需要制度给予激励。因此，以自主为核心，完善教师发展的相关制度是实现儒雅教师的必要条件。

三、创新教师发展学校，搭建平台

（一）教师发展学校建设的认识基础

1. 教师发展是学生发展的源泉

教师发展学校的最终目的是改进学生的生活和学习，使学生成就最大化，从而提高基础教育质量。如果没有优秀的中小学教师，学生不会获得相应发展。因为，教师是教育改革、教育发展和教育教学实践的主体和关键，先进的教育思想由教师去贯彻，适切的教育内容由教师去体现，有效的教育方法由教师去实施，现代的教育手段由教师去操作。学生在教师发展中成长，教师在学生的成长中发展。教师发展学校就是要实施优异的教师教育，以优异的教师教育促进教育的极大发展。

2. 教师发展是学校发展的基础

教师专业成长不仅仅是教师个人的成长，同时是学校和谐发展、构建和谐学校的组成部分。所谓和谐，即配合得适当和匀称，比喻气氛良好，有相合、协调之意。但绝不是单一的矛盾调和。学校和谐发展的核心是“以人为本”。以人为本，其实质就是尊重人、依靠人、发展人。教师专业成长离不开个体和集体。因此，和谐教师团队、和谐教研组、和谐学校是教师专业成长与学校发展的前提、保证和目标。

只有充分激发起教师专业成长的自觉性，才能使教师的成长由自发转向自觉，由个别转向群体。部分教师一方面对“学术理论”有所需求，另一方面又抱怨所学的教育理论对自己的教育实践指导乏力。这种情况是由于储存于教师头脑中，为个人所享用的关于学校教育、教育学、学生、学科、角色与责任的“教师个人理论”阻挡了教育理论向教育实践的转化。作为教师个体往往很少清晰地意识到“个人理论”的存在，更难对其进行深入反思和批判。要促进教师的专业成长与发展，就必须实现“学术理论”—“个人理论”—“教育教学实践”的顺畅运转，构建科学的、合理的教师“个人理论”，其有效的途径则是教师个体不断“提升自我认识”，加强“反思”，与“同行合作”开展行动研究。

教师发展学校的建立正是为了进一步加强教师间的合作交流，为互助反思提供更充分的机会，在这样一个合作性的组织中，教师们可以积极地根据各学科、各年级段的教学需求通过站点活动的形式召集多方的资源进行研讨，形式多样，方式灵活，不教条，不刻板，每个人都可能成为活动中的主角，每个人都可以成为某个问题的专家，在平等的对话中获得最大的收益，从实践到实践，或者从实践到理论再回到实践，大大缩短了将理念应用于课堂的距离，有力地提高了课堂的效率，还积极地融洽教师间的关系，促进学校和谐。

3. 教师发展核心是自主发展

教师的自我更新是专业成长的内在机制，“自觉”、“自主”成为教师专业成长的关键词。具体表现为教师能自觉地对自己的职业发展负责，自觉地对过去、现在的状态进行反思，对未来的发展水平、发展方向与程度作出规划，并能自主自为地遵循专业发展的目标、计划、途径，并付诸实施，成为自身专业发展的主人。

教师的教育、教学、研究是其工作的整体构成，它们原本就是一体的、不可分割的。因此，教师工作的研究性质是教师职业发展的基础，也是教育改革的基础性内容。教师发展学校基于这样的理念，为教师提供了先进的研究思想、理想的研究场所、反复的研究机会、综合的研究方法、有效的研究技术等，以便形成研究与教育教学合一的教师职业生活方式。

4. 教师发展学校是中小学的功能建设

教师专业发展需要本专业的理论知识、教育教学能力和相应的研究。中小学教师进行的是以解决教育教学问题为主题的研究，这种研究不能离开现实，不能离开与学生、同事的相互了解和合作探索。中小学是教师专业发展活动的理想场所，离开学校这个真实情景，教师专业发展也就无法有效实现。

成都市实验小学教师发展学校成立仪式

首师大宁虹教授指出：“建设教师发展学校不是重新建立一所独立的专门学校，而是在现行中小学建制内进行的一种功能性建设，是为了发展、丰富和完善现行中小学的功能，着重强调中小学的教师发展功能，强调学校也是教师发展的场所，学校应当具有使教师获得持续有效的专业化发展的功能。”“它不是一种简单的借用，不是一种技术的工具，不是一种固定的模式，而是一种持续不断的革新和创造。它意味着对教育的重新理解、对教师的重新发现、对学校的重新认识，是动态的、变革的、富有创造性的新的建设!”① 也正是基于这一认识，我们根据学校的实际情况，根据教师发展的需求建立了成都市实验小学自己的“教师发展学校”。

① 宁虹．重新理解教育——建设教师发展学校的思考［J］．教育研究，2001（11）：49－52.

（二）实小教师发展学校的诞生

成都市实验小学教师发展学校于2004年11月27日正式成立并举行开学典礼。它是成都市实验小学在了解研究国内教师发展学校的办学目标与操作策略的基础上，为了实小教师自主发展、实现幸福的教育人生而搭建的一个重要平台。它关注每一阶段层次的教师，关注每一位教师的成长和发展，是为了满足教师发展需求而创办的具有独特个性的学校。

实小教师发展学校的校训是：

一日不学，一日不教；一日不学，一日不长；一日不学，一日不乐。

实小教师发展学校的目标是：

立己立人，达己达人；智慧而快乐地工作，清新而优雅地生活。

实小教师发展学校的理想是：

让成就学生与成就自我的快乐，共同构筑教师幸福的教育人生。

实小教师发展学校力图为每一位实小教师搭建成长的阶梯，见证每一位实小教师发展的足迹。她关怀教师的生存状态，保障教师的发展权益，让教师品味幸福；她实现教师生命价值和职业价值的高度统一，让教师享受幸福；她追求人的自由全面发展，实现师生和谐发展，让教师追求幸福。

（三）实小教师发展学校的特点

1. 立足校本，整合资源

教师发展主要是在工作实践中实现的。工作为教师发展提供机遇与途径，反之，发展更好地促进教师工作。因此，教师发展与工作相辅相成。立足校本就是将二者紧密结合，让学校成为教师与学生一起共同学习，共同经历，共同成长，共同彰显生命意义的场所。

实小教师发展学校一方面整合学校行政、党、团、工会、科研等各方面的相关工作，以教师发展为中心重新调整。另一方面，整合校内外的教育资源，依托高校、专家、兄弟学校以及实小自身优质的教育资源，跨学校、跨区域、跨层次、跨行业进行整合。

2. 以人为本，关注全程

实小教师发展学校不仅关注教师的专业成长，更关注教师作为“人”的成长。教师发展不只是关注教师的业务状态，更关注教师的生活状态和生命状态。激活教师的价值理想，让教师创造性地工作，并从中找到人的尊严与快乐是教师发展的最终目标。

实小教师发展学校关注教师在学校工作的整个过程：教书、育人、学习、生活。关心教师发展的整个过程：知识的积淀、经验的积累、智慧的激荡、情感的升腾、价值的升华……既重视教师群体的发展，也注重教师个体的成长。

3. 自主发展，多向互动

实小教师发展学校是教师自己的学校，由教师根据自己的发展需要自主提出，自主构建，自主管理，自主参与。它鼓励教师根据自身特点，全面而有个性地发展。

实小教师发展学校的学习方式倡导个人自主，团队合作，多向互动。让教师在学习团队中，在交流与分享中，最大限度地启迪智慧，挖掘潜力，促进教师自我价值的提升。让每一个教师都能找到学习的成就感与快乐。

4. 搭建平台，动态生成

“全心全意为教师发展服务”是实小教师发展学校的宗旨。实小教师发展学校的建立就是为教师发展提供各种机会和途径。让教师在“教”的同时，也有一个“学”的平台和“长”的平台。真正实现多重意义的“教学相长”。

（四）实小教师发展学校的管理实施

1. 实小教师发展学校的机构设置

人的成长与发展依赖于学校，依赖于学校提供的平台。“儒雅教师”的培养必须在雅氛围中慢慢熏陶、浸润，只有这样由内而外的浸润才能实现“雅”的内化，最终实现“雅”由内而外的自然散发。于是，在这样的思考背景下，成都市实验小学教师发展学校应运而生。

实小教师发展学校下设两个机构：一是教师发展管理委员会，其主要职责是为各项教师发展活动的开展提供全面的协调、统筹与服务；二是教师自主活动联合会，是教师发展学校的主体和核心，为教师自主发展提供最直接的帮助和支持，它下设多个站点。既有关注教师各方面能力发展的站点，也有关注不同群体、不同层次教师自主发展的站点。

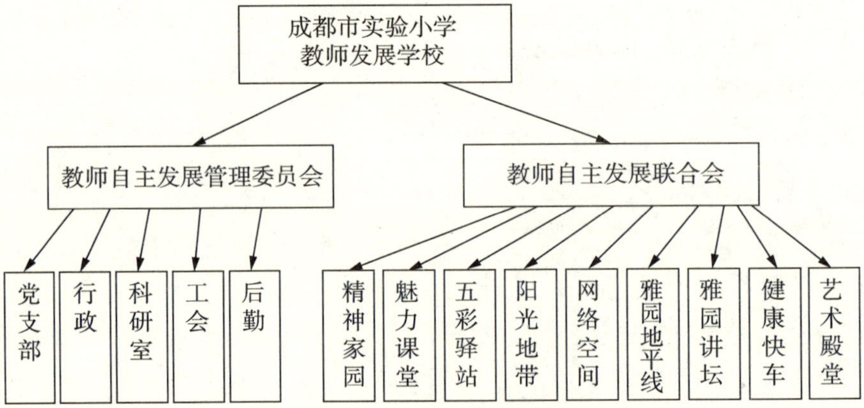

图 7-1　实小教师发展学校结构图

站点的开设是基于教师发展，为了教师发展的。站点的设置并不完全固定，可以根据教师发展与学校工作的实际需要不断调整和动态生成。比如在教师发展学校成立之初开设了“魅力课堂”、“精神家园”、“五彩驿站”、“心灵氧吧”四个站点，分别从教师的课堂教学、读书学习及学校活动和心理健康加以关注，随着教师发展学校工作的深入以及教师自我发展意识的增强，班主任、新教师和引进教师也提出了有针对性的需求，从而，阳光地带、雅园地平线、雅园讲坛、网络空间等站点应运而生。

表7-1　实小教师发展学校站点活动功能一览表

站　点	站点功能
精神家园	鼓励教师通过阅读、思考来丰富内心、涵养修养的一个站点。
魅力课堂	聚焦课堂教学研究的站点，通过聚焦课堂教学去关注和促进教师发展学校每一个学员的专业成长和自主发展。
雅园地平线	致力于新教师的入职期适应。提供培训、团体辅导、个别指导、展示机会，帮助其融入团队、完成角色转换、明确职业定位、成为合格教师。
雅园讲坛	立足于整合学校内外资源，为教师提供各种适合发展需求的特色培训。
阳光地带	致力于班主任队伍的建设。以小团队的形式，分享班集体建设的心得，交流教育学生的方法，提炼应对突发事件的技巧等。
健康快车	关注教师的身体、心灵健康的发展。
网络空间	致力于教师的现代信息技术能力提高，并为老师们使用便捷的办公方式提供技术支持。
艺术殿堂	通过种种艺术形式，提高老师们的艺术欣赏水平。而在各种艺术的氤氲下，让老师们“生活得艺术，艺术地生活”。
五彩驿站	致力让老师的业余生活丰富多彩，放松身心，小憩心灵。

每个站点的负责人被称为主持人。这些主持人全是通过自荐和推荐产生的一线老师。他们分别负责各个站点活动的组织、策划、设计、实施等工作。在不断发展的过程中，教师发展学校的构成逐渐呈现出从“平面”到“立体”的结构，站点的功能定位和活动设置也趋于成熟。

案例——雅园地平线简介

这是一个年轻的站点，自2007年9月成立以来，它一直以它温暖的心灵、关爱的眼光、坚持的态度为新上岗教师和新到骨干教师提供着切实、有效的服务和帮助。站点主持是由教龄3年内的老师担任。站点的服务对象是教龄在3年以内的年轻教师和新进校教师。当这些老师怀揣着梦想，满心期待地走进实小，走入课堂，他们对自身发展、专业成长充满着渴望，这个站点为他们提供全方位的支持，关注着新教师成长的每一步。站点在问卷调查与访谈的基础上，整理明晰老师们的需求：尽快融入团队、完成角色转换、明确职业定位、成为合格教师、得到多方认可、享受职业快乐。

鉴于此，雅园地平线为新教师提供全面的服务：以人文关怀温暖教师心灵、以科学指导支持专业成长、以满腔热情提供切实帮助、以坚持态度关注全面提升。

雅园地平线为新教师提供具体的成长课程。

表7-2　新教师培训课程表

课　程	融入课程	提升课程	实践课程
时间	入校一年	入校二年	入校三年
课程内容	1. 团队拓展活动 2. 校本文化培训 3. 教学常规培训 4. 现代教育技术手段使用培训 5. 自我规划培训 6. 师徒结对听课活动	1. 课堂教学专项交流会 2. 班主任工作培训会 3. 教育科研培训 4. 读书活动	1. 校本课程的开发与实践 2. 课堂展示活动 3. 课堂教学研究工作 4. 担任站点主持人，A城大朋友等工作，组织开展教师学生活动
考核方式	新教师见面课	青年教师专业成长展示	优秀学员自主申报展示

“雅园地平线”为新教师提供一系列“专业进步”的培训，为他们营造良好成长氛围，通过一系列结构合理科学高效的课程培训以及丰

富多彩的活动，让“雅园地平线”的光辉映照与温暖青春的生命，助这些年轻人迅速完成了生命中的第一次华丽蜕变——从学生到职业教师，愿这些秉持着纯真教育理想的老师能够感受到梦想翩翩起舞的美好，触摸到作为一名教师的尊严与幸福。

2. 实小教师发展学校的基本运行方式

在教师发展学校的发展过程中，教师自主活动联合会的运行逐步规范，并建立健全相关的运行机制，成为教师不断提高自主发展意识，增强自主发展能力的平台和展示交流自主发展成果的舞台。教师发展学校的基本运行方式如下所示：

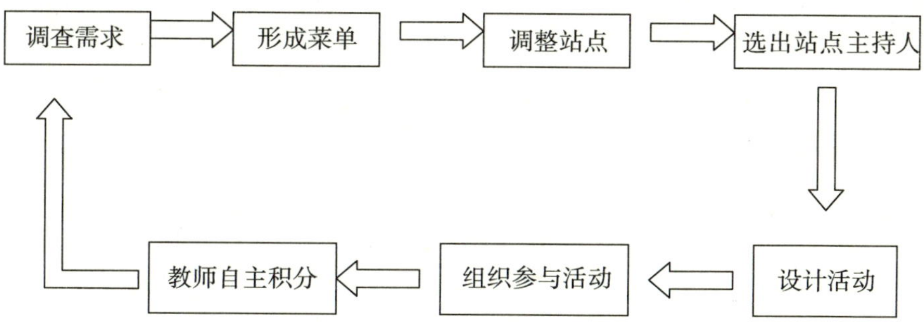

图 7－2　实小教师发展学校活动流程图

（1）需求出发、调查入手、形成菜单

拟订学习菜单是教师发展学校一项十分重要的工作，既要体现出政策方针对教师的要求，也要符合学校发展目标，还要切合教师发展的水平和需要。在菜单生成的过程中，教师自主活动联合会要与教师管理委员会协调配合，整体安排，形成可执行的教师自主学习菜单。

每学期开学伊始，教师发展学校要对全体教师作“教师发展学校学员需求”调查。在对调查结果进行统计和分析后，有针对性地设计教师发展学校学员的自主学习菜单。学习菜单以必修与选修的方式进行呈现，将各学科的主题研究也列入学习菜单中。

（2）自主活动、自愿参与、关注过程

在教师自主发展的过程中，调动其积极性、主动性，并使之成为教师的自觉行为是工作的重点和难点，为此，教师发展学校明确了“分层发展，自主积分”的活动原则，将工作的重心放在如何精心设计和组织有针对性的活动上，把关注的重心放到教师参与活动的过程中。

在学习菜单形成后，各个站点有组织地开展系列活动。每个站点的活动内容不同，服务对象也有区别。如“魅力课堂”针对骨干教师定期组织“相约魅力课堂”的听课评课活动，让优秀的骨干教师传授经验；“青年教师专业发展日”活动，重在引领青年教师专业水平的提高；对新教师的成长，采用的是和“雅园地平线”站点共同组织“起飞地平线”见面课活动，帮助他们获得更多实用的经验。教师可以根据自身的需要和愿望有选择地参加相关的活动。

这些活动没有过多的行政干预，完全由站点主持人对活动进行组织和管理，学校给予相应的支持。这样，既充分尊重教师的意愿和权利，也充分满足教师的需求，拓展了自主发展的空间。

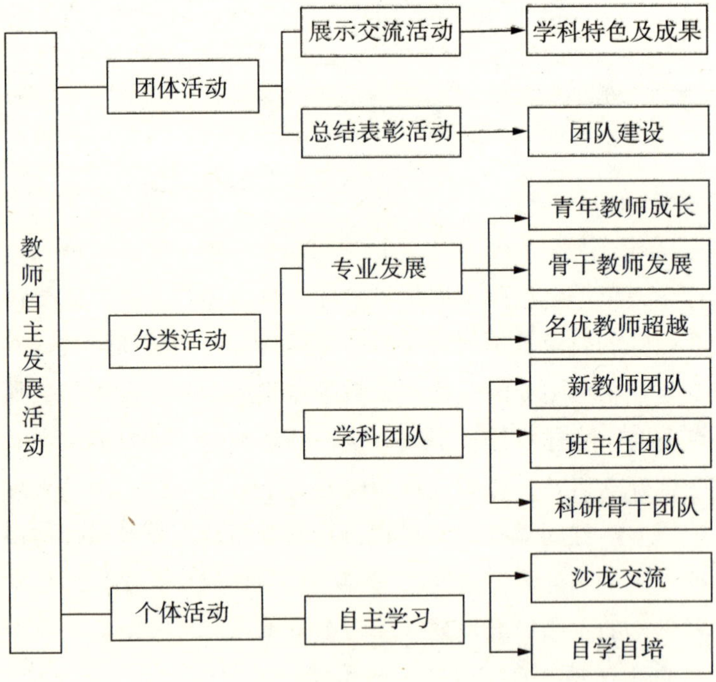

图7-3　教师自主发展活动体系图

（3）自主积分、积极评价、成就幸福

教师发展学校十分重视对教师的激励评价，积极的激励机制是激发和保持教师自主发展欲望的有效手段，以奖代评，以展代评，这种激励机制从多个层面、多个角度去发现、赏识教师的成长，发挥了很好的价值导向作用。

每位教师在参加完站点活动后，都会在自己的自主发展积分卡上自主地积分，并由站点主持人进行认定，每个学期还要随时在自主发展成长记录册上记载下自己的成长足迹。学期结束后，由教师发展学校的自主发展委员会对各位学员的学习情况进行审核，每位老师都要完成基准分值。

教师发展学校每年举行一次优秀学员评选，以此来鼓励和引导教师对自身的发展进行纵向比较。优秀学员评选分为四个等级，以自我申报为基础，由站点主持人、行政人员、大众评审等组成评审团，教师在经过自我反思和总结后，提出对自己合理而客观的评价，申报相应的奖励等级。经过教师评审团核准，并公开征求意见后，评出相应的等级，每年学校还会为获奖教师举行十分隆重的颁奖仪式。在自我评定和他人评定的过程中，教师得到了不同程度的鼓励和肯定，自我价值感得以提升，幸福指数不断上升。

教师发展学校还十分倡导对教师团队的评价，形成和而不同的团队文化。学校每年除了组织常规的优秀教研组、优秀年级组等评比外，还组建了各种跨年龄、跨学科、跨年级段的专业发展团队组合，如语文数学组的青年教师团队、科任学科组的科研骨干团队、五年以下教龄的新教师团队、骨干班主任团队等，以多种方式培养教师的团队合作意识，使其个人价值与团队价值的实现相得益彰。

教师发展学校让老师们体验到自主发展的快乐与幸福。确实，自主发展是教师发展学校一个长久的命题，在不断的自我追问与创新中，我们的教师发展学校已经成为教师成就幸福教育人生的乐园，成为教师追求职业幸福的精神家园！

3. 教师发展学校的站点活动实施

教师发展的每一次站点活动都是通过教师自主调研、自主设计、自主组织、自主实施来进行的。站点活动的具体实施遵循图 7－4 所示的流程。

图 7－4　站点活动开展基本流程图

（1）调查需求

站点活动开展基础源自教师专业或全面发展需要，因此每学期初，在学校工作会后，教师发展学校以服务与指导为宗旨，根据学校主题工作与教师发展中关注的问题进行详尽的问卷调查，问卷涵盖了教师作为人的发展的各个方面，有专业成长的需求调查，有身心健康的关注调查，有活动形式的调查，有学习培训的方式调查等，教师可根据自己的定位和规划进行答卷。而教师发展学校则会梳理老师们的各种需求，作出总的问卷分析，供各个站点参考。

（2）制订计划

教师发展学校各个站点有相对的自主权，他们可以根据站点主持人的总体思考，参考教师问卷调查系统形成本学期各个站点具体行动计划。计划包含站点本学期发展目标，站点具体活动内容、时间安排、地点、形式、建议参加人员及积分额度，以细致的计划供全体学员选择。

（3）组织准备

站点根据计划将进行活动开展前的细致准备工作。以魅力课堂开展教学研讨活动为例，站点主持人将就研究主题集合各方商量研讨方式，邀请相关人员参与研讨活动中的准备，设计现场布置与整个活动环节流程，安排活动主持人和协调人员，作为整体策划者统筹协调一次活动。行政或老师都听站点主持人调遣，为活动的顺利实施相互协作。

（4）发布公告

在活动开展前期，教师发展学校将在网站上发布相关信息，简要介绍本次活动的目的及内容，广泛邀请全体学员参与活动。

（5）参加活动

按照既定计划现场开展活动，站点主持人负责活动的有序开展，教师发展学校学员则主动参加各种研讨或交流活动，达成自己的发展目标与愿望。

（6）交流反思

活动完后，站点主持人还将通过座谈、网络交流等方式就本次活动进行总结与反思，提炼出活动中好的方面，改进活动中不足的方面。

丰富多彩的站点活动，为每一位教师提供了各种发展平台，满足分层发展的需要。无论是站点的负责人还是每一位参与其中的教师都能在其中找到契合自己的发展渠道、发展空间还有展示的机会。

[**案例 1**]

魅力课堂活动

活动名称：携手兄弟学校　共研有效教学——成都市实验小学教师发展学校青年教师专业发展日活动

时间：2007 年 11 月 7—8 日

• 活动背景

（1）校际间的交流与学习。兄弟学校马尔康二小全体教师到学校交流学习一天，向学校提出要求：进行有效的教学研讨，班主任工作研讨和校本教研方式的研讨。

魅力课堂

（2）学校的思考与应对。学校高度重视此次来访，行政班子商讨此次活动是促进学校教师专业成长与发展的一个很好机会，是促使教师发展学校“魅力课堂”站点自主组织与积极参与的一个上佳平台。决策达成一致：将以往由行政接待的交流活动交由“教师发展学校”主持，给予站点主持人高度自主权，而行政方面则给予站点积极的支持与热情的服务。

• 活动流程

（1）确立主题。学校将此次活动交与教师发展学校“魅力课堂”站点主持人瞿曦老师组织。瞿老师在青年教师中组织了一些访谈，调查老师们希望得到帮助的问题。然后与教导处联系，获得教导主任全力的配合与支持。

（2）制订方案。分管校长与教导主任受瞿站长之邀，对本次研讨活动的方案进行了具体的协商。而草案的成型全由瞿站长协同老师们共同商议完成，尽显老师们主动参与的本色。本次活动由上课、两校教师分学科教研及讲座三部分构成，瞿站长认为马二小老师来校学习不应该只是被动地参与，也应该将教师发展学校中“自主发展”的理念传递给他们，让他们也参与到学习研究中来，她建议设计一张主题为“有效教学”的记录卡，让马二小的老师们对课进行评价同时对学校校本教研提出自己的看法与建议。这一非常好的建议，获得一致通过。

（3）组织准备。站点主持人精心制作了温馨的邀请函，提前与献课、讲座老师预约，老师们倍感温暖，积极准备。各项准备工作在各方配合下有条不紊地进行着。

（4）发布公告。活动前，站点选择了多种方法发布信息，先在校园网上挂出公告，告知全校教师，然后又利用校会的时间再次通知，邀请有时间参与的教师积极参与，并对研讨的主题作相关准备。

（5）参与活动。活动当天，并没有行政考勤，但是只要是有时间的老师，都积极地参与了活动，还积极参与互动，充分发表自己的意见，与兄弟学校的老师们互动，收到了很好的效果。

（6）总结反思。站点为参加活动的每位教师准备了活动反馈卡，希望老师通过经历活动能进行深入的反思，活动结束后，由站点主持人从老师们的反馈中可以总结出更多有用的经验，在专题学习博客上与老师们进行更加广泛的交流。

解读：

给教师一个平台，他们会给予自信的呈现。活动的完美落幕让我们高兴地看到老师们在本次活动中的优秀表现，特别是瞿站长在此次活动中表现出来的活动策划能力、逻辑思维能力、组织协调能力等，均保证了活动的顺利开展。

给教师充分自主，他们会更积极投入。老师们积极地参与了此次活动，没有行政的命令与考核，有的只是站点主持人的发动与号召，老师们完全是主动地参与活动，活动的有效性也得以了充分的保证。

[**案例 2**]

雅园地平线系列活动

对于新上岗教师来说，雅园地平线是一个起飞的支点。千层之台，始于垒土。雅园地平线为新教师提供一系列“入格”的培训，为他们营造良好成长氛围。对于每一位走进实小的年轻人来说，教师发展学校都期待着给他们最大的支持，让他们更靠近梦想，得到最快的提升，发挥最大的潜能。

“新教师见面课”、“校本文化培训”、“新教师成长展示”是“雅园地平线”的三大传统活动。

活动 1：新教师见面课

2009 年 11 月 18 日，学校体育组黄亮和王印超两位新老师在实验小学操场上展示了他们进入成都市实验小学以来的第一次公开见面课。李蓓副校长、刘晓虹主任和部分教师发展学校的站点主持人亲临指导。

黄亮老师执教的是“前滚翻”，其教学目标是教会学生正确掌握前滚翻的动作技术要领，发展学生灵敏、柔韧、协调等身体素质并通过游戏活动激发学生学练的积极性。在黄亮老师的课堂上，充分体现了教、学、练三方面的结合，并体现了以学生为主体的学练方式，让学生在自主练习和自主评价中，学会并运用动作。黄老师虽然年轻，但是在课堂上却有意识地发挥引领作用，他一次次准确、漂亮的动作示范，大大地提高了学生学习新动作的热情和效率。除此之外，他在教学中还注意了教学语言的生动性和合理性，使得整堂课各个环节衔接紧密，课堂气氛活跃。

王印超老师执教的是三年级“迎面接力跑”，其教学目标是通过迎面接力跑的教学，提高学生快速奔跑和身体的协调能力。三年级属小学中段，学生对运动技能的理解能力和掌握能力都比低段要强，在迎面接力的教学中，王老师采用了多种练习形式，旨在激发学生学练的热情，通过迎面接力跑体验体育的快乐，感受进步，体验成功以及培养学生承受挫折的能力。王老师在这堂课的内容设计以及教案的编写上很用心，积极向组内老师请教细节，并在实践教学中不断改进。在教学器械的布置和整理上，王老师设计为让学生在游戏中来完成，独特新颖，受到看课老师的好评。

课后，听课的领导和老师均认真填写《新教师见面课反馈表》，真诚地表达着对新教师们的欣赏，也坦诚地指明他们努力的方向，并为他们提出合理的建议。

解读：

“纸上得来终觉浅，绝知此事要躬行。”虽然实小教师发展学校历来重视对新教师的培训。但是，教师扎实的教学基本功更多来自一线的教学实践。为了让新教师更好地将教育科学运用到教学实践中，不断完善教育教学技巧，提升自己的教学品质，雅园地平线每年都要组织新教师上“见面”课。

“见面”课，顾名思义就是让新教师的课堂公开，与领导和老师们见面。我们以“见面”的名义，促使新教师精心设计教案；以“见面”的庄重，促使新教师精致地把握课堂，也以“见面”的温暖，促使新教师精巧地改善自己的教学。经过“见面课”的历练，新教师们在总结、反思、改进之后，往往对教材的解读会更加全面，对学情的掌控会更加合理，对课堂的调控自然也更加自如。

活动2：新教师校本文化培训

2008年9月4日上午9点，教师发展学校“雅园地平线”邀请教导主任刘晓虹为刚到成都市实验小学工作的11位新教师进行了第一次校本文化培训。

培训会上，刘主任除了与新教师们分享实验小学“小学校，大雅堂”的教育理想，还将学校的课堂常规、作息时间、教师团队的优良传统等校本文化一一道来。新教师们认真地听讲，详细地批注，恍惚中又回到了大学的课堂上。

通过培训，新教师们加深了对实验小学的办学理念和管理制度的了解，对实验小学教师团队的氛围和传统有了更新的认识。进而在最短的时间内最大程度地融入集体，发扬成都市实验小学教师之间团结互助的优良传统，相互鼓励、相互帮助，尽自己最大的努力为孩子们创造快乐与幸福。

解读：

每一年的九月，成都市实验小学这座大雅堂都会迎来一批新教师。他们有的是来自全国各地的应届优秀大学毕业生，有的是来自其他兄弟学校的一线教师。无论是否有过一线教育教学的经历，成都市实验小学对他们来说都是全新的起点。在这里，他们或许举目无亲，或许手足无措，或许无所适从。

为了让新教师迅速完成角色转变，更好地适应新的工作环境，更快地体会到作为一名人民教师的职业幸福感，教师发展学校“雅园地平线”会在每年的九月初组织一些专门针对新教师的校本文化培训。

活动3：青年教师成长展示

在实验小学教师发展学校成立五周年之际，青年教师们满载着激情，在雅园地平线组织的“青年教师成长展示”活动中诉说着他们对教育的执著与梦想。

11月23日，第一期展示活动拉开了帷幕。教体育的张银子老师，带领她的学生们跳起优美而又不失刚劲的体育舞蹈，以她最美的舞姿，向我们展示着新老师们朝气蓬勃的青春。品德组的王威威老师则用自己亲身经历的成长故事描绘着她远离故乡后在实小寻觅到的新家园。信息技术组的新教师曾俊杰则用幽默的话语和精湛的技术展现着年轻人特有的乐观和豁达。科学组的叶磊老师在工作岗位上练就的沉着冷静和收获的诸多荣誉更是让大家感叹。多才多艺的语文老师白雪则以一幕舞台剧——《一片叶子落下来》征服了在场的所有人。

12月21日下午四点，教师发展学校雅园地平线“青年教师成长展示活动”第二期在阶梯教室举行。孙婷、龚轶等8位青年教师展示了自己的专业成长历程。

活动前一周，青年教师们便积极准备。他们集思广益，相互启发，力图展示方式既新颖精巧，又能够充分体现自己最真实和全面的成长历程。在展示过程中，他们个个全情投入，或用沉静的思考启发人，或用华美的文字熏陶人，或用动听的歌声陶醉人，或用惊人的数字震撼人。

作为一群参加工作还不满三年的新老师，他们身上有着纯净的教育理想。正因为如此，他们才会让自己短暂的教育生涯变得如此的充实而温暖。

这次展示活动为教师发展学校“青年教师成长展示”画上了圆满的句号。但是，青年教师们仍然行进在成长的道路上，他们将用火热的激情，谱写全新的教育人生、全新的成长乐章。

解读：

在人生的道路上，应该走走停停。停下来总结，停下来反思。这样，才能走得更稳健，更遥远。青年教师们进入成都市实验小学之后，依托教师发展学校这个强有力的后盾，借助实验小学近百年来教师队伍中的和谐氛围，都会获得令人乐观的发展态势。举办青年教师成长展示，能促使青年教师们学会梳理自己的教育人生经历，总结成败得失，不断完善自己，获得新的发展动力。

在这种展示活动中，主办方会邀请部分行政领导和资深教师作为评委。每一个青年教师展示之后，都有一个评委对该教师进行一对一的点评，评委们真诚欣赏，坦诚批评，善意引领，让青年教师们受益良多。

此外，通过青年教师的公开展示，也能让老教师们更加明确青年教师的发展态势，激发老教师的危机感，进而促使老教师也不断地寻求发展之道，不断提升自己的教育教学品质。

[**案例** 3]

站点：雅园讲坛

“雅园讲坛”是教师发展学校2007—2008学年度下学期才开始设立的站点。这个站点的目的就是整合学校内外资源，为教师提供各种适合发展需求的特色培训。学校老师，学生和家长，还有专家们，都能成为雅园讲坛的主人公。每周一的例会时间就是雅园讲坛的开讲时间。在每次精彩纷呈的活动中，各个组的老师们自主策划、自主组织、自主参与，充分激发了各组创造的才能和团队的凝聚力。

从“简约而不简单”的开坛仪式举行后，精彩纷至沓来。

心理健康教研组带来的“1+1>2”的教师团队辅导，让大家在游戏中领悟了团队合理的角色分工与合作能激发团队的最大潜能。

低段语文教研组带领大家走进了“多彩的春天”，让全体老师对如何朗诵好一篇诗文有了更深刻的了解，真切地体会了语言的背后是思想和情怀。

在音乐教研组优美的歌声和美术教研组独特的展示中，一次有“声”有“色”的活动，让我们更深刻地理解和体验了“和而不同”的精髓。

四个现场互动的数学游戏把我们带入了“数感地带”，科学组的老师们让我们领略了创新之美。在五一劳动节到来之际，日复一日默默辛勤工作着的“幕后英雄”——学校后勤中心的员工们，走上了雅园讲坛，给全校老师作了一次色、香、味俱全的培训。我们在劳动中感受快乐，体味人生。

新学期伊始，雅园讲坛改版，分为了交流、分享、足迹、网络、问道和雅趣六大板块。每一次活动的主题更加明确和富有特色。

在交流板块中，校长为老师们充分阐释了“文化滋养，以雅育雅”的工作理念，以及“自主发展，享受成长”的工作主题。

语文组的“对话与分享”，数学组的“作业的布置与批改”，班主任老师的“沟通让爱传递”，一次次的分享，带给实小教师们一次次的收获。

在“雅园讲坛·问道”活动中，教科室的王婉主任应邀为全校老师做了“怎样做好教学设计”的专题培训。

2008 年 10 月 8 日晚 8 点，教师发展学校雅园讲坛站点的首次网络活动正式拉开了帷幕。不少老师如约而来，浏览了群空间里的新帖，并在站点群中就自己的所感所想与大家进行了热烈的讨论。大家在及时的沟通和交流中分享了教育教学中的经验，谈论了教师发展学校的各项活动对教师专业成长的帮助，同时也表达了自身发展的需求及愿望。

解读：每学期期初，围绕学校的工作主题，我们为每学月的活动制订了相关的主题，精心设计和策划每一次雅园讲坛的活动。雅园讲坛站点的成立，为老师们搭建了一个交互式的讨论和展示平台，拓宽了时间和空间的界限，有效地利用了各项资源，鼓励老师们自由地阐述各自的看法或做法，形成良好的讨论氛围，在讨论中得到启示，延展思维。进一步加强老师间的联系和沟通，加强团队合力，便于更好地进行教育教学工作，同时也有利于教师们自身的专业发展。

有心的地方就有发现，有发现就有欣赏，有欣赏就有美。每个人都有着自己的故事，而每个人的故事都是不一样的，都充满了色彩。雅园讲坛，让实小教师们用心去欣赏别人的故事，分享自己的成长，去寻找属于自己成长的身影。

四、教师自主发展制度，赋权增能

（一）教师自主发展制度的起源

通过教师发展学校的一系列活动和实践，学校在教师队伍自主发展上取得了一定的成就，但一些更新、更深层次的问题突显出来：

如何进一步完善和固化教师自主发展研究成果？如何保障教师的个性发展、主动发展能上升为一种组织的、群体的社会化发展？

虽然原有的研究取得了一些成绩，但这些教改措施需要进一步完善；教师个体自主发展的意识和能力增强了，但教师整体的自主发展仍然需要加强，形成教师整体自主发展的良性运行机制；已有的教改举措虽然比较有效，但这些经验性成果需要总结、提炼，为学校办学积累丰富的精神财富。

如何保证教师自主发展中的个人价值观与学校的核心价值观协调发展？在新的形势下，学校提出了新的办学思想：以人为本，以雅育雅，自主发展。希望通过新的办学思想，带动教师队伍和学校的新发展、新超越。但当时教师自主发展具有明显的个体特殊性、个性化特色，如何才能保证教师个体、群体的发展与学校发展目标一致、节奏一致呢？如何对教师的自主发展进行善意的引导？

如何确保教师自主发展的持续性？如何克服教师发展管理中的随意性？如何营造更加良好的发展氛围？如何持续地为教师发展提供保障？

这一系列问题，促使学校必须从新的视角去探索教师队伍建设的新思路和新举措。在探索过程中，学校开始思考制度建设问题。

2006年，学校进行了专题研究，立项申请全国教育科学“十一五”规划2006年课题，探索解决教师自主发展的制度建设和实施问题，旨在界定教师自主发展制度的性质、范畴，建设教师自主发展的制度，构建促进教师发展的活动体系，提炼教师自主发展制度建设的策略与途径。

（二）教师自主发展制度的创新

1. 制度价值创新——促进自主发展

美国学者康芒斯认为，制度是一种对个体行动的解放，使其免受强迫、威胁、歧视、或者不公平的竞争。在制度哲学中，制度是指要求成员共同遵守的、按一定程序办事的规程。从表现形式看，制度不仅表现为明文条款，如政策、要求、纪律等规程，而且表现为具有约束力的一系列规则、约定、惯例等。

但实验小学期待的制度不是为了给教师添上新的束缚，而是为了给教师的自主发展提供保障，并促进教师自主发展。因此，学校将教师自主发展制度界定为能促进教师自主发展的一系列规则、约定、惯例以及运行机制等。教师自主发展制度的价值主要在于：约定教师自主发展的方向及范围，形成教师自主发展的秩序，搭建教师自主发展的平台，提供教师自主发展的路径，激励教师自主发展的动机，营造教师自主发展氛围。

2. 制度产生方式创新——内生教育制度

学校的教育制度一般是由建构的方式产生的，即由其他机构或个体外在地设计出来的，并靠政治行动由上面强加于“教育共同体”（指接受同一教育制度约束的群体，它们不一定在同一个组织中，也不一定在同一市场中，它取决于该教育制度的适用范围）而形成。这种由建构论设计而来的教育制度称为外生教育制度。

实小关于教师自主发展的制度建设则是由教育个体的经验通过逐步反馈、演变与总结而成；是学校在办学、教师管理过程中的经验总结、积累而成的。教师个体在发展中遵守并按照制度的安排行事，会给自身带来极大的利益，并争相被其他教师学习、借鉴、模仿，然后变成一种特定的行为规则或者说作为一种传统被固定下来。而制度的这一形成过程，就是制度的内生过程。这样生成的制度称为内生制度。

3. 制度功能创新——激励性约束

教师发展制度是基于教师自主发展，为了教师自主发展，促进教师自主发展的，以激励性约束为主要特征的制度体系，它不是管理教师的全部制度（比如教师必须完成基本工作量等规定，并不属于教师自主发展制度的范畴），而是学校为教师发展确定的底线，提供的技术支持和外在保障。教师发展制度主要由保障制度、推进制度、激励制度构成。其主要功能是为教师自主发展划定边界、传递信息、提供预期、形成秩序、积累经验、正向激励。具体来说，成都实验小学教师发展学校能为教师自主发展提供以下四种基本功能。

（1）确定界限

D. C. 诺斯（1995）认为：“制度是社会游戏（博弈）的规则，是人们创造的、用以限制人们相互交流行为的框架。”① 成都实验小学成立了教师发展学校，并建立了一系列的规则、约定、惯例等为教师发展划定了界限。明确告诉教师必须要重视自身的专业发展，并约定教师能和可以去发展什么，不能和禁止去发展什么。这种界限既明晰了教师发展的权利和义务，又确定了教师活动的空间和范围。

（2）形成秩序

布罗姆利说：“没有社会秩序，一个社会就不可能运转。制度安排或工作规则形成了社会秩序，并使它运转和生活。”② 学校发展和教师发

---

① 北京大学中国经济研究中心．经济学与中国改革［M］．上海：上海人民出版社，1995：2.

② 布罗姆利．经济利益与经济制度［M］．上海：上海三联书店，1996：55.

展同样需要秩序，如教师需不需要发展？应该发展什么？如何发展？如何把教师个体发展和学校发展统一起来……这些问题都需要通过建立共同的规则来确认或否认、维持或摒弃。成都实验小学通过每学期各站点的活动和配套管理，利用学分这一弹性管理机制，为教师自主发展提供了时间、空间和平台，容易形成学校办学所规定、要求的秩序；同时，教师在活动中通过团体约定、惯例等也会自发形成发展的秩序。可见，制度是形成教师良性发展秩序的关键因素。

（3）提供预期

制度建立后，需要让作用对象知晓，并且要保持相对的稳定性，这使得人们在行动之前便可知道制度建设的意图是什么，其结果会是什么。教师发展学校每学期的站点活动安排，不仅减少了教师发展中的不确定性、盲目性和风险，降低了信息成本和交易成本，而且能为教师发展提供一个参考系，并传递出一定的价值观信息给教师以暗示和导向，对教师的职业态度、价值观的形成发挥着导向作用。

（4）营造环境

教师发展学校客观上为教师的努力、选择、出发点差异、随机因素的作用发挥设置了一个规范性的调整机制，提供了一定的行为模式，教师则通过自己的行为去认识、验证、实践这些行为模式，经过反复多次的行为，形成了特定的工作方式、生活方式和思维方式，最终营造并形成了共同的发展氛围。

（三）教师自主发展制度建设与实施

教师自主发展制度建设以教师发展学校为平台和载体。自 2004 年 11 月教师发展学校成立以来，制度建设主要经历了三个阶段。

第一阶段：平台搭建、营造氛围；

第二阶段：动机激励、专业引领；

第三阶段：反思交流、形成体制。

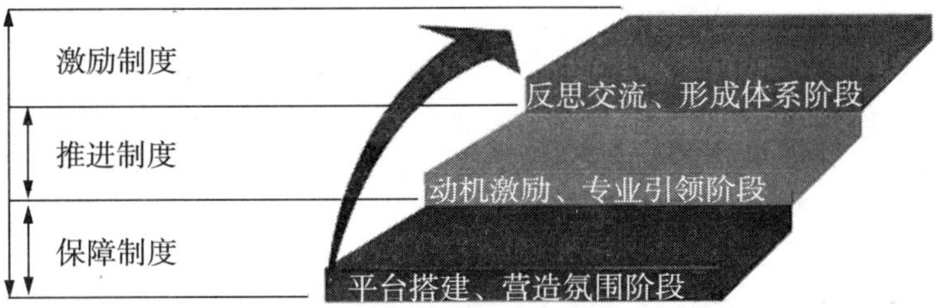

图 7－5　教师发展学校制度建设阶段图

每一阶段的推进方式主要是以活动为主，以有针对性与选择性活动的组织开展满足教师自主发展需求，促进教师自主发展愿望达成，形成一定自主发展能力，最终促成教师的发展与提高。在活动的过程中不断总结经验，提炼并形成了促进教师自主发展的制度并逐步形成制度体系加以固化，在教师以后的活动中又成为教师自主发展的行动纲要和指南。

制度的建立与实施并行，在实际操作过程中遵循以下五个步骤。

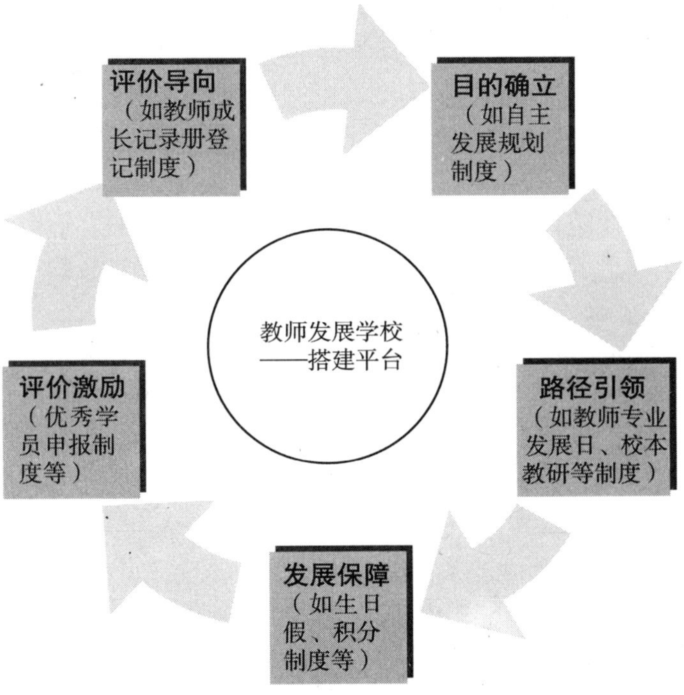

图 7－6　教师发展学校制度建设与实施步骤图

1. 以成立“教师发展学校”为核心，革新教师培养制度

（1）教师发展状况

队伍年轻，动力不足，发展被动，外推助力。118 位教师，平均年龄 31 岁，教师构成上有断层现象，教师群体急需提升。而此阶段学校培养教师的方式基本为自上而下的发展定位培养，教师按照学校愿望进行发展，发展对象相对集中，发展状态较为被动。于是造成骨干教师不堪压力，逃避发展；年轻教师渴望发展，少有机会。教师发展机会不均等，发展动力不足，学校教师群体发展面临着新的挑战。

（2）阶段问题反思

共识：学校学生的发展唯有教师发展才能达成，教师群体发展，整体提升至关重要。

根基：教师发展需要尊重教师个人意愿，需要激发其内在发展动机，将学校发展与教师发展有机结合起来。因此促成教师自主发展是根本。

（3）阶段活动思路

A. 成立四川省首个“教师发展学校”，举行隆重的开学典礼，传递学校对“教师发展”这一核心问题的关注。

B. 以《小学教师自主发展的理论与实践》课题研究为引领，开展教师发展学校的活动，边实践边反思边调整，探索促进教师自主发展的基本路径与策略。

• 讨论形成“教师发展学校”基本机构

以立足教师发展，关注教师自主，为教师提供善意引领，搭建平台的原则形成机构，由教师自主发展联合会和教师自主发展管理委员会构成。重在机构简约、扁平，以教师活动为中心。

• 广泛征集意见，动态生成“活动站点”

“站点”一词来源于网络用语，取其动态变化之意。站点的形成是在广泛征求老师们意见基础上形成的。根据老师们的需要，最初生成四个站点，“魅力课堂”、“精神家园”、“心灵氧吧”、“五彩驿站”，老师们的愿望很简单：聚焦课堂、潜心读书、舒缓心灵、快乐生活。由一线教师担任主持人，以学校行政和“精神家园”主持人共同策划，由“精神家园”组织的第一次诗文赏读会为标志，各站点陆续开展活动：有关注教师专业成长的活动，有缓解教师压力的活动，有化解教师职业倦怠的活动，老师们在活动中能真切地感受与体验，激发自主发展愿望。

● 提供“自主发展学习菜单”，选修与必修结合

教师自主发展学习菜单的最初形成源于对教师“自主”二字的关注。在已有的教师培训体系和培训计划中，学校更注重的是通识培训，更重视的是自上而下培训任务的下达，而忽略了对教师自身需求的关注。因而在培训中出现了教师参与不积极，形式大于内容、效果不理想等问题。

在考虑到教师结构不同、需求不同、发展层面不同的情况下，学校希望通过菜单的提供与自主选择能满足不同教师的不同需要，希望从老师的需求调查中了解老师们的需要，以期能提供更适合老师需求的学习菜单。第一期的学习菜单是学校行政与站点主持人共同商议提供的，由读书活动、校本研修及五彩驿站活动三大板块构成，希望能从全面发展的角度关心教师，满足教师的需求。

教师自主发展学习菜单的提供从内容和形式一定程度地尊重了老师的意愿，激发教师自主参与，尊重自主选择。

● 使用“学习积分卡”，自主积分，鼓励发展

对教师学习与培训的评价也在一定层面上进行了改进。由过去的硬性考核变为了自主积分。教师通过“学习积分卡”的相应制度与使用，让培训与学习成为自己关心的事情，通过“学习型教师”及“优秀学员”等的评比认同教师，让教师有成就感与快乐体验。

学习积分卡分为过程积分与成果积分，关注全面，分值不同。过程积分是教师根据需求选择活动参加，由自己自主积分，由站点主持人认定；而成果积分则根据本期所获成果进行等级积分，合成的分值就是教师一学期的自主学习积分。

• 推行“自主发展成长记录册”，记录成长足迹

教师成长由自己记录。学校为每位教师在校园网上建立教师自主发展电子文件夹，由教师自主管理与填写。记录册由自主发展规划、成长写实、点滴收获、自我激励、留白空间五大板块组成。老师们需要认真地规划自己的发展目标与方向，客观地记载成长足迹，将每学期成果与反思如实记录，给予自己全面公正的评价，同时从别人的意见与建议中不断地修正与完善自己。

（4）阶段活动成效及产生的制度解析

A. 丰富的活动缓解了压力，引发了自主，形成了制度建设的基础。

通过大量站点活动，教师和学校之间得到了沟通。越来越多的教师开始明显感受到了学校对教师发展的重视以及对自主发展的尊重。教师与学校在活动中逐渐达成共识：教师需要发展，教师发展需要激发内在动力，教师发展需要自主才能持久。教师自主发展不仅局限于教师的专业发展，教师作为人的发展是教师专业发展的养料。这样的共识消除了教师与学校之间的一些误会，为后来教师发展学校的许多活动顺利开展打下了较好的认识基础。

B. 菜单的使用，记录册的记载尊重了需求，形成了习惯。

在教师发展学校中，每一位学员可以根据学校提供的菜单自主地选择培训与学习，充分满足教师全面发展的需求；而每学期成长记录册的自主记录又让老师清楚地知道自己发展中走过的每一步，从成长足迹中理性梳理自己的发展状况，适时调整发展路径。

C. 转变行政功能，通过活动“以事育人”，固化经验。

本阶段活动的开展在于创立一种新的教师培训平台，通过“教师发展学校”的建立让“教师自主发展”这一主命题得以充分的关注和切实的实施。同时“教师发展学校章程”的出台对教师发展的权利与义务给予了保障。各站点开展的丰富活动，自主发展菜单的问世及学习积分卡的使用，成长记录册的记载将行政管理的职能弱化，通过“以事育人”的管理理念把老师们推向了前台，让老师们自己去关心发展，思考发展，在参与中让老师们对于“教师自主发展”有了一定的感性认识

和体会，良好的教师发展氛围也因此而得以营造，教师自主发展取得了突破性的进展。

2. 以建立激励性、引导性制度为重点，推动和善意引导教师自主发展

（1）阶段教师发展状况

A. 教师发展学校活动开展营造了氛围，激起了教师自主发展愿望。

理念的宣传，活动的组织与参与让更多教师有了自主发展的愿望，教师发展学校的平台也让更多的教师得到了锻炼和展示的机会。学校营造了比较好的教师自主发展的氛围。

B. 活动开展有了站点主持的参与，但行政设计色彩还相对较浓。

观念的转变需要时间。站点主持角色转变同样也需要时间。教师发展学校活动的开展虽然有了站点主持人介入，但由于站点主持人角色意识不强，管理经验不够，在活动思考与设计方面行政指令的成分还较重，站点主持人活动的开展相对被动。

C. 活动开展还较零散，缺乏对教师需求调查和整体思考，对教师专业发展指导不够。教师自主发展应该有更系统的指导与引领。

在前期活动开展过程中，活动的开展没有序列性与整体性，活动还显得相对零散，老师们只是可以比较自主地参与各项活动，自主发展的氛围相对较好，但是活动组织没有完全来自教师自主发展需求，缺乏系统思考与有针对性的系列活动。学校对教师自主发展的策略、路径指导不够。

（2）阶段问题反思

A. 加强教师自主发展规划指导，确定发展界限与内容，选择发展路径与方式。教师自主发展应明确发展的范围和内容，选择发展的策略与途径，自主发展规划的制订可以让老师们较为全面地分析与了解自身状况，由个体有针对性地进行自主发展。

B. 在菜单形成上，应自下而上，进行问卷调查与访谈，充分了解教师的不同发展需求，结合学校具体要求制订，使站点活动更具实效性与针对性。

C. 加强对教师专业发展能力的培养和支持，探索促进教师专业发展的策略和途径。

(3) 阶段活动思路

①通过完善自我实现自主发展——教师个人规划的制订与指导

指导教师完成个人发展规划，站在理性和全方位的角度剖析自己，给自己的发展定位，分析已有发展中的优势与不足，思考下一步的发展需求，制订出自己的三年远期发展规划与近期规划，制订切实可行的学期行动计划，通过规划让教师比较清楚与全面地认识自己。

自定个人发展规划—自主发展合作小组交流—修改完善个人规划—按照规划进行自主发展。

②通过全面深入的调查，尊重教师需求——学期调查问卷的发放与整理，形成学习菜单

变革教师培训自上而下的设计格局，以“自下而上”的理念为指导，每学期发放教师发展学校学员发展问卷和教师校本研修问卷调查，从问卷中了解每位教师的发展意愿与需求，进行有机的整理与结合，和学校发展主题相结合，形成完整的教师发展学校学员学习菜单。

③通过专业支持，促进自主发展——关注教师专业发展，组织各种教学研讨活动，探索多条路径促进教师专业提升

在激发了教师自主发展愿望之后，教师对自己的发展给予了很大的关注。可在教师自主发展的内容、路径、策略，特别是教师专业如何持续发展方面，老师们还需要专业的指导和善意的引领。于是本阶段教师发展学校的活动更偏重对教师专业发展的关注。

A. 通过学习实现自主发展——精神家园，与教师共享发展的快乐

为了鼓励老师们读书，给老师们营造更好的读书环境，学校专门为老师们装修了一个雅致的书房。根据老师们的需要配备了教学理论与实践方面的专业书，提升教师全面素养，内涵修养、广博知识的其他方面书籍。站点主持人根据老师们各自空闲时间为老师们安排了“读书时间”，每个老师每周都可以安排出一个上午或下午的时间在“心斋”阅

读，并在留言簿上记下自己的名字，由站点主持人给予相应的积分。让读书能成为老师们的一种生活方式。

B. 通过校本研修实现自主发展——魅力课堂、雅园地平线，专业平台，专业关注

作为教师，老师们都非常关心自己的专业成长与专业发展。通过问卷调查，在专业发展方面提炼出了老师们共同关注的问题及不同层面老师的专业发展需求，据此，教师发展学校魅力课堂与雅园地平线，联合教导处推出了相应的三个层面的研究活动，通过各个层面研究的落实与具体推进，给予教师专业成长具体指导，确保教师专业能力与专业素养的不断提升。活动的切实开展带给老师们专业的引领与发展，在活动过程中也逐渐形成和生成了一系列的推动教师自主发展的相关制度。

C. 通过课题研究实现自主发展——研究在线：学校大课题研究与教师小课题研究相结合

学校层面以《小学教师自主发展的制度建设与实施研究》为主课题，全体老师参与该课题研究，从研究的角度理性地关注自己和他人的发展与成长，也在课题的参与中不断地完善与修正自己的发展；而对于个人来讲，可以就教学中发现的问题在校内进行小课题申报与研究，通过微型科研解决教学中的问题，不断提高自己的专业素养。

D. 通过多元活动实现全面健康发展

专业以外多种活动的开展，心理悦纳，全面关注，促进教师作为人的全面发展。教师的自主发展关乎教师作为人的全面发展，在关注教师专业提升的同时，教师发展学校各站点也开展了丰富多彩的活动营造良好的团队氛围，促进老师身心健康，愉快地工作与生活。如健康快车的羽毛球比赛、每日晨练及团体心理辅导活动，五彩驿站的清新办公室评比活动及外出踏青活动和每学期末教师发展学校的大型主题活动，如“相亲相爱一家人”、“大爱无痕 幸福如花”、“花开有声”等让老师们感受到在团队中的位置与成就感，增强其职业认同感与幸福体验。

（4）阶段活动成效及产生的制度解析

①自主发展意识明显增强，活动作为制度载体的功能得到广泛认同

调查显示，教师在心理上开始真正接纳一些活动，并开始表现出较明显的自主意识。主动参与活动，主动提出自己的建议意见等。调查显示，95%以上的老师对教师发展学校的活动感兴趣愿意参加，在活动开展的过程中，制度的实施也就同时开展了，活动参与面越大，制度实施的效果越有效。

②分层指导，制度推进，促进教师成为自主发展的主角

本阶段活动主要通过教师自主发展之理念指导、规划指导、专业指导，深入有序地对不同层次不同特点的教师发展进行善意引领。各个层次的教师在对应的指导中都得到了实际的收获，实现了自我的突破。借用骨干教师李勇的话说：教师发展学校最大的魅力就是让像他这样年轻的老教师都重新找到了发展的快乐。也就像新老师张小涛所说，在实验小学三个月所学，胜过她读研究生三年所学。就这样，年轻教师很快成为了教坛新秀，骨干教师开始历练出自己的教学特色，成为了名师，学科带头人，而名优教师则拥有了自己的教学风格，有了更多的自我超越。如教师层面的分层培训，关心与呵护每一位教师的发展与成长。

表7－2　教师分层自主发展表

名　称	时　间	主　　题	参与者	组织站点
专家听课日	每周固定的一个上午	解决教师发展高原与瓶颈现象，通过专家引领，推波助澜，形成自己的教学特色与风格	骨干教师及自愿参与学习者	魅力课堂、教导处
专业发展日	每学期定期、不定期多次	搭建各种平台促进青年教师专业成长	青年教师	魅力课堂、雅园讲坛、教导处
起飞地平线	每周	促进新教师角色转变，尽快成长为合格实小教师	新教师与引进教师	雅园地平线、教导处

③创设路径，促进专业发展，制度建设逐渐聚焦

本阶段重视对教师规划的指导，从自我规划的制订让教师充分关注

自己的发展，预设自己的发展轨迹与发展方向。而阶段活动更加重视从实际出发，从需求出发，更重视活动的整体性与系统性。活动从设计到组织和参与，突出了教师的自主性，尊重了教师的多元选择，在活动内容方面，也开始由一些基础性发展活动而聚焦到教师的专业发展这个核心上来，在此阶段的活动设计中，多为教师专业发展创设路径，引领各个发展层面的教师自我突破，获得更高层面的发展，所以此阶段中生成的制度是以“促进和推动”教师自主发展为目标，以有结构和层次的活动为辅助。

形成制度：优秀学员申报与评比制度，教师自主发展规划制度，学员学习菜单选修制度、校本研修制度（专家听课日制度、主题教学月制度、学年热点问题研讨制度、青年教师专业发展日制度、学校对外接待日制度、校级课题管理制度、读书制度、讲师团外出支教制度、新教师培训制度、雅园讲坛交流制度、阳光地带班主任培训制度等）。

3. 以完善教师发展制度体系为目标，为教师自主发展提供保障

（1）阶段教师发展状况

经过上一阶段的深入研究，各站点活动的开展更有计划性、针对性与系统性，活动的实效性也在不断增强，不少活动也逐渐形成一定的系列。老师们在这些活动中，自主发展的愿望和意识在不断加强，在活动参与过程中获得了不同程度的发展。教师们在教师发展学校的活动中都积累了不少的经验和故事，此时教师特别希望分享到其他老师好的自主发展经验，同时也渴望自己的自主发展得到团队的认可。团队的经验也需要形成传统或者制度加以巩固延续，逐步让教师的自主发展成为一个自动良性运行的过程。

（2）阶段问题反思

a. 教师自主发展有很多典型的个案与活动，需要加强交流与分享，从个体的经验发展中提炼出教师自主发展共性的要素，形成相关的规则或制度。

b. 通过问卷调查和访谈等形式了解教师发展学校活动开展的实效

性，提炼出教师发展学校老师们欢迎和喜欢的活动方式与类型，用制度将其经验固化。

c. 将制度理性梳理并加以阐释，形成制度体系，为教师培训体制提供一些可资借鉴的经验与操作模式。

（3）阶段活动思路

a. 通过主题活动和新站点的设置，分享不同阶段不同学科的教师成长故事，挖掘更多的发展资源，总结提炼自主发展途径。

b. 通过问卷调查与大量的走访或访谈形式，走进教师，了解教师在教师发展学校中的成长与体会，通过反馈达成共识。

本阶段学校对制度的基本框架、制度的文本、教师发展学校系列活动及老师们希望的活动方式、发展途径等进行了问卷调查，提炼最适合老师的活动方式及最佳发展途径，完善制度体系。

c. 通过课题研究和结题活动，激励教师全员参与到结题的各个环节中来，形成各种研究团队，提炼自主发展制度，广泛征求老师意见，最终形成自主发展制度体系，激励教师持续发展。

该课题的研究对象是全体教师，同时全体教师也是该课题的研究者。而结题也看做促进教师自主发展的重要活动之一。因此在结题的过程中形成了多个团队，参与结题准备工作，在结题过程中促进各自研究能力不断提高。

通过多个团队的通力合作，让课题顺利结题，并让老师们在结题的过程中享受研究和成长的快乐。

（4）活动成效及制度解析

①通过不断搭建交流展示平台，以交流促进共同发展

通过新站点“雅园讲坛”的开设，我们定期在星期一的下午进行交流分享，让老师们多了一个发展和交流的平台，让自主发展的经验交流与共享时时都在进行。

②探寻规律，梳理框架，分析制度体系的各项基础

在共同研讨制度的过程中，课题组加深了对“教师自主发展制度”基本概念及意义的认识，认同各种制度的建设与实施，探寻制度建设的

规律，梳理出了以“保障、推进、激励”为板块结构的制度框架，并着手分析和论证制度建设的各项理论和实践基础，使课题取得阶段性的成果。

表7-3 教师自主发展制度框架

保障制度	推进制度	激励制度
教师发展学校章程	教师成长记录册登记制度	优秀学员申报评选制度
教师发展学校基本运行规程	自主发展规划制度	优秀年级组申报评选制度
教师发展学校站点活动流程	读书制度	优秀教研组申报评选制度
教师发展学校菜单生成制度	教师校本研修制度	教师学术假申请制度
站点主持人聘任制度	主题教学月研讨制度	教师生日假申请制度
教师发展学校保障教师身心健康制度	热点问题研讨制度	教师自主发展积分制度
	专家听课日制度	
	教师专业发展日制度	
	班主任培训制度	
	名师开放制度	
	教师校级课题管理制度	

该制度框架具有如下特征。

A. 强调教师在制度建设中的主体地位

在制度建设过程中，全体教师成了制度建设的主体，科学分析了教师自主发展的成长规律。分析结果为，教师自主发展分为三个主要阶段：一是唤醒自主发展意识阶段，二是提高自主发展能力阶段，三是实现、反思阶段。根据每个时期教师自主发展所需要的支持，开展相关的活动，积累了相应的经验，从具体的操作实践中提炼出实用的制度，构成制度的框架。建设过程中各个阶段重点关注的目标都紧紧围绕着教师自主发展的各个方面要求和需求，确保教师在制度建设中的主体地位。

B. 坚持了教师专业发展的主要导向

教师自主发展的目标是实现教师作为“人”的全面发展，立足点是教师的专业发展，专业发展作为教师职业的立身之本，也是幸福之源，其专业发展的能力和程度在很大程度上影响着教师的职业幸福指数和发展动力。所以在整个制度框架中，从权利的保障到能力的提升，在专业培训和研究方面的制度占了很大的比重。从这些制度的实施中，老师们也能明显感受到自主发展制度对专业发展的重视。老师们通过参与活动、执行制度等行为，自觉提高专业发展的能力，获取实用的经验，从而走向专业自主发展的道路。

C. 重视发挥制度的引领作用，弥补原有制度的不足与缺失

在原来的制度中，制度的功能多为限制和惩戒，总是要规定哪些事情不能做，做了哪些会受到什么惩罚，所以显得十分冰冷。学校认为制度能够管理人，也能塑造人，使人不自觉地适应制度。制度可以成为文化的载体，培养出符合学校文化要求的人。所以在本制度框架中，重在对教师自主发展进行具体的指导和引领，为老师们提供自主发展的途径和方向，让其成为无惩戒的制度，让教师从心理上和情感上都更感到亲切和温暖。

D. 重视激励制度对教师自主发展的调节作用

作为具有激励性约束为特征的制度体系，本制度框架中的激励制度很重要，从个体到团队，从时间到空间，从物质到精神。本制度框架中的激励制度覆盖面广，关注点多，对各个发展层面的教师均有关注。通过多种激励性的评价，正向强化教师自主发展的意识和状态，不断提高教师的自我认同度，激发其不断前进。

五、教师发展扬长避短，共同发展

（一）教师自主意识增强

1. “我很累”，但“我还要超越”

一些显性的数据：学校近年来报考在职教育硕士的人数逐年增加，从最开始 1 人到课题结束后的 8 人；学校利用业余时间参与“心理咨询师”培训的人数也在不断增加，现在已经拥有有资质的心理咨询师 8 名；学校参与各类培训的教师不计其数……

一个“超越”的故事：在最近的一次教育硕士报考中，有着 20 年教龄的任老师积极地报名了，这是一位原来在工作中出现职业倦怠的老师。任老师说：“原来总觉得工作很杂，很累，已经没有精力和心思再去学习和提高了，重复的工作让我失去了创造的愿望。但自从参与教师发展学校开展的很多活动以后，特别是我印象深刻的‘专家听课日’的跟进行动研究中，我似乎被唤醒了，沉睡很久的创造冲动被激发了。工作变得很有意义，自己的发展又被我重提议事日程。我希望经过理论的提升，在新一轮教学中，超越原来的自己，让自己工作得更加快乐和轻松。”（摘自任萍老师《我还要超越》）

在教师发展学校的活动中，在教师自主发展制度建设中，很多的活动与制度都紧紧围绕着关注每一位教师这样的理念，重视教师的专业发展，从内源上激发起老师们追求高品质工作与生活的积极动力。因此有了任老师等一大批老师工作状态的改变，有了不断超越自己的教师团队。

2. “我已经老了”，但“我还很年轻”

在教师发展学校组织的一次大型的“自主发展合作小组展示暨优秀学员颁奖”的准备现场，我们看到了这样一个身影。他是一名特级教师，有着四十多年的教学经验，被“教师发展学校”聘为“特别指导”，负责青年教师的培养工作。由于李老师的资历与年龄，学校很多活动对他都不作十分严格的要求。但是团队活动的精彩与集体的凝聚力让李老师也主动地参与其中。在年级展示活动准备中，他主动参与，每次排练都特别认真，还积极出主意，对安排给他的表演任务，他还十分用心地回家练习，为整个团队的汇报增添了不少的光彩，参加活动的教育局局长惊喜地说：真没想到，李老师和这群年轻人配合得这么好，看起来是越来越年轻了。

在教师发展学校优秀学员颁奖典礼上，作为颁奖嘉宾的李老师由衷地感叹说：“如果说实验小学以前的教师培养是学校用渡船将一个个教师运送到成功的彼岸。那么，现在的教师发展学校就是建造了一座大桥，让一批又一批的教师快速地成长起来，实现自我的成功。”

教师的自主发展不仅是一种状态，更是一种心态，在教师集体发展的裹挟中，在“教师自主发展制度”的激励下，老师们拥有了一颗年轻的心。

在教师发展学校成立之前，有72%的教师认为自己发展意愿强烈。而到了2008年11月，调查显示95%的教师认为自己有强烈的发展意愿。

（二）教师自主能力提高

1. 由“工作计划”变为“幸福规划”

在实际的效果中，通过“自主发展规划制度”的保障、指导和推进，怎样在规划中表达自己的预期，怎样获取适合自己的发展资源，怎样稳步推进自己的发展行动计划，老师们都有了相对明确的指向与途径。对青年教师的成长来说，这无疑是十分重要的。学校非常欣慰地看到老师将发展规划看成是达成幸福彼岸的重要一步，完成了从“计划”到“规划”的跨越。

在一次全校的个人规划交流活动中，原来在外校担任大队辅导员的赵老师被问到了一个很棘手的问题：“你在原来的学校是做大队辅导工作的，现在你的工作职能在发生变化，作为专职的语文教师，你如何实现自己的专业成长?”

赵老师写道：“听着这个问题，我在思索，是的，就在那一刻，我突然意识到，为什么自己会对自我的发展目标信心不足？为什么自己会觉得幸福很缥缈，问题提示了我，在我的发展规划里没有对自我目前状态的深刻剖析，更没有立足于基础工作的思考与计划。好像我对幸福的感觉，始终觉得摸不到，更抓不到。

在反思这个问题，反思自己的幸福目标，反思自己的发展规划中，我渐渐明白学校为什么让每一个教师进行自我规划，就是让自己看清自己所在的地方，明确未来的目标，分析路途的险恶，给自己的每一天一个规定量，一天一天，一步一步，走向自己理想的殿堂。”（摘自赵婧老师《规划幸福》）

教师发展学校的“自主发展规划制度”恰好为老师们制订自主发展规划提供了一些合理的要素与具体的要求，它已成为老师们共同遵守的一项准则固定下来。文中的赵婧老师在规划的指引下，成功地实现了从大队辅导员到优秀语文教师的转变，在学年末的优秀学员评选中被评为了二级学员。教师规划能力在不断提高。

2. 由“安排工作”变为“选择岗位”

发展，已经成为老师们关注的焦点与话题，而如何发展亦逐渐成为老师们思考的主题。从前学校的工作安排都是学校考虑的事情，老师们只需要执行，而现在老师们却能更加自觉担当发展的主要责任了。

[案例]

我要请辞教研组长

美术组的王老师很有才华，为人正直诚恳，教学方面也颇有造诣。学校聘任他为美术教研组组长，可是一学期以后，王老师主动向学校领导提出，请辞教研组长一职，因为他觉得自己在管理与组织方面不太擅长。希望能到学校新成立的文化中心工作，为学校校园文化建设作设计，他更喜欢也更擅长这方面的工作。学校十分尊重他个人发展的愿望，也给予了他充分的支持，减轻了在其他方面的工作量，让他更加专心致志。在文化中心的工作让王老师觉得十分得心应手，配合学校校园文化建设，创造出很多很好的作品，然而繁重的工作并没有让他觉得苦累，反而让他越来越有干劲，专业设计水平也提高很快。

人接近幸福的程度在于人类自主发展的程度，自主发展的程度越深，人类就为自己创造了更多种可供选择的可能生活。很多时候，幸福不仅仅在于教师得到了什么，而在于能否让他自主地面对生活，面对选择。学校不但可以在现有的工作岗位中寻找机会，而且还根据实际情况创生出了更多的机会，尽可能满足老师们的发展需求。

教师对自己的发展途径有了自主选择的权利和空间。

3. 由"完成任务"变为"做到最好"

自主发展的过程往往靠教师自觉地掌控发展的进度，克服惰性，增强自律，在隐形之手的指引下，自我调控发展过程，调节进度。

参加工作刚半年的青年教师徐慧有了她的"将完美进行到底"的教学改进故事。徐老师得到学校到蒲江支教献课的任务，虽然圆满完成了这节课，可她自己却很不满意，十分困惑：问题出在哪里呢？同行的领导和老师及时给予了她指点：对学生学情估计不够，设计的活动未激发起学生的兴趣，年轻的她又缺乏相应的调控能力和教学机智，因此，教学效果也就不那么理想了。大家也劝慰她：你那么年轻，第一次讲成这样就很不错了。可她还是抹不掉深深的遗憾。从同仁们身上她看到了，抓住每一个机会，我们可以在专业上有更大的发展。现在，她已经知道问题在哪里，绝不能让一个成长的机会白白溜走，从哪儿跌倒的，就要从哪儿爬起来。带着这样迫切的愿望，徐慧又在没有任何任务驱使的情况下反复调整自己的教学方法，反复试讲，最终，取得了令人满意的成绩。她的教学也在这个过程中进了一步。

从徐老师的故事中我们又读到了一位老师对于自己专业成长的渴求与行动，经过五次试讲后的感悟与进步大大缩短了青年教师成长的周期，这种专业的自觉与自悟促进了教师在发展过程中的自我管理和调控，徐老师在接下来的青年教师全区赛课活动中获得了二等奖，十分可贵。

教师能够主动地对自己的发展过程进行自我管理。

4. 由“总结工作”变为“主动反思”

有效的反思是不断进步的起点，反思能力的培养和提高是教师自主发展能力提高的重要因素，然而教师的反思不仅仅是时间与数量上的要求，更需要借助一些主题或者活动来保证其实效。

（1）借助专家引领的反思

数学黄老师是一名经验丰富的教师，在一次专家听课日后，写下了如此的反思：

高老师对我的教学设计作了充分的肯定，对我的教学素质也加以赞赏，甚至没有忘记表扬我认真书写的板书。我不禁心里暗暗佩服专家的细致。然而，他也深刻地指出了我的问题所在：“在你的课堂里，学生们很安静，他们顺着你的教学设计去学习课堂知识，并且能够完成作业。可是，我没有听见他们自己的声音，更看不见他们活跃的思维。”

真是一语点醒梦中人。我这才感觉到今天的课堂怎么如此平静呢？平时我是允许学生们可以随便表达自己的看法的，今天为了“迎接”专家，特意让孩子们不能“乱说话”。没有了语言的交流，就没有了思维的碰撞，当然就闪现不出智慧的火花。这样的课堂，我还自以为流畅，在专家面前，我感到了惭愧。

高老师看出了我的心思，鼓励我以后要放手让学生大胆地表达，不要刻意地拘泥于形式，甚至还可以上出一些更创新的课。即使出了问题，我们一起来分析，一起来研究，一起来解决。什么样的课学生最喜欢，我们老师就上那样的课。这不正是新课程所倡导的：“让学生学习自己喜欢的数学”吗？我顿然明白了：把课堂还给学生，平凡的课堂最真实，也最精彩。

（2）借助课题研究的反思

小方老师是刚参加工作的新教师，理论素质很高，是专业师范院校的双学士，由于缺乏经验，对自己的教学很困惑，经过一次见面课后的反思，小方成长了很多。

“作为一位刚上岗的青年教师，凭对科学课程四个月的接触和想象中学生的反应，还有刚刚着手研究的《科学课建构活动有效性的研究》课题，我自己试图完成一份好的教学设计。脑子里始终想着怎样把自己学到的理论展示出来，由于没有充分估计学生的反应，我发现我们低估了学生的前概念水平，教学方法和内容不能激发起学生学习兴趣，根据学生的表现和其他有经验教师的建议，我再次修改了教学设计，并进行了第二次试讲，从学生的反应来看效果很好。但是学生是否真的已经构建了新的认知结构，学生对课程的理解程度有多深，这些都无法从学生的直观表现中体现出来，这些都需要我从学生的课堂表现中去观察和反思。修改教学设计后，我把自己学到的理论、老教师的经验以及自己对课标的理解进行整合，我发现其实这三个方面都是必不可少的，没有经验的积累，我和学生就无法很好地交流，设计的活动对他们也没有效果；没有理论的指引，凭我现有的经验很不容易把握好课标的深层次要求，只有充分融合多方的力量，才能完成一节好课，形成我自己的科学教育方法。”

从以上的故事中可以看出，以活动为背景，以“思想”和“理论”作参照系，老师们学会了运用反思方法来解决教学问题，使反思具有了鲜明的针对性和操作性，收到了很好的反思效果，成为了自我培养和提高的重要突破口。“专家听课日”、“校级课题研究”等活动也逐渐成为了教师自主发展的制度中很受大家欢迎的制度，老师们的主动反思也在制度的推进下成为了很自然的习惯。

（三）教师团队成果丰硕

学校一大批教师迅速成长起来。在教师发展学校成立这六年中，有两位教师出版了自己的专著，有 30 余位教师被评为了区级及以上级别的优秀教师，语文、数学、英语、信息技术、音乐多名教师获得全国学科赛课一等奖，20 多位教师获得省市各级赛课奖项，学校教师几乎包揽了区级学科赛课的一等奖，还有 60 余人次教师参与了新课程优秀课例的示范课录制。有四位骨干教师被破格晋升为中学高级教师，有四位教师分别被评为全国先进教育工作者、全国百佳语文教师、全国优秀班主任以及成都市特级教师。学校还向上级部门和兄弟学校输送干部达 17 人。

学校先后有《小学校，大雅堂——四川省成都市实验小学的“雅教育”》、《我们的教师发展学校》等 10 篇介绍学校办学经验和特色的文章发表于《中国教育报》、《人民教育》、《中国德育》、《小学德育》、《21 世纪校长》等全国级刊物。学校教师获奖论文 400 余篇。几年来，学校还将教师们的各种成果辑集成册《听风掠过心灵——德育案例集》、《这里有你的梦——优秀教学设计集》、《远处的春秋——科研成果集》、《优秀教学论文集》、《优秀赛课资源集》、《专家听课日资料集》等，超过了四十万字的成果。学校在全国规划办独立立项的课题《小学教师自主发展制度的实践研究》研究成果获得了四川省政府颁发的第四届教育教学成果一等奖。

学校还充分发挥成都市教师发展基地校的作用，先后承担了语文、数学、音乐、品德与生活、科学、信息技术等学科的成都市级骨干教师培训工作。教师发展学校讲师团也先后到巴中、马尔康等薄弱地区讲学 200 余人次。

另外，学校每学期平均接待来自全国各地的参观学习 1500 余人次。学校先后承办了中国教育学会整体改革专委会、中国教育学会中小学德育分会等全国大型学术会议。学校平均每月至少要承担两次省市一级的教师培训和研讨工作。

当老师们的努力逐渐转化成了“价值”的时候，老师们的迷茫、倦怠也逐渐被满足与幸福替代，于自己职业的生命中焕发出了新的光彩，为自己的教育人生找到了幸福的方向。幸福，有了不同凡响的收获。

（四）教师幸福体验增多

1. 教师成长需求得到了充分的满足

幸福教师

幸福在很大程度上来自于对需要的满足，来自于对需求的实现。在马斯洛的需要层次理论中，人只有先满足“缺失性需要”，然后才有“成长性需要”。真正能让你得到幸福的就是“成长性需要”。在教师自主发展的过程中，学校尽量从各个方面关注，满足老师们的各种需求，如通过站点调整，为更多有发展愿望和能力的人增加发展的机会和岗位，通过活动的开展，为教师的专业发展提供理论的支持、思想的引领、方法的培养和心灵的滋养等，满足教师不断成长发展的需要。幸福，有了脚踏实地的开始。

2. 教师自我价值认同感得到提升

在课题组的调查中显示，参与教师发展学校年限长、教龄长的教师中有96%认为自己的岗位是不可替代的，92%的老师认为通过不懈的努力与学习后，能形成自己的教学与工作风格；在教龄较短（1—2 年）的教师中，有83%的教师认为自己的岗位是不可取代的，81%的教师认为自己能形成自己的教学或工作风格。这说明，教师自主发展的相关制度对教师自我效能感的形成有明显的促进作用。幸福，有了真真实实的感受。

3. 教师成就感得到不断加强

通过课题调查，99%的老师认为教师发展学校的各种活动对自己的自主发展有着重要作用。第一届教师发展学校优秀学员自主申报的只有26人，第二届有51人自主申报，第四届上升到83人。越来越多的教师从自主发展中找到了对自己的肯定。

教师在教育人生中的幸福感，来源于教师追求幸福教育人生的需要得到满足，教育教学实践中潜能得到发挥，学生成才中的成功体验，能够实现自我生命价值时所获得的持续快乐体验。经过几年的研究创新，学校沿着外在推进保障和内在引导激励的路子，促进教师专业发展。教师发展学校和教师自主发展制度体系的建立促进了教师行为的改变、思想的升华，教师自主发展将成为学校一个长久的课题，不断发展与完善，让学校成为教师和学生自主发展、可持续发展的乐园。

第八章

优雅校长——云淡风清，行板如歌

我1985年成都师范学校毕业，成为成都实验小学一名语文教师，1999年起任成都市实验小学副校长，2002年起任校长至今。先后被评为四川省特级教师、四川省有突出贡献的优秀专家、全国教育系统先进工作者、全国教育系统巾帼建功标兵、四川省学术和技术带头人……再多荣誉背后依然是从容淡定，因为一路走来，荣誉并不是我所求。对教育梦想的执著守望与坚持追寻，让我的成长永远在路上。

一、师范留影，岁月蕴雅

“雅教育”理念的提出既根植于成都市实验小学渊远的文化积淀，也源于我自身多年的教育情结。令人难忘的四年师范教育是我教育梦想最纯粹的起点，民主、平等、自由、爱，这些教育最灵魂的种子早在那时就已经种下。

我1981年9月就读的是成都师范学校首个四年制中师实验年级。成都师范学校原址位于成都市文庙后街56号，只有二十几亩地，小而旧，但是她带给我的记忆却一直是那么温暖。

一扇斑驳的红漆木门

学校的校门在我的记忆中是很特别的，特别旧、特别小，样式特别老。校门是那种旧时大户人家的双扇木门。门是上的红漆，颜色也不新鲜了，斑驳的门面显出些古旧沧桑。直至今日，我的灵魂仿佛仍旧浸泡在那校园的空气里。现在想来，那门虽不起眼，却有历史的印记与沉积。似乎只有那样的一扇门才与那样的一座学堂相配。

一部名叫《乡村女教师》的影片

进成师读书的时候，我还不到15岁，不会想到当初的选择会决定我的一生，更不会有对未来的规划，只是清楚自己今后会做一名小学教师。记得进学校不久，学校给我们一年级新生放了一场坝坝电影，是苏联的一部著名的影片《乡村女教师》。记不清具体内容了，黑白的银幕上那个叫瓦尔娃拉的漂亮女教师留给我的印象就是，她爱那些孩子，和孩子们在一起她很快乐。当她老了的时候，她的学生都回来看她，她幸福极了。于是，她的幸福便成为了一颗种子埋在了我的心里，好长一段时间，“老了的时候会有很多学生回来看望我”这样一个预设的遥远的幸福成了我内心独白的秘密。我快乐地在成师开始了我的师范生活，这份简单的快乐一直以一种巨大的力量推着我向前，直到现在。

一封学生“炒”老师的联名信

师范生活真的是丰富多彩。每天有晨练、午会、课余活动，让我们像一群放飞的小鸟，在林间畅快地飞翔。因为我们是首个四年制中师实验年级，所以学校配备了非常强的师资力量，用现在的话来说，真可以叫做超常规的超级组合。我们的班主任是冯淑蓉，语文老师是彭佰初，数学老师是贺子芳，英语老师是雷家瑞，物理老师是陈京祥，音乐老师是陈若秋，心理学老师是刘锦英，政治老师是马学元……他们绝大多数后来成为了特级教师，我们现在才真正懂得当初成为他们的学生，我们何其有幸啊！学高为师，身正为范，这些老师是我们永远的人师。

可就在我们刚入学不久，还发生了一件惊动了校长的事情。教我们语文的彭佰初老师，普通话说得不好，形象既不英俊也不潇洒，但一手漂亮的板书让人叹为观止。一段时间后，板书的吸引力渐渐被一种强烈的不适应取代。彭老师上课要我们必须发言，不举手也会被请到。我坐在第一排，在他的眼皮子底下，被突然袭击是经常的事。弄得我们一上课都得高度集中注意力，脑子必须高速运转。可就这样，我们还是很怕，原因是彭老师上课老爱问“为什么”，老爱让我们发表自己的观点，最主要的是，他经常发一张自学提纲让我们自己学课文，他一句也不讲，最后，让我们自己起来发表学习体会，还要求我们相互点评。上中学的时候，我们哪还会主动举手回答问题，更不用说自己学习、讨论了。彭老师的“彭氏教学法”，我们这一帮孩子不买账。我们觉得这个老师不像老师，学生都自己学了，还要老师做什么。于是，第一个学月结束的时候，由语文课代表执笔，写了一封我们全班要求换掉彭老师的联名信。

这封信后来到了班主任和学校教务主任的手里。我记得凡是听说这件事的老师都很吃惊，都会说一句相同的话："彭老师教语文教得很好啊！"我不知道这封信到了学校领导，到了彭老师手里，他们是怎么研究对应策略的，也忘了后来那段时间我们是怎么面对彭老师的，只记得一学期结束，我们班再也不提这件事了，还记得二年级时因为彭老师出差两个月，我们给他写了好多封联名信求他赶快回来……

现在想来，为了我们这一帮孩子，老师们肯定煞费苦心，之所以我们对那件事发生后的情况记忆模糊，是因为老师没有因为学生对他的误解而有任何的情绪表露，他懂他的学生们，他更有自信和智慧让他的学生们从不适应到适应，最后喜欢他教的课。事情果然如此，我们都喜欢上了自主学习的方式，这样的学习让我们真的不仅学会了知识，而且学会了学习，这让我们受益一生，让我们的学生也受益。

那一封"炒"老师的信不知现在何处。真是有意思，那是我们成长中一段不能忘却的记忆。

一次刻骨铭心的逃课

我曾经逃过一次课，其实想起来我自己都不相信，因为我从小到大都是一个听话的乖孩子。

一年级下学期，成都市举行中学文艺汇演，我们学校有节目，当然学生会文艺部部长手里就有票。文艺部长叫阿支基，是一个五大三粗、皮肤黝黑的藏族小伙子。我们班的文艺委员走后门在阿部长那弄了3张票，是一天下午的，正好那天下午我们是自习课，我想都没想就和文艺委员及我们班的团支部书记一起到华协礼堂看演出去了。演出结束走出剧场，外面下着大雨，我们三个人冒着大雨冲回学校。回到学校才知道下午班上出事了，我们三个都是班干部，看演出没跟老师请假，下午上课时，几个学生发现这件事后就吵嚷着不上课，他们也要去看演出，理由是：凭什么三个班委可以不上课外出，他们可以，大家都可以。班上秩序大乱，正生病在家的班主任冯淑蓉老师闻讯赶来才把同学们的情绪安抚下来，班上这才恢复了正常的上课秩序。了解到这些情况，我的脑子嗡地一下就炸了，我们三个人胆战心惊地站到了冯老师面前，冯老师对我说了一句话让我这一辈子也忘不了：“陆枋，你出类拔萃，不能让大家失望啊……”这是我生平第一次听到别人，尤其是老师说我出类拔萃，在这以前，我从没有对自己有这样的自信，也不可能用这样的目标来激励自己。冯老师没有让我在全班作检查，这让我有逃过一劫的感觉。劫后重生，“出类拔萃”这四个字经常会跳出来，让我检讨自己的言行，让我有目标。其实，我当时并不像冯老师说的那样，真的出类拔萃，到现在也不是。但那次逃课后老师的语重心长，让一个孩子树立了信心，有了自己追求的目标，并在后来的人生中，一直用这样的一个标准要求自己。那次逃课的经历，让我刻骨铭心。

一位把爱融在生命之中的校长

白琏声校长给我的印象是不苟言笑，如果不是后来发生的事，我甚至会认为他压根不知道我的名字。我们不是经常能见到校长，再说，一个学校那么多学生，校长哪能都认得。而我，艺术、体育、活动一样不行，几乎从未在学校的活动中露过面，所以，校长认不得我那真是太正常的事了。

1985 年，我毕业后分到了实验小学，我一直都有些纳闷，我没有在实小实习过，实小的校长老师也不会认识我，我怎么就跨区分到了这样一所名校呢？要知道，当时直分的名额就几个。好多年以后，苏文钰校长在谈到白琏声校长时说起，白校长对自己的学生了如指掌，如数家珍。当年，是白校长力荐我到实小，他在苏校长面前历数我的优点和潜质，正是因为他的举荐，我得以进入了实小。听苏校长讲过这一段往事，我不禁感慨万千，同时心中有好多解不开的疑团：读师范四年，我好像从没有和白校长有过什么交流，也不是各种活动的积极分子，不容易让别人从人群里一下子注意到我，是地地道道的一只丑小鸭，可白校长跟苏校长讲起的我，确实就是我呀，他对我怎么这么了解！

现在，我渐渐明白了，校长的心里有学生，他怎么会不了解他的学生呢？前几年，在白校长病重的时候，我去看望了他，直到那时候，我才有机会对白校长说了一句“谢谢”。我相信，白校长能听懂“谢谢”之中包含的意义。

文庙后街56号留给我的记忆太多太多……

正是从这里开始，我的老师，我的校长，我的母校给了我最美的教育描画，给了我“为人师”最重要最基本的滋养。他们让我懂得什么样的老师能让人终身受益，什么样的校长能让人心生敬意，什么样的学校能让人永存感激。因为他们，我对教育有了更真切的向往。这一切一直在潜移默化中引领着我前行的方向。

二、年轻特级，春风化雨

我分到实小时，当年的实小已多年没有招入年轻教师，因此我一毕业，就被当做潜力巨大的苗子进行重点培养。我刚从成都师范毕业两个月，学校就让我在市上上语文公开课。从那以后，我便开始经受学校对我的夹磨和锤炼，经常上接待课，甚至到北京等地上课。好多个五一、国庆我都未休息，连续三年多没有进过电影院。课外的时间几乎都用于钻研教材和自我进修了。学校特别指定特级教师张玉仁为我师傅，悉心栽培我。从一开始，我就背负着学校深切的期望。从一名新老师到全省最年轻的特级教师，我用时只有9年，这让无数人羡慕。但是背后的艰辛付出却是常人无法想象。这9年，是一个女性最美好的时光。而这9年，也是我在高压中蜕变的9年。

枋，良木也。实验小学丰厚的文化土壤让我这棵良木茁壮成长。9年中，我上了400多节公开课，平均算下来，每个教学周都有两节公开课，熟知教育的人都知道，每周一次的公开课对于一名教师来说是多么巨大的压力。一节公开课短短40分钟，背后的投入可能是几十个40分钟。我曾经为了上好一节公开课，写了 4 本备课本。那个时候的备课，完全靠手写，4 本备课本，不知道用去了我多少个本可以轻松愉快的夜晚。23 岁时，我成了一位幸福的妈妈，女儿刚满月，我就回到了自己的学生中间，初为人母的不适应与巨大的工作压力交织成了我的生活。很长一段时间里，我每天回家后就是坐在火炉边守着给女儿熬粥，就着炉火和灯光，准备着第二天的公开课。那年，我代表成都市参加全省中青年教师语文课大赛，不巧抽签抽到最末一号。结果连续几天备受煎熬，前前后后一个月，我瘦下去十多斤肉。

我将自己所有的时间都放在了教育工作中，以至于错过了陪伴女儿成长的很多故事。女儿从学习钢琴到考过十级，每一次上课都是先生陪伴的，现在，每次听到女儿弹奏的乐曲，我总会心生愧疚。只能将对女儿的爱记录在几本厚厚的日记中。但是，同时，我却又拥有了许多可爱的孩子。现在，我的学生几乎都已经步入社会，但是他们都总是记得我，走得再远的孩子，也会在我的生日和教师节时，悄悄地送上问候。

1994 年，我在实小这样一所引人注目的学校中，在 9 年不间断地“高压”中，从小学一级教师被破格评为小学特级教师。那时我才 28 岁，在所有候选人中是最年轻的，工作时间也是最短的，一些评委对于我的资历有着疑问，可评审会上，凝聚着我的勤奋和智慧的沉甸甸的评审资料征服了所有的评委，我成为了当时四川省最年轻的特级教师。

荣誉光环之下，是更艰难的自我挑战。1996 年，实小与中央教科所合作进行“活动教学与小学生素质发展”课题研究。那时我作为课题组的核心成员，上研究课公开课更是家常便饭。当时课题核心观点为“以活动促发展”。课题研究初期，为了大力推动课题研究，课题组要求每位研究教师必须要在自己的课堂上通过显性的学生活动来促进学生自主学习。可在那个时候，所有的课堂还是老师控制着一切，“满堂灌”的模式大家都习惯了。作为特级教师的我对这一套模式更是驾轻就熟，游刃有余。

可是突然之间，我熟悉的一切都受到了批判。因为新的课题研究要求一堂课不是看教师讲得好不好，而是看学生学得好不好，因此老师不能讲得过多，关键是看学生怎么学。这突然的观念变化让我难以接受，而且积习难改。于是，我精心准备的研究课受到严肃的批评，我必须要挑战自我、突破自我，特级光环下的自我蜕变带给我又一轮的高压。为了一节节的研究课，我不知熬过多少不眠之夜，掉过多少眼泪。最终我上出了一节节让人们记忆深刻、也充满争议的课。在我的公开课上，我提问少了，学生提问多了。我讲得少了，学生自己发现得多了。在我的研究课上，我让一、二年级的小朋友自己体验造字的过程。我对教材大胆质疑，改编教材。我甚至在一节全省公开课上给出整整20分钟让学生分组自由讨论。这些大胆的尝试引起当时的舆论一片哗然。“这就是特级教师的课堂？”“胆子太大了！”“她这样上课，让我们听什么呀？”而事实证明，我们曾经的探索都高度地吻合了五年以后在全国铺开的新课程改革的要求。事隔十余年后，让学生成为课堂的主体、学习的主人，已成为教育改革的趋势。而坚持不懈地实验研究，也让实验小学一直走在了教育改革的最前沿。

这段经历，让我不仅在教学上大有进益，更让我对课题研究产生了浓厚兴趣。深深着迷于课题研究中的理性、科学、创新，这对我后来不管是在当教师还是在当校长的过程中都一直坚持以教育科研来推动自身和学校发展起到了重要的奠基作用。

三、新任校长，淡泊明志

1999年，我开始担任学校副校长，那3年我完全是“昏”的，没有作为校长助手的意识，总沉浸在对教师时光的怀念中。在旁人看来，“特级”似乎是把教师做到顶了，但我意识到，教师内心的东西是没有顶的，那是技巧和智慧完美结合所能到达的一种高度，我可以“享受”的教师人生正要展开，但因为新的工作任命，却开始走向了另一个方向。我反思过去十余年的教师生涯，那些过去了的苦与累成为一种强大的背景，映照在我前行的路上。

在我“走神”的日子里，因为老校长苏文钰强大的力量和实小自有的沉稳，我的“缺位”并没有显现出来。

2002 年，老校长卸任，我被推向了真正的“烽火前沿”，成为实小这所“老字号”金牌小学的校长，我再也没有后路可以退。

“为什么是我?”我想过这个问题。除了对我人品的认定和能力的预期外，可能跟我“成名很早”也有关系。毕竟，是名校的校长，需要一定的名气。想通了这个问题，我更加不轻松，我知道成名意味着什么？我知道“巅峰”在给人带来骄傲与欣喜的同时，还会带来很多的苦难。

接到任命，我内心非常“惶恐”，似林黛玉初进贾府，一直在默默地拿捏、揣度、试探，究竟要怎样来做实小的校长。实小如果毁在我手里，我岂不是千古罪人？一直处于教育领军形象中的实小在我的手中如何持续发展？我在家里向丈夫哭诉，我又要成为焦点了，我患上了忧郁症，完全没有因为“升迁”而欣喜，只觉得头顶如千钧一发。那时的我身心憔悴，不堪重负。这期间，让我缓过气来的，是实小和实小的老师们。“我们是看着你如何一步步走过来的，我们给你‘扎起’。”实小资深的老教师们说。“我们支持你，你放手做吧。”和我共同战斗的同龄教师说。在大家的支持下，我开始思考学校新的发展。

2003 年 6 月，成都市青羊区教育局组织了一场对全区校长的现场考试。要求校长们用 2000—3000 字的文章阐释自己的教育理念。在时任校长一年的我心中已经开始有了雅教育的萌芽。我的这次作文得到了那次考试的最高分。

高雅永远年轻

近一个世纪的沧海桑田，世纪变迁，她始终是教育的一面旗帜。回眸昨天，阳光与风雨相伴，光荣与梦想同在。建校之初，她所倡导的民主、科学的教育理念就引领着故乡教育的潮流，她成就了无数的教育名家，更成就了无数的学生。

从这里，曾经走出了一位共和国总理。当教育经历了十年的劫难重获新生的时候，她所倡导的“活管理，活教育，活学习”的理想又一次为教育的振兴和腾飞指引了方向。她此时虽不再青春如华，可是，她却比以往任何时候都更加年轻，一大批在全省、全国都享有盛誉的名师从这里起步、成长、成熟，一批批思想活跃、手脑灵活、个性活泼、充满活力的综合素质全面的学生从这里走向他们的未来，学校得到了前所未有的发展，她的教育资源也充分地发挥着辐射影响作用。我，就是在这片土地上渐渐成长起来的，是她的乳汁哺育了我。她——就是我和我的同事们热爱着并努力为之工作着的学校——成都市实验小学。

今天，当世界走进新世纪，当中国走进新时代，当中国的教育走进新课程，我们的学校又开始了新的攀登。对她来说，没有最好，只有超越，只有更好。我会为她的精彩骄傲和感动，也会为她些许的不精彩而沉重思考。常规的管理、校风校纪的建设、教师队伍的培养、校园文化的创设、硬件设施的改善、学校经济的发展、课堂教学的水平、教学质量的保证、科研的层次与实质……林林总总，方方面面，她都还不完美，都需要我们不断地发现问题，找到差距，不断地完善、创新和发展，为此，我和我的同事们一直攀登着、努力着。

历史的积淀赋予了我们的学校以深厚的底蕴和基础，对于学校未来的发展，上面所述的基础固然重要，然而，对于这样一所学校来说，更为重要的也是对我个人来讲最薄弱的，是要逐渐形成适应新课程改革的教育理念。既最大可能地继承学校丰厚、悠久的办学历史财富，又最大可能地吸纳新元素的有关办学的一些思考，并在这些想法的指导下去探索、实践，最终和专家、老师们共同使之成熟、完善，形成一种教育理念和思想。因为只有如此，这一面教育的旗帜才会拥有鲜艳亮丽的色彩，才会在教育的天空中永远高高飘扬。

回顾学校的历史，我们发现一个“雅”字贯穿始终。引领潮流的办学理念和模式是大雅，无数的名师是“雅师”，无数的学生成长为“雅士”，学校形成的办学文化更是雅风拂面。再思新课程改革所倡导的思想精髓，那是一种崇尚科学、自由的人文精神，它所倡导的又何尝不是“雅”？

我们思考，我们彷徨，我们似乎发现了我们一直追求的教育理想，可否这样给她一个名字：“雅育”？雅育——育雅。这合乎学校发展的历史和趋势，合乎时代的要求，也合乎我和同事们的心灵追求。一句话，她是有个性的！

经过粗略地查证，《辞海》上对“雅”有如下的注释：正的，合乎规范的，如雅道；高尚，不庸俗；美好，不粗鄙……真好，学校不正是一个“育雅”的地方吗？它的一切都应该是最美好的，它的空气中都应弥漫着高贵的、文明的、美好的气息，校园中的人、事、物都应如此，这应该是教育追求的永恒的目标和最高的境界，一如爱情是人类情感中永恒的主题，它永远具有鲜活的生命，它永远不会老。我们想要的就是不老的教育，拥有这样教育的学校才会是不老的学校，不管时代如何向前，她都一定不会落伍。

“雅育”要求我们追求高雅。从学校的发展来看，目标是定位高、文化品位雅；对教师而言，是学业质量高、人文素养雅。

“雅育”要求我们以“雅”育“雅”。首先，我们要拥有“雅师”。我们的教师应该是有很高的人文素养、有很强的专业能力、拥有独特人格魅力的人。如果仔细品味新课程改革有关文件中对教师及其教育行为的论述，就会发现，只有这样的“雅师”才可能达到那些要求。因此，学校在教师队伍的培养上，不再只是关注教师的专业发展，而要关注教师作为一个社会人的和谐成长，关注教师职业生活的质量。教师首先得是一个优秀出色的人，才有可能是一个优秀的教师。我们认为，如果把“雅师”再具体一点，我们的男教师是否可以追求“儒雅”？“儒”，古时指学者，“儒雅”即博学的儒者，特别指温文尔雅；我们的女教师是否可以追求“优雅”，即修养品位极佳，十分美好的女子呢？其次，我们还必须营造“雅境”，让校园文化、学校环境典雅、清新，学校应该是一个宁静的地方，她应让人可以沉于书香，思于书香，活于书香，乐于书香。我们还需要有“雅道”，我们的学校正是雅道的载体。我们的目标是育雅，培育高雅的校园文化，培养文雅的学生，我们的学生不仅应该是饱学之士，还应有“雅言”、“雅行”的规范。

“雅育”要求我们关注教师的课堂和教师的行为。当新课程的理念从上而下扑面而来的时候，我们的教师们并未感受到接受起来有多大的难度。可是随着新课改的推进，我们发现，对新课改的理解和认识，必须要有历史的眼光，要了解它从哪儿来；还必须要有未来的眼光，要明白它将向哪儿去。因此，我们不能只捧着一本《走进新课程》从理念到理念，我们要让自己的思想和新课程的思想一起从历史的雾霭中走出来，朝着未来太阳将要升起的地方走去。我们的课堂教学既不是割断历史的臆想重塑，也不是传统的精华与现代理念的简单相加，更不是重复历史，它应是传统与现代思想结合的一次“化学反应”，它需要传统的精华，也需要现代的意识和手段，它应是生成的、全新的。它需要我们用智慧、激情去创造的富有个性和生命的诗卷。它应该是一种境界，一种个性化、艺术化、多元化的大雅境界。基于以上认识，我们提出了“打造课堂名片”，要让课堂具有教师个人独特的个性特点，个性魅力。如今我们已经拥有了“诗意的课堂”、“自由的课堂”、“机智的课堂”、“激情的课堂”、“优美的课堂”、“清雅的课堂”、“活泼的课堂”、“幽默的课堂”、“儒雅的课堂”、“轻松的课堂”等一张张极具教师个人魅力的课堂名片，在这样的课堂上，教师实现着他们的人生价值；在这样的课堂上，学生与教师分享着对生命的感悟，奠定着他们人生幸福快乐的基础；在这样的课堂上，心与心沟通着，人类最美好的情感涌动着，人性的光辉闪烁着，它展示着追求高雅的魅力。

高雅永远年轻。高雅的文化艺术永远年轻：金字塔是年轻的，蒙娜丽莎的微笑是年轻的，思想者是年轻的……历史会老，可是他们永远年轻。高雅的教育培养高雅的文化，培育高雅的人，它不会老，高雅的学校永远拥有洋溢的青春。

高雅永远年轻。我和我们的老师正在一起努力地探索着雅育之路，我们在探索中修养、完善，我们的学校也会在探索中不断发展。

实验小学丰厚的文化积淀孕育了她高雅的气质，也滋养了我的成长。我喜欢宁静，一种积极的可以致远的宁静，我喜欢长久，一种不为世事变迁所改变的天长地久。这样的气质，也正是实小的气质，有着自然流淌的清澈与厚重。“雅”的浮现让学校发展有了更加清晰的定位，清楚了才能坚守，才能坦然。男教师要儒雅，这与勇敢、创新不矛盾；女教师要优雅，志存高远而不是无所求的宁静；学生要文雅，有教养，懂得做人的基本礼仪。这就是“实小雅说”，也是我的校长理想。我将这样的理想传递给实小的每一位老师、学生和家长，让这成为我们共同的愿景。我希望这样的理想能让实小的每个人都找到人生的幸福，也让实小永葆教育的青春。

四、清雅管理，宁静致远

在学校所有的事物与工作中，我看到的首先是“人”，是学生、教师的生命和他们在实小度过的生命历程。儒雅教师是“雅教育”实践的开始。儒雅首先是一种从容、理解和宽容。从教师管理入手，以情动人，让雅浸润人心，这成为了雅教育的起点。

“雅”不可能依靠制度推进，必须直指内心。老师走进教室，带着怎样的情绪，除了他自己，没人知道。人的内心无法量化，看上去都敬业、善良，但在情绪与心态上，一差就是十万八千里。生活涵盖了工作。要让每个教师都在工作中感受到快乐与幸福，他们才能将同样的感受传递给孩子们。尊重每一个老师，如同老师尊重每一个学生，这就是实小每天工作的基本构成。我要做的，只是推波助澜，轻柔的，却又是长久的、坚定的，看似不经意，却又着意明确。有了这样的认识，我开始了一系列的改革。

上任不久，我就提出“装扮办公室”计划。我认为工作与生活应该是一体的，在什么样的环境里生活，将决定用什么样的心情与心态去工作。于是，人内心最温暖的亲情、爱情、友谊走进实小的教师办公室，精致的书架、家人的照片、绿色的植物、灵动的金鱼……学生来了，看见的是欢乐；家长来了，体会的是温馨。

年底工作考评，枯燥的备课本检查年年应付。不如搞个展览，以年级为单位，发挥个人创意。于是，生动的、张扬的、幽默的都来了。最后，评出的是"最佳教案设计"、"最佳课后感悟"、"最佳布展"。老师和学生一样，他们的工作质量、生命感悟是一种积淀的过程，也需要用心去引领与浇灌。

教育不同于其他，它需要宽松的环境，需要极佳的氛围，身处其中，作为主体的教师才会更具创造力和人文修养，而这样的教师才是真正意义上的人师。教育，既是事业，也是人生。

一个人的强大，在于他的内心。一个人的力量，在于刚柔并济，我尤其喜欢柔软的力量，波澜不惊，却直抵人心。读书、经历、思考这些都让我不断修炼自己的力量，去实现那份厚重清澈的宁静与长远。

五、教师发展，御风而行

雅教育的实施并非一帆风顺的，面对困难与挑战，我始终以研究的心态来面对一切。直面问题，从反省自身开始，改革不仅仅成为了校长一人之事，而成为了学校发展的必然。

2004 年，我上任两年多，我发现了教师发展中一个"致命"的现象：教师的职业倦怠严重。让教师上公开课，有人以"身体不舒服"而推托。学校布置任务，有些老师消极应付。甚至评优选模，有些学校重点培养的老师明确表示不想参加，不想受名誉之累。反思这些现象，与教育背景有关，与社会舆论有关，与教师个人素质有关，更与学校管理密切相关。各种因素导致教师的社会地位与自我认同空前低下，一些教师开始抵触学校的常规管理，同时也对教师这个职业产生怀疑。我意识到这一现象的严重性，秉承学校实验研究的优良传统，以研究的视角着力探索教师发展的新路径。

首先，转变我自己对教育、对教师发展的认识。学校不仅是学生成长的场所，也应该成为教师不断发展、不断成熟的场所。教师与学生的共同进步，是学校的最终目标。在传统观念中，教师发展首先被认为是学校发展的需要，教师发展是为学校发展服务的。因而，教师发展过多地依赖学校的规划和指引，也更多受限于学校的预设。现代的学校应该放下身段，为教师的自我发展需求服务。教师成为被服务的对象，让教师不再为了学校而发展，为了学生而发展。只有教师真正发展了，学生才可能实现发展。

基于这样的认识，2004 年 11 月，教师发展学校正式成立，为教师自主发展搭建了新的平台，也为儒雅教师的培养提供了适宜的土壤。那年，成都实验小学的每一个教师都收到了一张特别的通知书——《教师发展学校入学通知书》。通知书上写道："亲爱的老师，很高兴地通知你，你已经正式成为教师发展学校的一员，从今天开始，我们将一起分享学习的快乐，共筑成长通道。我们的理念是：一日不学，一日不教；一日不学，一日不乐；一日不学，一日不长。我们的理想是：立己立人，达己达人，为学生的终身幸福奠定基础，为自己的终身幸福谱写篇章。智慧并快乐地工作，清新而优雅地生活，共创雅致的人生。"

"成都市实验小学教师发展学校"机构设置为服务机构——教师发展管理委员会。其主要职责就是全面协调、统筹、服务各项教师发展活动的开展。核心机构是教师自主发展联合会。下设多个站点，如魅力课堂、五彩驿站、心灵氧吧、精神家园等。站点设置并不完全固定，可根据教师发展与学校工作的实际需要不断地动态生成。各站点的主持人全是通过自荐和推荐产生的一线教师，分别负责各个站点活动的组织、策划、设计、实施。

教师发展学校全面关注教师的发展，更重视教师的成长而不是教师的成功。这样的机构让教师全面自主地发展。这样教师的自主愿望得到了极大的调动，在一次次丰富多彩的活动中，教师逐渐看到了自我的发展，找到了自我的价值，发展状态发生了明显的变化。

有一位骨干教师，在许多人眼中，他是特级教师的最佳候选，各种赛课、研究课、展示课纷至沓来。但是，各种机会让他感到巨大的压力，没有休息时间，没有欢乐，他的发展出现了高原期。这种压力甚至影响了他的工作状态，出现停滞乃至后退。该如何去考虑他的发展？学校究竟是要给他特级，还是快乐？我决定为他卸去外界压力——先是为他减压，减掉一切可以少的课。最后尊重他的个人意愿，调到另一所学校，从事行政工作。我更愿意看到一个快乐的教师。

一位年轻骨干教师，在工作中感觉压力大、负担重，找不到快乐。她不满意学校为她安排的通过赛课来发展的道路，明确拒绝参加各种赛课。对学校的管理也时有抵触。学校一时想不到更好的办法，只有减少对她的关注，顺其自然。渐渐地，这位教师在阅读中找到了自己的爱好以及发展方向。她喜欢心理学，经常借阅心理学方面的书籍，浏览心理学网站。于是，学校为她提供了外出学习心理学的机会。这位教师一边学习、一边工作，时间更紧了，但是心情比以前快乐，工作状态比以前积极。

教师发展，以前是学校管理者为教师发展预设目标。现在的实验小学，是管理者和教师共同规划其发展，共同制订其行动计划，尊重教师独特个性，为教师创造自主发展的条件，搭建不断发展的平台。

有一年，我打算请特级教师李瑞华担任数学教导主任。但是，李瑞华坚持请辞，她说她的乐趣在于和孩子打交道，喜欢全心全意当好一名普通的数学教师。于是，我让她留在一线，在她钟爱的数学课堂上找寻快乐。

在不久前，实验小学的一份教师问卷调查结果显示，在“对你自主发展影响最深的事件”的选项中，有99%的老师都提到了教师发展学校的成立及相关活动。

教师的自我发展愿望，是制度无法干预的。教师自我发展的结果，是时间无法计算的。实验小学的教师一如既往地优秀，也一如既往地个性张扬。冲突，仍然会有。倦怠，还是存在。痛苦，并没消散。

但是，学校管理层正本清源的思考与实践，全校教师共同建造的生存的理想家园，已经改变也正在改变很多教师内心最深处的诉求：职业的、人生的，现实的、理想的……副校长李蓓，师大研究生毕业，她如此形容现在的实小：“实小的教师做人、做事都有一种实小的味道，那是在浸泡与遗传中最后形成的骨血中的味道。”现在以是否倦怠去评价实小的教师，似乎是一种轻视。实小的教师已远远跨越了这一步，他们走在更加开阔的人生之路上。

管理就是用工作培养人。在实小，教师的转岗概率比较大，提升的机会也特别多。一些年轻教师，工作不几年，一旦作出成绩，很快就会获得崭新的发展机会。我任校长 9 年间，实小为区内输送校长、副校长 7 人，向区教育局及上级机关输送 5 人，向区内其他学校输送教导主任 6 人、输送教师 4 人。如果不是有着实验小学“老坛水”的浸泡培养，这样的输送必定是会伤“元气”的。实小没有，她依然名师济济，新秀成荫。

六、教育均衡，大爱无疆

实验小学的集团化办学历史可以追溯到 20 世纪的 40 年代，将优质教育资源最大限度地辐射，一直是数代实小人的信念。

2009 年，在成都市青羊区“名校西移”的战略中，实验小学是教育深度均衡推进的先锋，新的实小集团的成立让我成为了集团校长，担负着更多学校的发展重任。实验小学无私地将学校优质的品牌资源、教学资源、人才资源与新建学校、薄弱学校、涉农学校共享。只要分校有需要，一个电话，我一定全力以赴。在大家的共同努力下，集团学校的办学效益得到很快的提升，扩大了学校的影响，让更多的孩子享受到了优质的教育，促进了教育的区域均衡。如今的实验小学明道分校、实验小学青华分校、实验小学战旗分校、实验小学西区、实验小学成飞分校都成为了受到学生喜欢、社会好评、家长向往的学校，为更多的孩子奠定了终身幸福和发展的坚实基础。而在这中间，实小背负的压力是难以想象的，毫无经济利益可言，巨大的师资培养与输出，多出数倍的工作量，挑战不言而喻，但是我却仍然坚守我在集团成立仪式上的那句坚定的话：为了同一片蓝天下的每一个童年。

在“教育公平”的大教育视野下，实小教师到各偏远地区支教、送教变成了学校的一项常态工作。有人曾经问我，“你把别人都教会了，你的竞争对手就更多了。”我说：“把曾经的智慧积累奉献给大家了，就会促进我们有更多的创新，因为只有这样才能保持我们领跑的地位。”教师发展学校讲师团的成立让越来越多的实验小学老师成为了教育均衡的实践者。

2006年6月，成都市实验小学一行7名教师到四川省革命老区巴中市支教。三天支教结束，实小老师们还没回到成都，一封信却先到了我的办公桌上。

这是巴中一个小学教师写来的信。

陆老师：

您好！

收拾完家务，打点女儿睡下，现在已经是夜里九点五十分了，虽然很累，但依然抑制不住激动之情，想要给您写信。

请您原谅我没有称呼您的职位，因为在我心目中，您就是一位老师，一位可亲可敬的老师。也原谅我冒昧地用写信的方式与您交流，因为我喜欢文字。

这两天，我们一直在听课，听您的同事给我们讲课，非常享受。听了他们的课，我才发现：原来课也可以这样上！轻柔、流畅，如小溪，如细雨；从容、优雅，在他们上课的背后，我看到一种文化的熏陶，这种熏陶不是一朝一夕能形成的，应该是在一个充满文化底蕴的大环境中长期浸润的结果吧，而这样一个智慧、优雅大环境的形成，应该是您的众多同事共同努力的结果吧。

虽然我没看到您的校园，但我看到了从您校园里走出来的五位老师，他们是那样谦逊、低调，又浑身充满了智慧的光辉，为他们骄傲吧，陆老师，他们让我觉得上课是一件很享受的事。

其实，对于您陆老师，您的名字在我心中响过千万遍了。好像是90年代末吧，我在《四川教育》上看到过您，识字课居然能上得这么有味道！在《四川日报》上也看到过对您的报道，短短的一段文字，还配了您的小照片，我记得上面还介绍了您喜欢穿什么质地的衣服，我的记忆有误吗？没办法，我的记忆太好了，我都很苦恼。还有，我的老师深圳大学师范学院的李臣老师曾在1999年写信给我，鼓励我写信给您，还留了您的通讯地址。但因为自卑，觉得和您的差距太大，不敢写。现在差距更大了，我却不怕了。因为我不和您的学识、气质比。我发现有一样我和您一样：我们同是女人，作为女人，我觉得自己很优秀。喜欢读书，对文字非常敏感，因而一直喜欢诗歌；喜欢做饭，每天做精致的菜给我的家人吃；喜欢陪女儿，陪她弹琴、看书、玩耍、说笑话，喜欢把自己收拾得清清爽爽的，闻风的味道，尝雨的味道，看早晨的太阳赤裸裸地照在我的脸上，不怕长斑。嗨，做女人多好呀！陆老师，做一个如您一样优雅、漂亮，温和又智慧的女人该是一件多美好的事啊！

我可以看看您，闻闻您吗？但我怕，您的校长光环会让我不敢靠近。就像我可以接受阳光的照射，却永远接近不了太阳的实体一样。就让我远远地感受您的芬芳吧！

真羡慕李臣老师，他居然有幸能成为您的朋友。他是我的初中英语老师，当年我们全级百十号女生全迷他，他是我们的偶像，至今我们依然怀念他。我在2002年叶懋良老师坐镇“绿原”的时候写过一篇文章《我的老师》，就是写的李臣老师，发表在《教育导报》上。只是这两年我们又没联系了，时常想他，希望他健康，幸福！

也真诚地祝愿您，陆老师，健康，快乐！

您会烦我吗？陆老师，写那么长的信，没完没了。今天上午听周学静老师的语文情致课，听她谈到您的校园里办了一份刊物，我突然想到，前几天要求学生写信，我发现了三封写得特别好的信，爱不释手，我在班上读了，又拿回家细细品味，很想让更多的人分享孩子们的成功，又不知该寄向何处，我寄给你们这份刊物，好吗？我希望我的孩子能体会到成功的快乐！

我喜欢我的学生，喜欢看他们如花的笑靥，喜欢看他们纯净而热烈的眼眸。他们现在读五年级了，每次想到他们一天天长大，每过一天，我和他们相处的时间就少一天，我就很难过，所以，每天晚上回家我都告诉自己：明天，我要多爱他们一些，他们和我相处的日子越来越少了。

陆老师，我也爱您，爱所有真诚、善良的灵魂！

请接受我最诚挚的祝福：幸福、快乐！

一个默默仰慕您的人：白芝琼

2006 年 6 月 10 日 夜

读着这封信，我也被一种简单、一种纯净深深地打动着。也许只有深深地理解教育并执著坚定的人才会有这样的情怀，才会用如此美好的语言来述说教育。文如其人，我对未曾谋面的白老师心存敬意。心中提到的五位老师，是我们学校的五位语文教师。他们是：向尧、周学静、李勇、范佳和朱立。早些时候，还有几位数学老师也曾到巴中支教。的确，正如白老师在信中所言，我为他们骄傲。

信中还特别提到了白老师的孩子们。学校校刊会用上几个孩子的作文，但愿我们能实现“让孩子能体会到成功的快乐”的期盼。因为老师的心上深深地刻着一个字：爱。是爱，让我们拥有一份宁静的执著，让我们拥有简单的纯净。我们在不同的学校，面对不同的孩子，我们却有同样的追求。

基础教育的任务是“提高民族的素质”，“提高国民素质”，正是带着这样的责任感和使命感，在以“教育公平”为背景的大教育视野下，实小“优质资源辐射均衡计划”、“青蒲互动”、“民族地区支援”、“灾后援建”等一个个承载着社会使命的活动陆续拉开。青蒲互动中的“管理者教师互动”，学校长期坚持对他校的老师给予深入培训，将自己的办学理念无私奉献出来。学校携手马二小进行“全校支教活动”，从各个学科、各个层面全面关注民族地区的教育，深度交流和支持；灾后重建中的“教育扶助活动”，学校给予了灾区教育最真实的关怀，携手什邡红白镇小学捐钱、捐物，派出优秀教师支教，接收灾区的学生，等等；学校的办学思想受到了国内外各地教育同行的关注，近年来，来自英国、瑞典、日本、奥地利、新加坡等国家以及我国香港、澳门、台湾、北京、上海、河北、广东等地的教育考察团纷至沓来，学校也敞开大门，积极交流，尽一己之能，担当起一所“名校”的责任。我个人也承担了越来越多的社会教育团体职务，积极承担各种讲学任务，将先进的教育思想与理念带到教育不发达地区，希望“同在蓝天下”的孩子们都能享受到“教育公平”的阳光。

我完全可以相信，一个校长可以不是教学的行家，但他一定是一个有理想、有定力、有活力、有魅力的人。这是9年校长生涯，我对于校长角色最重要的结论。

第九章 展望未来——素质教育，高位均衡

进入21世纪，随着和谐社会、科学发展观的提出，教育也面临着新的挑战。2010年9月8日胡锦涛在全国教育工作会议上的讲话就指出："虽然我国教育事业已经取得巨大成就，但还不完全适应国家经济社会发展和人民群众接受良好教育的要求。主要问题是：有学上的问题基本解决，但上好学的问题依然突出，人民群众不断增长的多样化教育需求还不能得到很好满足；教育观念相对落后，内容方法比较陈旧，中小学生课业负担过重，素质教育推进困难；学生适应社会和就业创业能力不强，创新型、实用型、复合型人才紧缺；教育体制机制不完善，学校办学活力不足，教育结构和布局不尽合理，城乡、区域教育发展不平衡；教育投入不足，教育优先发展的战略地位尚未完全落实。我们要推动教育事业科学发展，必须着力解决这些问题。"

要解决这些问题，推动教育事业科学发展，必须优先发展教育，坚持以人为本，坚持改革创新，必须促进教育公平，必须重视教育质量，大力推动教育内涵式发展。"教育公平"和"教育质量"成为了教育的两大主题。公平关乎社会和谐稳定，质量关系事业持续发展。

就成都市实验小学自身发展来看，成都市实验小学教育集团的正式建立，学校长期素质教育实验过程中遭遇的种种现实困难，实小自始至终肩负的"实验研究，辅导地方"的社会职责都使得学校也不得不将"教育公平"和"教育质量"作为学校未来发展最重要的课题。围绕这两个核心，全校教职工一起梳理学校的历史，反思过去，展望未来，勾画出学校未来的发展蓝图：一所实施素质教育的旗帜学校，一所践行教育公平的社区学校。

一、背景分析，迎接挑战，承前启后

成都市实验小学位于四川省成都市人民中路一段22号。学校占地面积12396平方米，校舍建筑面积14000平方米。学校于2009年完成改造，现代教学设备配套完善。建有主干为1000兆的校园网，基本实现现代化计算机联网管理。

学校现有 39 个班级，在校学生 2000 余人。学校教师总人数 122 人。其中中学高级教师 9 人，省市区特级教师 7 人，成都市学科带头人 1 人，青羊区学科带头人 23 人。

根据学校现状，分析学校发展环境，我们发现，实验小学在过去 90 多年的发展过程中积累了相当的发展优势：学校守正、尚勤、崇礼、求活的校园文化深远厚重，堂堂正正做人、勤勤垦恳做事的校训深入人心，始终坚守为学生终身幸福奠定基础的教学理念。教师队伍优秀、和谐；教师学历层次高，研究生 9 人，本科 90 人；年龄搭配合理，平均年龄 33 岁；省市区优秀教师 48 人。有共同的雅教育发展愿景及踏实的实践探索，勇于面对问题，解决问题，研究意识浓厚，充满活力。在改革过程中勇于创新，无论是教师发展学校的创新，还是德育平台 A 城的建设，无论是校本课程的持续开发，还是活动课堂的深入探索，都显示出教师先进的理性认识及优异的教学及研究能力。

时代的发展，教育的普遍变化，也让实小的发展存在不少劣势：学校身处城市中心位置，交通拥堵。学校硬件受限、设备老化，地域难以扩展。因地处旧城，生源萎缩。教师流动性大，教师团队发展遭遇高原期，缺少名师引领。教育均衡背景下，其他学校发展迅速，名校领先式发展压力巨大。

深入分析学校现有问题，深刻理解国家对教育发展的要求，我们思考，深化教育均衡、教育公平背景下学校如何调整发展定位？师资队伍如何科学合理地流动及管理？学校优质教育资源如何产生更广泛的影响，助推教育均衡和教育公平？如何尊重并引导教师的职业价值观，帮助教师进行适合的职业规划，并为他们的发展提供持续发展平台，促进教师专业发展？如何建立有效的教师培养和发展机制，为教师可持续发展提供动力？

深入推进素质教育背景下，学校如何深度进行国家课程体系实施研究，使之为每个学生提供适合的教育？如何整合与开发适合素质教育的校本课程？如何建立适应素质教育的学生评价机制？

对这些问题的思考与探索将是学校未来发展的重要使命。

二、目标聚焦，促进公平，提高质量

在实验小学未来的发展中，将以实现教育公平、提高教育质量为己任，整合教育资源，转变教育观念，实施素质教育，以“雅教育”理念为引领，以建“小学校，大雅堂”为目标，以“为每位学生提供适合的教育”为指导，以“以雅育雅”为办学策略，全面提升学校办学水平，推动学校发展。

回应当前国家教育改革两大主题：“公平”与“质量”，学校未来发展定位为：一所践行教育公平的社区学校，一所实施素质教育的旗帜学校。

一所践行教育公平的社区学校，即学校面向社区，实现适龄学生全纳，人人平等，每个社区的孩子都可以接受高品质的义务教育。学校在教育教学过程中，关注每个学生个体发展，因材施教。同时，学校发展作为社区发展的重要部分，应全面融合社区发展，为社区发展服务。学校要在学校教育中充分整合社区资源，促进社区建设，为社区培养合格公民，带动社区文化发展，最终实现学校与社区的共同发展。

一所实施素质教育的旗帜学校，即以培养知行合一的社会公民作为教育的终极目标，始终关注学生的素质全面发展，始终坚持实验研究的方法，坚持传承与发扬教育科学研究的传统和优势，深入进行学校教育改革，引领一方教育学术研究及实践探索，实现引领一方教育的高品质追求。

为实现这一目标，学校坚持以雅教育思想引领，雅境育雅人，雅师育雅生，达成教师和学生的主动积极发展。学校坚持集团办学的策略，以“发展共同体”为集团办学模式，各扬其长，优势互补，共同提升，实现与其他学校的高位均衡。

三、仰望星空，脚踏实地，持续发展

“小学校，大雅堂”的目标引领着学校未来的发展，每一个历史时期，既有学校传承之“雅”，也有学校创新之“雅”，顺应时代之“雅”。学校雅文化的持续建设要依靠学校方方面面工作的具体落实和不断创新。

在教育公平与素质教育两大主题的引领下，实小的各方面工作都将深入有序地开展，学校雅文化建设不断完善。

课题研究方面，学校单独立项的全国教育科学“十一五”规划2010年课题“小学生公民意识培养的实践研究”(课题批准号FFB108190）将是学校未来发展的重要抓手，这一课题的研究统领学校的全面改革。这一课题研究将通过构建“公民意识教育”的目标体系，开发公民意识教育课程，探索公民意识教育途径，建立公民意识教育机制，建立适应公民意识教育的学校民主管理机制，最终实现“培育充分享受权利、积极履行义务的文雅小公民”的育人目标，探索出学校、家庭、社区三结合的公民意识培养新模式。

文化建设方面，将立足培育公民，丰润高雅文化，深入研究“雅教育”内涵，丰富“雅教育”的文化内核。学校将通过研究雅园公民意识培养目标及行动指南，细化学校雅文化研究，形成雅园公民手册，指引文雅公民养成。借助家校及社区资源，在实践中进一步提炼雅文化内核。开展序列雅文化活动，有计划地培养学生公民意识。

学校管理方面，坚持以人为本、以事育人的管理策略，构建学校管理善意引领、教师学生自主管理主导发展的“清雅管理模式”。通过教研组、年级组的团队建设，促进教师个体和团队的共同发展。

德育工作方面，将围绕“小学生公民意识培养的实践研究”课题，重建学校公共生活，培养学生公民意识，进行德育机构创新，重建模拟A城，开发公民教育课程，共享社区资源，开展各种活动，切实创新德育体系。

课程建设方面，将进一步加强校本课程开发团队的建设，边开发边实践，边实践边开发，最终构建以质为本、和而不同的“国家课程 + 校本课程 + 集团共享课程”的和雅课程体系。

课堂教学方面，将持续深化活动教学，构建活动课堂。以教研组建设为抓手，提升课堂教学研究。以课堂教学模式转变促进课堂教学改革，以现代技术运用变革课堂学习方式。结合“小学生公民意识的培养实践研究”课题，进行现代活动课堂文化的研究。通过现代教学研究团队的典型课例研究，以活动教学中 2—3 种自主学习模式和活动模式为突破点，深入开展活动教学课例、案例的研究、提升和深度推广。通过课堂师生关系、生生关系、课堂活动等培养小学生公民意识。

教师队伍建设方面，将提炼教师发展学校实践经验，推动教师发展学校站点科学建设，优化教师发展学校运行机制，激发教师持续发展的动力，达成全员全面发展，同时探索集团内教师合理流动机制。

家校共育方面，学校将全面推动“家长发展学校”建设，探索家校共育、家校共长机制。加强各年级家长发展学校的组织建设，形成各年级家长志愿者团队和资源库。加强班主任和教师培训，提升教师指导家校共育的能力。加强家长课堂的有序建设及管理。探索现代家校共育的内容及模式。

国际交流方面，学校将通过加强与国际友好学校，与国际教育机构之间的深度交流，实施多形式的国际项目合作交流活动。开展多形式国际交流研究活动，开发“国际理解”课程，培养世界公民。

集团发展方面，学校将建立“轮执”机制，搭建发展平台，高位均衡，各具特色，共同发展。优化集团机构建设，探索集团合作方式。整合集团软件资源，形成特色共享课程。适时开展部门活动，提炼集团工作模式，切实加大改革力度，形成良性活动机制。

展开成都市实验小学 93 年的长卷，卷上黑白的剪影越发清晰，植根于实现小学百年沃土的雅教育是其中浓墨重彩的一笔。教育是梦想者的事业，致正、达真、不俗、大气的雅教育之梦继承了实小近百年的教育理想。为学生终身幸福奠定基础的教育理念让我们的教育远离浮躁，回归着教育的本真，堂堂正正做人，勤勤恳垦做事。教育本就是需要宁静和淡泊的事业，宁静才可致远，淡泊方能明志。教育还是软化人心的事业，静心教书，潜心育人，慧心研究，乐心工作。教育更是创造梦想的事业，而唯有境界才能承载梦想。在春与秋的更迭中，在青丝与华发的记忆里，成都市实验小学追逐教育梦想的心从来都未曾停止。

结　语

小学校　大雅堂赋

张昌余

悠悠岁月，承文翁石室之教化；朗朗山川，享天府成都之恩泽。几番更名号，不改初衷为“实验”；九十轮春秋，长葆芳华称“小学”。毗邻皇城坝，早纳古蜀胜迹之瑞气；面对体育馆，近沐今朝健儿之雄风。捧龙门甘露，浇溉幼苗以结花果；引岷水清流，滋养小树以做栋梁。李鹏总理之鹏程，自此伊始；岚清先生之清词，在兹永存。因有勤勤恳恳之耕耘，方获堂堂正正之荣誉。是以名动蜀中，声传海外。

当代中国，正逢盛明之世，唯此小学，要建大雅之堂。阅古览今，倡导雅教雅育；披肝沥胆，培养雅士雅风。花木荫荫，时时见雅园雅景；屋宇灿灿，处处生雅意雅思。教学相长，追求知识之博雅渊雅；师生共勉，陶冶胸襟之宽雅和雅。立远志，铸造儒雅文雅之美质；展鸿图，练就清雅优雅之良材。习雅趣雅好，争列秀雅典雅之上品；守雅信雅道，必达大雅精雅之高标。是以为四句礼赞：倡导雅教育，传扬雅风尚。名为小学校，实是大雅堂。

——为成都市实验小学作　戊子年金秋　张昌余撰文

出版人　所广一
策划编辑　李　东
责任编辑　刘明堂
版式设计　杨玲玲
责任校对　贾静芳
责任印制　叶小峰

图书在版编目（CIP）数据

小学校　大雅堂：成都市实验小学教育创新研究／陆枋等著．—北京：教育科学出版社，2012.4（2015.8重印）
（“守望者的凝思：读懂学校、读懂校长”系列论丛／裴娣娜主编）
ISBN 978-7-5041-6255-7

Ⅰ.①小…　Ⅱ.①陆…　Ⅲ.①小学-办学组织形式-研究-成都市　Ⅳ.①G629.22

中国版本图书馆CIP数据核字（2011）第282820号

“守望者的凝思：读懂学校、读懂校长”系列论丛
小学校　大雅堂——成都市实验小学教育创新研究
XIAOXUEXIAO　DAYATANG——CHENGDUSHI SHIYAN XIAOXUE JIAOYU CHUANGXIN YANJIU

出版发行	教育科学出版社		
社　　址	北京·朝阳区安慧北里安园甲9号	**市场部电话**	010-64989009
邮　　编	100101	**编辑部电话**	010-64989419
传　　真	010-64891796	**网　　址**	http://www.esph.com.cn
经　　销	各地新华书店		
制　　作	北京金奥都图文制作中心		
印　　刷	北京易丰印捷科技股份有限公司		
开　　本	169毫米×239毫米　16开	**版　　次**	2012年4月第1版
印　　张	22.5	**印　　次**	2015年8月第3次印刷
字　　数	307千	**定　　价**	49.80元